MÉMOIRES

DE

LOUIS XVIII.

IMPRIMERIE DE VANDERBORGHT FILS.

MÉMOIRES

DE

LOUIS XVIII,

RECUEILLIS ET MIS EN ORDRE

PAR M. LE DUC DE D****.

TOME SEPTIÈME.

Bruxelles;
LOUIS HAUMAN ET COMP^e.

1833

MÉMOIRES

DE

LOUIS XVIII.

CHAPITRE PREMIER.

Premiers instans de la royauté de Monsieur. — Hommages empressés de ses fidèles.—Il annonce son avènement aux souverains.—Il répond au prince de Condé.— Il écrit à Madame Royale. — Autres actes royaux. — D'Avaray, un nouveau blason, une devise.—M. de Cazalès.—Le cabinet de Vienne élude de reconnaître Monsieur.—Conversation à ce sujet entre le comte de Saint-Priest et le baron de Thugut.—Monsieur s'adresse infructueusement au roi de Prusse.—On lui détache un agent adroit. — A Venise, on le reconnaît et on ne le reconnaît pas. — Les Bourbons d'Italie.—Détails sur la vie intérieure de Monsieur.—Vérone. — Comte d'Entraigue. — MM. de Damas et de Montagnad.—Moncenigo.—L'incognito et les souliers crottés d'un noble Vénitien.

Mon neveu mort, je devenais roi. Mais sous la couronne de saint Louis c'était aussi une couronne d'épines que la Providence posait sur ma tête; le poids devait en être lourd et douloureux ; je me résignai à le supporter en pensant à la tâche glorieuse qui m'était imposée, et je m'écriai avec Senèque :

Haud est virile fortunæ terga dare.

(Il est indigne d'un homme de se laisser abattre par l'adversité.)

Préparé depuis long-temps au coup fatal qui devait m'enlever mon prédécesseur, je l'étais aussi à remplir les devoirs dont sa mort m'investissait. Ainsi ce diadème, qu'on m'avait accusé de convoiter parce que j'avais voulu en défendre l'honneur, me revenait naturellement. Le roi de France s'appelait Louis XVIII. C'était un beau titre, sans doute ; mais qu'il apportait avec lui d'amertume dans l'exil ! Comment le faire reconnaître ? fut la première question que je m'adressai. La résoudre devait être difficile, et je me confiai en Dieu, en mon droit et en mes efforts.

Les quelques fidèles qui m'entouraient vinrent rendre hommage à ma nouvelle dignité. Ainsi Charles VII leva son étendard lorsqu'il se trouvait en fugitif à Espailly, dans le Vivarais. Mais, du moins, il foulait le sol de France, tandis que j'étais sur une terre étrangère, sans appui et environné d'ennemis. Après avoir reçu l'hommage de mes sujets, je notifiai mon avènement aux cours de l'Europe, par la lettre suivante, qui n'est pas encore connue :

« Monsieur mon frère,

« La Providence ayant retiré de ce monde le roi
« mon neveu, je succède à ses droits en vertu de
« la loi française qui depuis quatorze siècles nous
« régit. J'arrive à la couronne comme Philippe VI,
« comme Louis XII, François Ier et Henri IV. Je
« désire que mon nouveau titre ne change rien à nos
« relations précédentes. J'espère que vous me conti-
« nuerez l'intérêt généreux que vous m'avez montré
« dans mes malheurs. Roi proscrit, je suivrai les
« maximes qui me guideraient dans le plein exer-
« cice de ma puissance. Je veux maintenir la gloire
« de mon royaume ; la paix extérieure, la balance
« politique, ne doivent pas souffrir de ma position.
« Je ne doute pas que Votre Majesté n'ait pour
« principe la même règle de conduite, et qu'elle
« ne joigne ses efforts à ceux des autres souverains
« pour étouffer la rébellion qui me ferme l'entrée
« de ma capitale, etc. »

J'écrivis en même temps au prince de Condé, à
son fils et à son petit-fils. Dans la lettre que j'adressai au prince en réponse à celle qu'il m'avait écrite
lors de la mort de Louis XVII, je disais :

« Mon cousin,

« Je suis touché comme je dois l'être des senti-
« mens que vous m'exprimez au sujet de la perte
« irréparable que je viens de faire dans la personne
« du roi mon neveu et seigneur. Si quelque chose

« peut adoucir ma douleur, c'est de la voir parta-
« ger par ceux qui me sont chers à tant de titres.
« La France perd un roi dont les qualités précoces
« annonçaient qu'il serait le digne successeur du
« meilleur des monarques. Il ne me reste plus qu'à
« implorer le secours de la divine Providence, pour
« qu'elle me donne les moyens de dédommager mes
« sujets du coup qui vient de les frapper. Leur
« concours est le premier objet de mes désirs, et
« j'espère qu'un jour viendra où, après avoir con-
« quis mon royaume comme Henri IV, je pourrai,
« comme Louis XII, mériter le titre de père de
« mon peuple.

« Dites aux gentilshommes, et aux braves trou-
« pes dont je vous ai confié le commandement,
« que l'affection qu'ils m'expriment par votre or-
« gane est déjà pour moi l'aurore de ce beau jour
« qui naîtra sous leurs efforts et les vôtres. Je vous
« renouvelle en même temps l'assurance de tous
« les sentimens avec lesquels je suis, mon cousin,
« votre affectionné, etc. »

Signé Louis.

A Vérone, le 24 juin 1795.

Enfin un dernier devoir me restait à remplir envers ma malheureuse nièce, demeurée au Temple,
seule de toute sa famille. Je lui mandai :

« Ma chère fille,

« De tous les vôtres, il ne vous reste plus que
« moi, moi qui serai votre second père, car je vous
« adopte pour mon enfant bien-aimée. Votre frère,
« notre seigneur et roi, est allé rejoindre au ciel tout
« ce que nous aimions sur la terre : nous vivrons
« pour les pleurer; car les venger... leurs dernières
« volontés s'y opposent... Il est des circonstances où
« les princes doivent immoler leurs affections par-
« ticulières à l'intérêt public; nous ferons tout ce
« qu'il faudra pour concilier ceux que la Providence
« a remis en nos mains. Je vais commencer par
« employer tous les moyens possibles de rompre vos
« fers : on vous rendra à mes instances; les souve-
« rains joindront leurs sollicitations aux miennes;
« et les jacobins, qui n'ont rien à craindre de
« vous, auraient honte de vous garder plus long-
« temps. Vous viendrez donc partager mon exil
« et l'adoucir par votre présence. Si je ne puis vous
« faire oublier le passé, j'espère du moins, par
« ma tendresse, vous aider à en supporter l'odieux
« souvenir. Tous ceux qui vous aiment ici vous at-
« tendent avec impatience. Vous manquez à notre
« cœur; nous brûlons de vous serrer dans nos
« bras, etc. »

Je crus ne pouvoir mieux adresser cette lettre
qu'à Boissy-d'Anglas. Je l'accompagnai d'un mémoire dans lequel je proposais un accommodement
à ceux qui gouvernaient alors le royaume. En fai-

sant les concessions exigées par les circonstances, j'y ménageais également la majesté royale et l'intérêt de la nation. Je reviendrai un peu plus tard sur ce point, me contentant de dire aujourd'hui que ma lettre ne fut remise à ma nièce qu'à la fin de l'année, à sa sortie du Temple; depuis ma rentrée en France, Boissy-d'Anglas s'est complètement justifié de ce retard.

Une proclamation solennelle que j'adressai à tous les Français pour leur notifier mon avènement, occupa aussi mes premières journées. Je ne transcrirai pas ici cette pièce importante, qui est connue. On la réunira sans doute à la collection de mes œuvres, que mes héritiers rassembleront après mon décès.

Mais presqu'en même temps, pour satisfaire aux besoins de son cœur, le roi de France voulut payer à d'Avaray la dette du comte de Provence. Je pourvus ce fidèle ami du commandement de la charge de la compagnie écossaise, la première des gardes-du-corps. J'écrivis en outre de ma main les lettres-patentes par lesquelles d'Avaray et toute sa postérité étaient autorisés à porter dans leur écusson celui de France accompagné de la devise suivante que Virgile me fournit :

Viat iter darum pietos.

En marge et autour de l'empreinte du sceau, j'écrivis encore les mots suivans :

Cette empreinte est celle du cachet du roi mon frère, dont ses assassins ont donné la description, et que, du fond de la tour du Temple, la reine trouva le moyen de me faire parvenir; j'ai conservé avec respect, et sans en faire usage, cette sainte dépouille, mais aujourd'hui j'ai voulu qu'elle mît le sceau à cet acte de ma reconnaissance.

Signé Louis.

J'avais déjà fait graver à l'avance le nouvel écusson dont je gratifiai d'Avaray; et ce même jour, 1er juillet 1795, je l'appelai dans mon cabinet, et lui remis une dépêche en lui enjoignant de la sceller. Il sortait pour aller chercher un cachet, lorsque l'arrêtant par le bras, je lui dis:

— Essayez celui-ci.

D'Avaray l'examine, reconnaît mon présent, et se jette à mes pieds. Je le relève en ajoutant:

— Votre place est sur mon cœur. Puis je l'embrasse. Ne voulut-il pas prétendre qu'à dater de ce moment, c'était lui qui me serait redevable!! Bon d'Avaray! si j'avais pu te ramener en France, tu aurais bien vu que je me reconnaissais encore pour ton débiteur!

Mais tandis que je me plais à rendre ce tribut de reconnaissance à un de nos fidèles, il en est un dont le nom doit trouver ici sa place; car lui aussi mérite bien de conserver un glorieux souvenir dans mon cœur. Je ne sais comment son éloge a échappé si long-temps à ma plume, et je vais réparer cette négligence en m'étendant plus longuement sur son compte, bien que cela me force à remonter un peu plus haut, car j'aurais dû en parler lorsque j'étais à Coblentz. Il s'agit ici de M. de Cazalès.

Il arriva précédé de sa belle renommée, mais *souillé* du crime énorme d'avoir laissé sortir du royaume avant lui une multitude de personnages obscurs qui ne nous rendirent jamais aucun service. Ne pouvant se pardonner leur nullité, ils voulurent s'en venger sur le plus ferme appui de la monarchie. J'entrais un soir chez madame de Polastron, lorsque, du milieu d'un bourdonnement général, j'entendis sortir le nom de Cazalès.

— Qu'est-ce? demandai-je.

— Il arrive, me repondit-on d'un air indigné.

— Dieu en soit loué!

— Ah! monseigneur, c'est un royaliste tiède, un demi-jacobin, un retardataire!

— Ceux qui se permettent de manquer à M. de Cazalès, repartis-je de manière à être entendu de toute la salle, sont assurés de mon mécontentement.

J'avais compris qu'il était nécessaire de frapper un grand coup, afin de soustraire notre digne défenseur Cazalès aux désagrémens qu'on ne lui aurait pas épargnés. Un profond silence suivit mon allocution. Chacun prit un air consterné, comme si j'eusse insulté toute la noblesse, en rendant justice à l'un de ses membres les plus honorables:

c'était ridicule et pitoyable ; mais je n'en continuai pas moins à donner à M. de Cazalès les éloges qui lui étaient dus à si juste titre. J'ajoutai que je l'attendais avec impatience, voulant m'aider en toute occasion de ses conseils. C'était dignement couronner l'œuvre. Aussi il y eut peu de ces messieurs et de ces dames qui, je crois, ne fussent tentés de s'écrier :

Traître, tu me gardais ce coup pour le dernier!

Le lendemain, le comte d'Artois me prenant à part, me conjura de ne pas décourager la fidèle noblesse, en lui reprochant l'empressement qu'elle avait mis à venir le rejoindre.

— Je ne vous comprends pas, mon frère, répondis-je d'un air surpris.

— Vous avez hier vivement déclamé contre les émigrés sortis de France avant vous, en ajoutant que votre confiance appartiendra désormais à ceux qui sont arrivés moins récemment, ou qui viendront plus tard.

— C'est me prêter un propos que je n'ai pas tenu.

— Cependant hier soir, avant que j'entrasse chez madame de Polastron, ne vous êtes-vous pas exprimé en ces termes ?

— Je persiste à soutenir n'avoir rien dit de semblable.

— Mais si, mon frère, au sujet de Cazalès.

A ces derniers mots, je me pris à rire, et répétai

textuellement au comte d'Artois ce qui s'était passé. Je manifestai de nouveau, en sa présence, mon indignation contre ces insensés, jaloux de la faveur que nous accordions à des hommes qui avaient défendu notre cause au péril de leur vie. Je lui fis en même temps sentir l'intérêt que nous avions à ménager Cazalès, dont la réputation devait encore grandir. Mon frère, lorsqu'il ne se laissait pas influencer, avait un sens droit ; il me le prouva dans cette circonstance, en convenant avec moi que l'éloquent défenseur de la monarchie méritait de nous des égards et des distinctions auxquels la seule fidélité n'avait pas droit de prétendre. Nous convînmes donc que M. de Cazalès serait reçu à bras ouverts.

Croirait-on cependant que la masse des émigrés ne suivit pas notre exemple, et que ce gentilhomme, malgré notre protection éclatante, fut très-froidement reçu : après être resté peu de temps avec nous, il passa en Angleterre, chargé d'une mission importante. Il rentra en France en 1792, pour communiquer de notre part à Louis XVI des moyens de faciliter un nouveau projet d'évasion dont j'ai déjà parlé. Après s'être acquitté avec autant de zèle que de talent des diverses missions que nous lui avions confiées, il vint nous rejoindre, et cette fois on *daigna* le bien accueillir.

Mais je reprends le cours de mon récit : je n'eus pas à faire de changement dans mon conseil, j'en détachai seulement Saint-Priest, pour l'envoyer en ambassade à Vienne. Il m'importait surtout d'être reconnu de ce cabinet en ma qualité de roi de France et de Navarre. Je craignais de sa part quelques détours dilatoires, et je ne me trompais pas. On répondit d'abord au comte de Saint-Priest qu'une reconnaissance éclatante de ma nouvelle dignité pourrait compromettre la paix générale de l'Europe, et qu'il fallait encore attendre.

C'était dire en d'autres termes que mon droit serait subordonné aux évènemens à venir. Il me fallut du temps pour obtenir cet acte de justice, qui même ne fut pas ample : à tel point l'Autriche désirait voir s'éteindre la royauté dans la maison de Bourbon. Le baron de Thugut alla jusqu'à prétendre qu'avant d'agir ainsi il faudrait établir les droits des parties respectives.

— Desquelles? demanda St.-Priest.

— Mais d'abord de madame Royale, lui répondit-on. Il y a dans les provinces du royaume de France des fiefs féminins dont elle hérite sans doute ; et l'empereur, en sa qualité d'oncle de la princesse, doit veiller à ce que son héritage ne lui soit pas enlevé.

— Eh bien! répliqua assez heureusement Saint-Priest; ce seront des articles à régler dans le premier traité que l'Autriche fera avec la république, et non avec le roi mon maître, attendu qu'il ne possède rien ; ainsi adressez-vous à la république.

Cela ferma la bouche au ministre autrichien. Il n'est pas venu à ma connaissance que MM. de Gallo et de Cobentzel aient fait la même observation à Buonaparte, lors de la paix de Campo-Formio; mais ce qu'on n'osait exiger du fort, on le demanda sans pudeur au faible.

En écrivant à tous les souverains la lettre que j'ai rapportée plus haut, j'exceptai le roi de Prusse. Son abandon m'était bien cruel : je sentais à quel point son éloignement de la coalition faisait pencher la balance en faveur de la république. Afin d'éviter ce malheur, je m'adressai plus particulièrement au cœur de Frédéric-Guillaume en lui signifiant mon avènement, et voici en quels termes :

« Monsieur mon frère,

« Lorsque Dieu m'appelle au trône de France,
« Votre Majesté refusera-t-elle de coopérer à me
« rétablir dans l'héritage de mes pères ? J'aimerais
« surtout à m'appuyer sur vous, dont j'apprécie
« les sentimens, dont j'estime le caractère. Votre
« concours, dans le moment où la fortune semble
« abandonner les armes républicaines, achèverait
« de la décider en notre faveur : elle ne peut être
« long-temps infidèle aux vieilles bandes du grand
« Frédéric, surtout lorsque vous les commandez.
« Votre Majesté est appelée à devenir l'arbitre de
« l'Europe ; elle a tout à attendre du concours de la
« France et de la reconnaissance de son roi ; mais,
« sans vous, que puis-je ? que peuvent les autres
« souverains d'Allemagne ? L'Espagne est prête à

« poser les armes ; je ne sais ce que le destin pré-
« pare à l'Italie ; les conquêtes des Anglais ne font
« rien pour le repos de l'Europe ; il appartient donc
« à Votre Majesté de le consolider en rendant la
« rébellion impuissante.

« Je vous renouvelle aujourd'hui, comme roi,
« les instances que je vous ai faites comme régent.
« Je suis prêt à m'entendre avec vous sur tous les
« points, bien persuadé que je n'aurai qu'à me
« louer de votre loyauté, de même que vous pou-
« vez être assuré de la mienne en tout ce qui con-
« cernera les intérêts respectifs de nos états.

« Je suis, etc. (1) »

Quelque temps après cette époque, on m'annonça l'arrivée d'un riche seigneur, magnat de Bohême, qui désirait m'offrir ses recpects en passant à Vérone. Je trouvai étrange qu'un sujet de la maison d'Autriche voulût me voir en secret : je me montrais d'ailleurs en général peu prodigue de ces faveurs ; mais dans cette circonstance je me décidai, après quelques réflexions, à accorder l'audience demandée. Le voyageur se fit introduire sous le titre de comte de Worms ; il pouvait avoir cinquante ans.

---

(1) Une lettre différemment libellée, adressée par le même au même, se trouve dans un ouvrage publié récemment. Nous croyons pouvoir affirmer que celle que le lecteur vient d'avoir sous les yeux est la véritable. L'autre est celle que le roi, en 1818, aurait voulu avoir écrite en 1795. Nous avons de fortes raisons pour affirmer ce point.

Note de l'éditeur.

Je le vois encore avec sa haute taille, sa physionomie calme, ses beaux yeux bleus, me saluer en multipliant ses démonstrations de respect, puis insensiblement entrer en matière.

Il me parla d'abord de mes revers, de la position des choses, et particulièrement de celle de la France, qui, me dit-il, prenait chaque jour un aspect plus redoutable, et paraissait ne pas être arrivée au terme de sa prospérité militaire. A l'entendre, le gouvernement directorial s'affermirait, l'agitation intérieure se calmerait, les haines s'affaibliraient, et chacun déjà aidait à la concorde par des concessions mutuelles.

— Monsieur le comte, dis-je, non sans quelque humeur, les rapports que vous me faites ne sont nullement conformes à ceux que je reçois d'ailleurs.

— Sire, me répondit-il, je n'ai pas d'intérêt à tromper Votre Majesté; je ne suis ni son sujet ni son pensionnaire.

— Vous êtes peut-être l'un et l'autre chez mon frère François?

— Quant à être sujet de Sa Majesté, je m'en fais gloire.

— Ne vous feriez-vous pas également un devoir de traiter en son nom avec moi?

— Sans doute, si mon souverain me l'ordonnait; mais ici il n'est question que d'un cas particulier. Je désire vivement, Sire, que vous rentriez en France, et c'est ce qui m'a fait chercher les moyens de vous y ramener promptement.

— Si vous les trouvez, vous acquerrez de grands droits à ma reconnaissance.

— Elle m'est donc acquise, car je crois avoir découvert ces moyens. Votre Majesté a une trop haute expérience pour ne pas savoir que l'égoïsme et l'avantage personnel sont en général le mobile de toutes les actions humaines. Vous vous plaignez, avec raison, qu'on vous aide faiblement : mais qu'avez-vous promis à ceux qui sont disposés à vous servir ? rien de positif. Il est des provinces voisines de l'Allemagne que la France possède à titre de conquête : la Franche-Comté, l'Alsace, les trois évêchés de Lorraine ; il existe en Afrique et en Asie des possessions que vous pourriez détacher de votre couronne, afin de mieux l'affermir sur votre tête. Or, une offre franche et bien consolidée de la concession de ces provinces et terres au fur et mesure de la conquête, aplanirait des difficultés immenses, satisferait tout le monde, et vous ôterait peu de puissance.

— Monsieur le comte, répondis-je avec une gravité sévère, je ne suis pas roi de France pour consentir à son démembrement ; je la veux telle que je l'ai laissée. Je ne réclamerai donc pas les acquisitions de la république ; mais je payerai les frais de la guerre, et rien de plus. Voilà mon *ultimatum*, que je vous charge de transmettre au cabinet qui vous envoie.

Le comte de Worms me jura qu'il n'avait reçu aucune mission, et que l'intérêt qu'il prenait à mes malheurs l'avait seul amené près de moi.

Nous traitâmes encore quelque temps ce sujet; l'insistance que le seigneur bohémien mit à me faire accepter sa proposition me convainquit plus que tout autre chose qu'on me l'avait dépêché pour obtenir du roi ce qu'on n'avait pu obtenir du régent. On se figurait que, pressé d'entrer en jouissance, je faisais meilleur marché de mon bien que de celui du roi mon neveu. C'était me connaître mal. M. de Worms me quitta enfin; je sus que le même soir il était parti de Vérone, et qu'au lieu de poursuivre sa route vers l'Italie, ainsi qu'il me l'avait annoncé, il avait pris celle de Vienne.

Jusqu'au jour où la Providence me conduisit du château d'Hartwel sur le trône de France, on ne cessa de m'adresser des propositions semblables. Plus tard on finit par m'offrir sans façon de m'acheter comptant mes prétentions, car il n'était plus question de mes droits. Garder le silence était devenu ma seule réponse à ces impertinences.

Je ne sais pourquoi j'ai oublié de dire plus haut que, voulant traiter honorablement mes nobles hôtes, les *pantalons* vénitiens, je leur avais dépêché mon second moi-même, l'ami d'Avaray. Quant à eux, s'ils me reçurent d'une manière convenable, ce ne fut pas sans grande peine; car le citoyen Lallemand, alors chargé des affaires de la convention auprès de la sérénissime république, fit un bruit d'enfer à mon sujet.

Les notes se succédèrent rapidement; toutes tendaient à empêcher que je fusse reconnu roi. Mais le gouvernement de Venise y donnait peu d'attention. Cependant, attendu qu'il tenait à ne se brouiller avec personne, on assembla tous les conseils possibles, on y retourna le cas de cent manières différentes; enfin, d'après l'avis de Delphino, il fut arrêté qu'on déclarerait à l'envoyé républicain que je ne serais pas reconnu, et à moi, qu'on me dépêcherait un procurateur de Saint-Marc pour me reconnaître. Ce double jeu était d'autant moins dangereux, que ma position m'empêchait de me montrer en roi de France, et que je n'étais à Vérone, aux yeux de tous, que le comte de Lille.

Ainsi fut-il fait. On apaisa le hurleur républicain par de belles paroles, et l'on m'envoya complimenter sur mon avènement au trône. C'était une dérision de la part de Venise, et pour moi une consolation bien grande. Les prétentions des malheureux forment leurs seules jouissances.

Les Bourbons d'Italie agirent plus noblement. Le roi de Naples m'envoya le prince de San-Nicandro pour me rendre hommage comme au chef de la famille. Le duc de Parme me fit saluer par son confesseur; je ne pouvais exiger de lui davantage. Quant à la cour d'Espagne, elle me faisait payer régulièrement vingt mille francs par mois, qui étaient ma seule ressource, les autres gouvernemens m'ayant entièrement abandonné. Il me fallait avec cette chétive somme, fournir à tous mes besoins et à l'entretien de ma maison, modeste il est vrai, mais nombreuse. J'avais encore à ma charge les seigneurs de ma suite et ceux qui composaient mon ministère; mon fidèle Peyronnet, Montigny et Genet, mes valets de chambre, puis quelque livrée et les femmes de la maison de la reine, malheureuse princesse qui n'a régné que dans l'exil. Que j'aurais été heureux de lui faire porter aux Tuileries la couronne dont elle aurait si bien soutenu la majesté!

Je me levais à cinq heures en été, à six en hiver. J'expédiais seul les affaires pressées, et dès huit heures du matin j'étais habillé conformément à l'étiquette dont je ne me suis jamais départi. J'avais mes ordres et mon épée; un aumônier me disait la messe, à laquelle la reine assistait avec notre suite. Nous déjeunions ensuite en commun, puis je me renfermais avec Fluschelenden, qui remplissait les fonctions de chancelier par suite d'une circonstance particulière. Je consacrais aussi quelque temps aux audiences, dont je ne pouvais me dispenser; je recevais l'un après l'autre mes ministres, et réunissais mon conseil avant l'heure du dîner, que j'avais retardée afin que le soir mon salon fût ouvert au cercle qui s'y rassemblait. On n'y jouait jamais; la conversation ou la lecture en commun en faisaient tous les frais. Je sortais peu, ou pour mieux dire point.

Ma correspondance seule me donnait une occupation excessive, mais j'étais activement secondé par d'Entraigues, qui était encore tout Français. Il habitait Venise en qualité de membre de la légation russe, et de cette ville il se mettait en rapport avec mes fidèles de France et les diverses agences royalistes. Il aurait bien voulu être mon ministre des affaires étrangères, mais je m'y refusai toujours; je n'ai jamais aimé qu'on voulût me réduire au rôle de roi fainéant : j'ai, Dieu merci, bec et ongles, la tête meublée, l'intelligence ouverte, et si je marche mal, je pense bien; aussi me suis-je toujours suffi pour régler mes propres affaires.

MM. de Damas et de Montagnac avaient en sous-œuvre les fonctions que d'Entraigue eût voulu accaparer si je l'eusse laissé faire. Je me servais d'eux avec pleine confiance, et ils s'en sont toujours rendus dignes. Ce fut par ces messieurs que je reçus la première nouvelle des désastres funestes de Quibéron, qui signalèrent le commencement de mon règne. J'en parlerai plus tard.

Damas avait un esprit juste, de la douceur, des manières agréables et une fidélité à toute épreuve. L'attachement de Montagnac ne le cédait en rien au sien, mais il y joignait plus de vivacité et un jugement plus éclairé. Du reste, l'un et l'autre laissaient peu à désirer sous ce rapport.

Le gouverneur de Vérone, Moncenigo, avait reçu l'ordre des inquisiteurs d'état de venir me visiter; mais il lui avait été enjoint en même temps de ne le faire qu'*incognito*, sans suite et sans équipage, précautions viles et puériles dont je m'amusais et m'indignais tout à la fois ; aussi à chaque visite de Son Excellence je ne manquais pas de lui dire :

—Oh signor ! que vos souliers sont crottés ! y aurait-il de la boue dans le vestibule de mon hôtel ? C'est bien étrange.

Et Moncenigo de sourire en s'inclinant.

CHAPITRE II.

Ce qu'on mande au roi de la Vendée. — Affaire de Quiberon. — Préparatifs en Angleterre. — Propos obscurs de Pitt. — Le comte d'Hervilly et première division de l'armée royale. — Comte de Sombreuil et première division. — Le roi communique ses pressentimens à d'Avaray. — L'évêque de Dôle. — Débarquement à Carnac de la première division. — Fautes du comte d'Hervilly. — Prise d'Auvray et du fort Penthièvre. — Mesure habile de Hoche. — Succès des chouans. — Les émigrés repoussés dans le fort Penthièvre. — La deuxième division arrive et débarque trop tard. — Les républicains emportent Quiberon. — Paroles de sang de Tollier. — Exécution des émigrés prisonniers. — Accusation terrible de l'un d'entre eux contre la politique anglaise. — Le roi écrit à Charette. — Sa joie. — Ce qui la motive. — Compliment du Doge. — Désespoir du roi à la nouvelle du désastre du Quiberon. — Lettre du comte d'Artois.

J'ai déjà parlé du chagrin que me fit la première pacification de la Vendée. Il me semblait qu'il était dangereux de laisser ce pays s'accoutumer à ce long repos qui engendre l'indifférence politique. On rallume difficilement un feu amorti. J'écrivis donc de tous côtés pour me plaindre d'une pareille détermination. Les uns se justifiaient, les autres accusaient ; mais mon agent secret, mieux placé que personne pour bien voir, me manda :

« Qu'il n'y avait plus rien à attendre de la Vendée ni de la chouanerie. Espérer au-delà de ce qui a été fait, ajoutait-il, serait se bercer d'une déception inutile ; les chefs sont ou fatigués ou trop ambitieux ; les Cathelineau, les Bonchamps, les Lescures, les La Rochejacquelein, qui combattaient uniquement pour la cause de la royauté, n'existent plus : ceux qui les remplacent agissent et agiront pour eux ; ils ne trahiront pas, mais ils feront la guerre selon leur caprice, et vous les verrez reprendre les armes dès qu'ils s'apercevront que l'état de paix diminue leur influence. »

En effet, ces prédictions ne furent que trop bien justifiées. La chouanerie bretonne, qui la dernière avait posé les armes, fut la première à les reprendre lors de l'arrestation de Cormatin, l'un de ses principaux chefs. Le général Hoche fit une proclamation qui approuvait les projets de la république; le Morbihan s'agita ; mais je ne m'arrêterai pas à raconter une foule de combats partiels où les royalistes, en déployant une valeur surhumaine, furent néanmoins vaincus sur tous les points. Leurs plus braves chefs y trouvèrent la mort, et ne furent point vengés par ces victoires qui avaient élevé si haut la gloire de la première Vendée. Le comte de Sily tomba d'abord sous les coups des républicains ; Georges Cadoudal, dont la réputation commençait à grandir, lui succéda dans le commandement de cette partie de la Bretagne. Bois-Hardi mourut assassiné ; mais Hoche, qui avait de l'honneur, fit punir ceux qui s'étaient souillés de ce meurtre.

Tandis que ces événemens se passaient dans la Basse-Bretagne, le comte Louis de Frotté essayait de soulever la Normandie vers la lisière du Maine; il cherchait à se mettre en communication avec la haute chouanerie et le vicomte de Scépeaux, qui commandait dans les districts de Châteauneuf, de Baugé, de Craon et de Segré. Scépeaux venait d'être arrêté comme Cormatin ; mais on le relâcha, et aussitôt il appela aux armes de Pinstron, de Mautre, Guide de la Galicheraie, et les chouans se remirent en marche.

La guerre pour notre cause se ralluma donc, mais, comme je l'ai dit, sans résultats avantageux. La victoire se montra contraire aux chouans comme aux Vendéens. Hoche et Humbert, plus habiles et mieux servis, les repoussèrent de toutes parts; ils les empêchèrent ainsi de seconder utilement, par une diversion, la descente qui se préparait en Angleterre et se dirigeait vers la côte de Quiberon.

Je ne puis prononcer ou écrire ce nom funeste sans que mon cœur se serre, et que ma plume s'arrête : tant il éveille en moi de pénibles souvenirs. Que se passa-t-il à Quiberon ? Pourquoi tant de frais, de forces navales, de troupes de débarquement, furent-ils mis en jeu en pure perte? La trahison, l'impéritie se disputèrent-elles à qui paralyserait tout ? C'est en vain que je cherche à porter un jugement certain sur des faits si incompréhensibles ; je tâcherai néanmoins de faire jaillir quelques éclairs de cette nuit profonde.

Voici ce que j'appris relativement aux préliminaires de l'expédition. Que le lecteur pèse chaque expression de cette lettre, s'il veut en saisir l'ensemble.

« Monseigneur,

(Je n'étais encore que régent quand cette communication m'était adressée.) — « Si l'importance
« des préparatifs peut assurer le succès d'une expé-
« dition, jamais Votre Altesse Royale n'eut plus
« d'espoir à fonder que sur celle qui se prépare ;
« figurez-vous, pour en avoir une juste idée, que
« toute l'attention du cabinet de Londres paraît se
« concentrer sur les divers ressorts mis en jeu pour
« favoriser la descente sur la plage de Quiberon ;
« rien n'est négligé : on prodigue l'argent, on ras-
« semble en quantité les provisions, munitions et
« armes qui pourront être nécessaires. Les meil-
« leurs marins de l'Angleterre sont désignés, ainsi
« que des navires de choix. On appelle en même
« temps, de toutes les parties de l'Europe, les émi-
« grés qui voudront prendre part à cette entreprise.
« Nos officiers de marine sont surtout invités à
« s'y réunir ; nos évêques, ayant en tête celui de
« Dôle, font de cette expédition une croisade reli-
« gieuse ; ils la prêchent avec zèle, et je pense qu'ils

« viendront encourager les combattans par leur
« présence.

« Les émigrés arrivent en foule ; le régiment
« *royal artillerie,* commandé par le comte de Röll-
« halier, est entièrement composé de réfugiés de
« Toulon. Un grand nombre de soldats républi-
« cains, prisonniers en Angleterre, se sont enrôlés
« dans *Royal-Louis*, dont ils forment la majorité.
« Ils sont aussi en force dans *Royal-Émigrant*,
« puis dans les légions *Dudresnay* et d'*Hector*.
« Celle-ci renferme presque toute notre marine
« royale ; on se targue beaucoup ici de cette fusion,
« mais je l'envisage sous un autre point de vue....
« Peut-on répondre que les républicains n'auront
« pas le désir, dès qu'ils auront mis pied à terre,
« d'aller rejoindre leurs camarades ? J'en ai fait
« l'observation à un membre du conseil, qui m'a
« répondu que cela *était égal.* J'ai dû être peu sa-
« tisfait de cette réponse.

« Cette première division forme une masse d'en-
« viron quatre mille hommes ; elle est commandée
« par le comte d'Hervilly, ancien colonel du régi-
« ment *Royal-Soubise*, serviteur dévoué de la
« royauté qu'il a défendue le 10 août au péril de sa
« vie, dans la personne du frère de Votre Altesse
« Royale ; mais un dévouement sans bornes, une
« bravoure à toute épreuve, suffisent-ils dans de
« telles circonstances ? Je rends pleine justice à
« d'Hervilly ; cependant je me demande s'il possède
« les qualités nécessaires au chef d'une expédition

« si importante ; je ne puis écarter de sinistres
« prévisions : Dieu veuille me rendre mauvais pro-
« phète.

« La seconde division, sous les ordres du comte
« de Sombreuil, est composée du reste des régi-
« mens de *Beon*, de *Damas*, de *Périgord*, *Salm*
« et de *Rohan*. On l'a rassemblée sur le continent,
« à Stade et à Brême, et elle vient d'arriver en
« Angleterre. D'Hervilly, bien que n'ayant que qua-
« rante ans, me semble un *peu vieux*, et Charles
« de Sombreuil un peu jeune. Il ne manque pas ici
« de têtes folles qui voient le succès comme une
« certitude sans s'occuper des moyens de l'assurer.
« Sombreuil se moque de d'Hervilly; celui-ci blâme
« la présomption de Sombreuil, et déjà la division
« se glisse là où il ne devrait y avoir qu'une ame,
« une même pensée.

« Les choses se passeraient bien différemment si
« un prince du sang commandait l'expédition. Je
« ne demanderai pas pourquoi on ne l'y verra pas,
« parce que j'en connais trop bien la cause. Monsei-
« gneur, on consentira peut-être à rendre la cou-
« ronne à la famille royale, mais on ne la laissera
« à aucun prix la ressaisir elle-même. Voilà le
« nœud secret qui vous retient en Italie, qui arrê-
« tera votre frère à Londres, et les Condés en Al-
« lemagne. »

Cette lettre, que je rapporte parce qu'elle rend
assez bien ma propre manière d'envisager les choses, me causa plus de douleur que de joie. D'Ava-

ray, auquel je la communiquai, n'y vit que des espérances, et s'étonna de me trouver si froid.

— Mon ami, lui dis-je, tu vois la victoire là où je déplore d'avance la perte de la marine française.

— Quoi! sire (la royauté m'était échue de l'avant-veille), avez-vous de si fâcheuses idées, lorsque l'Angleterre prodigue pour votre cause ses flottes et ses trésors?

Timeo Danaos et dona ferentes.

Je crains les Grecs, lors même qu'ils nous font des présens, fut la seule réponse que je fis. Le choix des chefs de l'expédition ne me convenait pas non plus. Mais *on ne me consulta pas.* Seulement on répondit à mes observations, que ceux qui paient ont le droit incontestable de décider. Mon frère, dont il sera toujours facile de tromper les bonnes intentions, m'écrivit, de son côté, que d'Hervilly et Sombreuil possédaient toute la capacité nécessaire pour conduire l'entreprise, et qu'il en attendait merveille. Je dus me taire sous peine de me mettre à dos *ceux qui paient* et toute l'émigration.

Le comte de Puisaye débarqua le premier aux environs de Saint-Brieux, accompagné de Vauban, de Tenteniac, du prince Joseph de Broglie, du marquis de Conflans, de Boisberthelot, de Contades, et de l'évêque de Dôle, que j'aurais dû nommer avant les autres, en raison de la sainteté de son caractère. Il s'attendait à trouver trois provinces en insurrection, et il n'arriva que pour assister à la défaite de quelques bandes isolées, et entendre des plaintes et des accusations réciproques. Cependant il parvint à faire rentrer l'espérance dans le cœur des royalistes français. Charette, Stoflet, Scépeaux et Cadoudal firent de belles promesses et s'engagèrent pour tout le pays. Ainsi le zèle de chacun contribua à accréditer l'erreur de tous.

La victoire que la flotte anglaise, sous les ordres de lord Bridport, emporta, le 24 juin 1795, sur celle de la république, commandée par Villaret Joyeuse aux environs de Belle-Ile, rehaussa le courage des insurgés. Ils se hâtèrent de se réunir au point convenu de débarquement, où déjà se montrait en mer la première division de la flotte et de l'armée. Elle était composée de cent vaisseaux de toute grandeur, sous les ordres du comodore Waren. On aborde, on somme le commandant de Belle-Ile de se rendre; et malgré son refus, d'Hervilly, à la tête de quinze cents émigrés, prend terre le 29 sur la plage de Carnac, entre le golfe de Morbihan et la presqu'île de Quiberon. Tandis que Le Mercier, Cadoudal et Berthelot s'emparent de la batterie de Carnac, sur laquelle ils plantent un drapeau blanc, un premier engagement a lieu entre les débarqués et le commandant d'Auray. L'avantage reste aux royalistes, qui bientôt s'emparent de cette place. L'effroi est parmi les patriotes; leurs adversaires font des prodiges, mais ils s'arrêtent là......

Les troupes britanniques ne quittent pas le bord; les royalistes, au lieu de marcher en avant, ou de bivouaquer sur la côte, s'amusent à donner chacun leur plan. Tous commandaient, et nul ne voulait obéir.

D'Hervilly était timide en raison de la responsabilité qui pesait sur sa tête ; il voulait faire la guerre selon les règles, et les règles dans ce cas ne valaient rien. Ce ne fut qu'au bout d'une semaine qu'il put ou qu'il eut l'idée de s'emparer de la presqu'île de Quiberon.

Tandis que le reste des émigrés étaient poussés par les Anglais sur la rive de France, le général Hoche prenait des mesures pour les repousser. Il se porte rapidement à Vannes, fait évacuer la côte depuis la Vilaine jusqu'à Lorient, rassemble d'abord un noyau de deux mille hommes, avec lequel il prend l'offensive, chasse les chouans devant lui, et occupe Auray qu'ils ne peuvent garder. Craignant d'être inquiété par l'expédition, il est surpris de son inaction, puis en profite pour rassembler des troupes.

Hélas ! les chefs de l'entreprise étaient certes braves, mais ils n'avaient d'ailleurs rien de ce qui assure la victoire. Déjà les républicains, au nombre de trois mille, menaçaient Carnac et Quiberon. Le 6 juillet à dix heures du soir, d'Hervilly sort du fort Penthièvre, et arrive avant le jour en présence des bleus. Un combat s'engage, d'Hervilly est forcé de se retirer. Hoche, de son côté, fortifie son camp, et augmente son armée par des détachemens que son chef d'état-major lui envoie.

Il est temps d'agir sérieusement, d'Hervilly et Puisaye le comprennent. Les royalistes se précipitent entre Magellod et Vannes, en détruisant un corps de huit cents républicains. Il aurait fallu que l'expédition en fît autant de son côté ; mais d'Hervilly voulait conserver le commandement suprême, et il le perdait s'il opérait sa jonction avec l'armée royale de Bretagne, qui était sous les ordres de Puisaye. En conséquence il ne quittait pas la péninsule. Jamais il ne fut général plus fidèle et moins habile.

La seconde expédition, retardée sans cause réelle, arriva enfin le 15 juillet. Sombreuil demanda le débarquement instantané de ses troupes. Mais d'Hervilly, qui savait qu'un combat aurait lieu le lendemain, crut s'en réserver tout l'honneur en ne s'adjoignant pas d'auxiliaire ; il éluda donc la demande de Sombreuil, et éloigna cette jonction si utile. Le 16 à minuit, on donna l'ordre de marcher en avant ; d'Hervilly refusa encore d'attendre la troupe de Vauban, composée de quinze cents insurgés. Il se porta seul avec les siens sur les républicains, toujours commandés par Hoche.

Je ne puis me décider à décrire les incidens de cette fatale journée ; on ne les connaît que trop. La défaite de d'Hervilly fut complète, et Sombreuil y assista sans pouvoir s'y opposer. Il fallut entrer dans le fort Penthièvre après une perte immense ; à l'incapacité vint se joindre la trahison, qui acheva de tout ruiner. Les prisonniers républicains, dont on avait fait des soldats royalistes, formèrent le complot de livrer le fort Penthièvre aux leurs ; deux d'entre eux vont trouver Hoche, lui signalent un sentier qui tourne les fortifications à travers les rochers, et le décident à tenter l'attaque. Elle a lieu le 20 juillet ; un autre transfuge découvre le mot d'ordre ; enfin le fort de Penthièvre est remporté. Puisaye court annoncer ce désastre à Sombreuil, et au lieu de se joindre à lui pour reprendre l'avantage, il monte sur les vaisseaux anglais et s'enfuit.

Sombreuil, à son tour, perd la tête ; il reste dans l'inaction lorsqu'il aurait fallu redoubler d'ardeur, et tout est perdu. Quatre mille hommes furent faits prisonniers, au nombre desquels figuraient neuf cents émigrés, quinze cents chouans, l'état-major, l'évêque de Dôle, son frère et son clergé.

On sait aussi comment, à la suite de ce désastre irréparable, la convention nationale ordonna le supplice de tous les émigrés, d'après la mesure proposée par Tallien, qui fit entendre à la tribune ces paroles exécrables :

« Les émigrés, ce vil ramas de complices, de stipendiés de Pitt, ces infâmes auteurs de tous les désastres, de tous les forfaits contre lesquels la France lutte depuis cinq ans, ont été poursuivis au sein des flots par nos braves, que guidaient la vengeance et l'enthousiasme de la république. Mais les flots les ont rejetés sous le glaive de la loi ; en vain ont-ils cherché à retarder les coups qui devaient les frapper ; en vain ont-ils envoyé plusieurs parlementaires pour obtenir quelques conditions. Quelles relations pouvait-il exister entre nous et ces rebelles, si ce n'est la vengeance et la mort? La mort des héros eût été trop douce pour des traîtres ; la Providence leur réservait un châtiment qu'ils ne tarderont pas à subir, et dont la rigueur et l'opprobre doivent être proportionnés à leurs crimes. »

En effet, l'ordre arriva de juger tous les émigrés; autant eût valu les condamner en masse. Sombreuil, l'évêque de Dôle et Lalonde, le chef des chouans, comparurent les premiers. Sombreuil invoqua inutilement la capitulation contestée; le jugement fut rendu et exécuté. Ces trois martyrs moururent ensemble le 30 juillet. Que d'Hervilly fut heureux de tomber sur le champ de bataille! C'est près d'Auray, dans une prairie, que se faisaient les exécutions. Elle est encore aujourd'hui, dit un historien, en grande vénération. Les habitans des deux sexes y font des pélerinages et l'appellent la Prairie des Martyrs.

Cependant, tandis que les émigrés combattaient encore, la flotte anglaise avait remis à la voile, et elle abandonnait ces malheureux. L'un d'eux, à la vue de cette retraite inattendue, s'écria :

— Le but de l'expédition est atteint; le corps entier de la marine française est détruit...

Je ne pouvais encore soupçonner ces revers, lorsque, le 8 juillet, je mandais à Charette :

« La Providence m'a placé sur le trône. Le pre-
« mier et le plus digne usage que je puisse faire de
« mon autorité, est de revêtir d'un titre légal le
« commandement que jusqu'à présent vous ne devez
« qu'à votre courage et à la confiance de mes bra-
« ves et fidèles sujets. Je vous nomme donc général
« de mon armée catholique et royale. Mais ce n'est
« pas seulement les armes à la main que vous pou-
« vez me servir. Un de mes premiers devoirs est de
« parler à mes sujets, d'encourager les uns, de ras-
« surer les autres ; tel est l'objet de la déclaration
« que je vous envoie et que je vous charge de pu-
« blier. Je ne pouvais la confier à personne capa-
« ble d'y donner plus de poids. Cependant, si,
« lorsqu'elle vous parviendra, votre trêve avec les
« rebelles subsistait encore, il serait peut-être im-
« prudent que vous la publiassiez vous-même. Si
« au contraire vous avez repris les armes, rien ne
« doit retarder sa publication. Je m'occupe active-
« ment à hâter le moment où, réuni à vous, je
« pourrai vous montrer en ma personne un souve-
« rain qui se fait gloire de sa reconnaissance envers
« vous, et à mes sujets bien moins un roi qu'un
« père. »

Telle était la lettre que j'écrivais en recevant une dépêche de lord Grenville, qui m'annonçait que mon frère George III mettait à ma disposition, au lieu de la côte d'Italie que je désignerais, un vaisseau de ligne et une frégate, pour me transporter dans la Bretagne, où ma présence ne tarderait pas à devenir nécessaire. J'eus ma part des illusions que l'on se créait autour de moi. La reine demanda à me suivre avec tant d'instance que je ne pus lui refuser ce qu'elle sollicitait à titre de première faveur royale. J'écrivis au prince de Condé pour lui communiquer ces bonnes nouvelles, et, dans ma confiance naïve, je lui donnai, ainsi qu'à son armée, un rendez-vous au centre de mon royaume.

Je prévins aussi le doge que j'allais cesser de profiter de son hospitalité. Il me fit répondre avec beaucoup de grace que le jour de mon départ lui causerait plus de joie que celui de mon arrivée, attendu qu'il valait mieux, dans mes intérêts, me souhaiter un bon voyage que me donner la bienvenue. On ne viole pas impunément la sainte hospitalité. Ce doge fut depuis aussi malheureux que je l'étais alors.

Mais ce qui me restait d'illusion me fut bientôt ravi, d'abord par la paix que l'Espagne conclut avec la France républicaine, le 22 juillet. Je ne pus m'empêcher d'écrire à Charles IV une lettre énergique que je me suis reprochée depuis les malheurs de cet infortuné monarque. J'espérais d'ailleurs une compensation à cet incident malencontreux, par les avantages de l'expédition de Quiberon. Son résultat me fut enfin connu... Avouerai-je que j'en versai des larmes de désespoir ? Un roi peut bien pleurer, puisque Homère fait pleurer Achille. Ces larmes seules purent me soulager, quand je pensai à tant de victimes si cruellement abandonnées. Pendant quelque temps, ce ne fut autour de moi qu'un concert de regrets et d'imprécations.

Je me consultai, et je pris la résolution d'aller enfin, s'il était possible, donner en ma personne un chef à la Vendée. Je savais que le comte d'Artois m'y devancerait, car voici ce qu'il me mandait :

« Sire, mon roi et frère,

« Vous connaissez la fatale affaire de Quiberon !
« d'Hervilly a tout perdu ; mais il en a été cruelle-
« ment puni. Ce qu'il n'a pu achever, je l'entre-
« prendrai avec l'aide de Dieu. Il reste encore sur
« cette terre fidèle des élémens de succès pour la
« cause de Votre Majesté. On m'assure que tous ses
« habitans accourront à mon appel, que pas un fils
« de bonne mère ne se tiendra à l'écart, dès qu'il
« apprendra qu'un fils de Henri IV est venu pour le
« conduire à la victoire.

« On arme à force l'escadre qui doit me trans-
« porter en France ; mes amis craignent que je
« m'expose, mais moi, j'ai hâté de placer la cou-
« ronne sur votre tête, etc., etc., »

CHAPITRE III.

Justification de Monsieur comte d'Artois. — Louis XVIII accuse qui de droit. — Lettre qu'il écrit à son frère prêt à partir pour l'île Dieu. — Détails sur le non-succès de cette entreprise. — Arrivée à l'île Dieu. — Les Vendéens sont trompés par l'Angleterre. — Désespoir de Charette. — Chute de la Vendée. — Mort tragique de Stofflet et de quelques chefs. — Derniers instans de Charette. — Fin du règne de la Convention. — Projet contre-révolutionnaire. — Le général Danican. — Journée du 13 vendémiaire. — Conséquences de cette journée. — Mauvaise humeur du roi.

Les intentions de *Monsieur* (mon titre ayant passé à mon frère), ai-je dit, étaient parfaites ; mais il était sans cesse entouré d'une espèce de cour qui semblait conspirer contre l'honneur de son prince. La crainte que ses prétendus amis avaient de le perdre les rendait timides, au point de compromettre sa réputation de bravoure. Il avait cependant des inclinations belliqueuses, et surtout un vif désir de les montrer ainsi qu'il convenait à son rang ; mais le hasard le servit si mal qu'il ne put jamais y réussir.

J'aurais donné tout au monde pour que les directeurs de Monsieur, si attentionnés à la conservation de son existence, eussent fait meilleur marché de la leur. Cette conduite, qui me causait un chagrin extrême, me dicta la lettre suivante, que j'écrivis en réponse à celle que je venais de recevoir.

« Monsieur et cher frère,

« Je souhaite que la Providence réponde à vos
« nobles sentimens, en vous facilitant votre descente
« dans un royaume qui, bien que mien, sera le vôtre
« un jour, selon le cours ordinaire des choses. Il est
« en France une qualité qui sauve même du ridicule,
« qui nous fait des partisans de nos adversaires les
« plus acharnés ; cette qualité, c'est la bravoure.
« Vous n'en manquez pas, Dieu merci, vous êtes
« d'une race où elle est héréditaire ; mais l'heure
« est venue de la montrer ; je vous supplie, plutôt
« que je vous l'ordonne, d'écouter vos seules ins-
« pirations, de ne demander de conseil qu'à vous-
« même. Croyez-en votre cœur, ses inspirations
« seront toujours d'accord avec votre devoir.

« Les autres, mon frère, ont leurs intérêts en
« dehors des nôtres; nous leur sommes nécessaires,
« aussi tiennent-ils à nous conserver. Nous devons
« donc nous méfier d'une prétendue sollicitude qui
« peut nous engager dans de fausses démarches et
« nous livrer à des actes répréhensibles. Pénétrez-
« vous bien de cette vérité : sachez qu'aujourd'hui
« tout ce qui vous éloignerait du danger serait jugé
« à votre désavantage par ceux qui s'y expo-
« sent chaque jour depuis si long-temps, et cela

« dans le seul but de faire triompher notre cause.

« Je vous parle avec cette franchise, afin de vous
« prémunir contre des insinuations bien coupables,
« et, je tranche le mot, contre des terreurs calcu-
« lées. Songez que les amis qui voudront vous re-
« tenir seront ceux qui ne peuvent vous laisser par-
« tir sans eux, et que par conséquent, en épar-
« gnant votre vie, ils épargnent aussi la leur. Ne
« suivez donc que l'impulsion de votre courage,
« lorsqu'on vous conjurera de vous tenir à l'écart.
« Rappelez-leur que Henri IV était toujours le
« premier au feu, et que cependant il ne fut pas
« tué sur un champ de bataille.

« Enfin, méfiez-vous des faux amis et du lieu où
« vous êtes ; on aimerait mieux vous voir compro-
« mis, qu'à la tête de ces bandes héroïques qui
« vous suivront à la victoire. J'espère que, Dieu
« aidant, je ne tarderai pas à vous aller rejoindre
« et à montrer une seconde fois le panache blanc
« toujours sur la route de l'honneur. »

Je m'adressais moins à mon frère dans cette lettre qu'à ses amis, sachant qu'il ne manquerait pas
de la leur montrer. Je me flattais de les piquer
d'honneur et les faire voler aux combats. Déjà le
duc de Bourbon avait pris son essor vers la côte.

Je ne vécus qu'à demi pendant la durée de cette
expédition malencontreuse, et je puis assurer que
son résultat fit à mon cœur une blessure aussi profonde que celle que j'avais reçue de la catastrophe
de Quiberon, bien qu'ici on n'eût pas à regretter

une goutte de sang. Je reçus avec indignation la lettre inconvenante de Charette, lettre écrite en termes plus mesurés que ceux qui se trouvent dans l'ouvrage infâme du comte de Vauban, mais qui ne blessèrent pas moins vivement ma sensibilité de frère et mon orgueil de roi.

Monsieur, dans cette expédition fatale, fut dupe de sa cour et des Anglais. D'aucun côté on ne songea à sa réputation. Le cabinet de Londres voulait inquiéter la république, afin d'en obtenir par un traité ce que je persistais à lui refuser. Certes, le moment était favorable ; l'armée française, sur la côte d'Italie, languissait dans une affreuse détresse ; et, en Allemagne, le général Clairfait battait les généraux républicains. Dans l'intérieur de la France, le mal arrivait à son comble ; et si Monsieur, suivi du duc de Bourbon, eût fait une descente, il se serait trouvé avant quinze jours à la tête de plus de deux cent mille hommes. Mais on effraya mon frère ; on lui représenta la Vendée et la Bretagne lassées et soumises, l'armée qu'on lui promettait, formée seulement de misérables bandes, de dévaliseurs de diligences, qui l'abandonneraient à la première vue d'un bataillon de ligne ; on ajoutait encore qu'on savait de science certaine que plusieurs chefs prétendus bien intentionnés avaient conçu le projet de le livrer à la convention nationale, dans l'espérance d'en obtenir des conditions avantageuses.

Telles furent les raisons principales que Monsieur me transmit, après son retour en Angleterre, pour m'expliquer sa conduite. Je déplorai qu'il les eût écoutées ; mais il était innocent, et je n'ajoutai pas à sa douleur par l'amertume de mes reproches. Cependant j'avoue que je pris ma revanche sur les donneurs d'avis, et que la sévérité de mon style ne leur laissa nul espoir de m'apaiser. On ne me trompait pas facilement. La fatalité permit en outre qu'un homme profondément méchant fît partie de cette expédition, le comte de Vauban, qui s'est complu à charger mon frère dans ses pages virulentes. Mais je déclare à la face de Dieu, et ma franchise sur ce point n'est pas suspecte, que tout ce qu'il a dit sur Monsieur relativement à la course à l'île Dieu, est faux ou exagéré. Le comte d'Artois, je le répète, fut joué, trahi ; on abusa de sa bonne foi, de sa confiance en ses alentours ; l'Angleterre elle-même fit mouvoir d'indignes ressorts pour empêcher sa descente sur la côte, et ici, comme dans toutes les circonstances de sa vie, sa funeste destinée l'emporta, les apparences parlèrent contre lui. J'ai saisi, comme je le devais, ce moment de lui rendre justice ; on me croira d'autant mieux que je ne le flattais jamais.

Monsieur partit donc d'Angleterre le 25 août, jour de Saint-Louis. Il était accompagné d'un nombreux état-major : le comte de la Chapelle, le marquis de Verneuil, le chevalier de Sainte-Luce, MM. de la Rozière, de Chapeu, de Roll, de Valcourt, de Samlancourt, de Puységur, de Serrant,

Étienne de Durfort, Charles de Damas, M. de la Laurencie, évêque de Nantes remplissant les fonctions d'aumônier général. La flotte était composée, outre sa force militaire, de cent quarante bâtimens de transport.

Monsieur débarqua dans l'île Dieu. Son premier soin fut de faire célébrer un service funèbre en mémoire des victimes de Quiberon. Un conseil, auquel furent appelés le commodore Waren et les principaux officiers de la flotte, décida qu'il était impossible d'attaquer Noirmoutiers, trop bien défendue; qu'on devait attendre les secours promis avant de rien tenter, et demeurer à l'île Dieu. Ainsi Charette fut trompé. Les Vendéens, surpris de ce retard, envoyèrent des députés; celui de Charette était Duchesnier, son aide-de-camp; le chevalier d'Antichamp vint au nom de Stoflet; Mercier et deux autres représentèrent les chouans, et le chevalier de la Béraudière, ceux que commandait le vicomte de Scépeaux.

En attendant, quatre mille Anglais et huit cents émigrés débarquèrent le 29 septembre dans l'île Dieu, qu'ils enlevèrent à la pointe de l'épée. Monsieur y arriva le 3 octobre. Cette île, située à trois lieues sud-ouest de la côte de Saint-Jean-de-Mont, n'est qu'un rocher de granit, d'une lieue un quart de circonférence. Son port offre un abri peu sûr, des récifs qui s'étendent au large et en rendent l'abord difficile; sa végétation est maigre, et elle ne renferme que quelques huttes de pêcheurs qui forment un petit bourg sans importance. On n'y trouve ni eau ni bestiaux.

Ce fut le séjour de Monsieur, séjour choisi avec intention pour le dégoûter d'y rester long-temps. Le duc de Bourbon vint l'y rejoindre, et en *attendant*, car on attendit toujours dans cette guerre prétendue, on se retrancha. Ce fut en vain que Charette essaya de donner de l'impulsion à ce corps sans ame; que lui-même s'avança à la tête de quinze mille hommes : on le fit prévenir de ne pas tant se presser.

— Allez dire à vos chefs, répondit-il avec amertume, que vous m'avez apporté l'arrêt de ma mort. Je commande aujourd'hui quinze mille hommes; demain il ne m'en restera pas quinze cents. En manquant à leur parole, vos chefs m'ôtent tous moyens de les servir. Je n'ai plus qu'à fuir ou à chercher une mort glorieuse. Mon choix est fait, je périrai les armes à la main.

Cette réponse indigna le conseil de Monsieur. On voulut tromper Charette, mais inutilement. Un mois après, l'île Dieu fut évacuée; Monsieur s'en retourna en Angleterre, et rien n'atténua la honte de cette funeste expédition, qui entraîna la chute totale de la Vendée. Elle commença à la déroute de Saint-Cyr, où le brave Guérin perdit la vie. Sa mort fut suivie de celle de plusieurs autres chefs, Prudom, la Robérie, Cunétus et Payot. Le 24 février périrent Guichard et Trirolas, deux des plus anciens officiers de Stoflet, et le lendemain ce chef lui-même fut trahi indignement ; il tomba dans un piége, et reçut sa condamnation à Angers, par un conseil de guerre. Son courage ordinaire le suivit jusqu'à la mort.

Charette restait encore, mais seul et sans ressources. Voici comment on raconte ses derniers momens. Ces détails m'ont été garantis par un de ses partisans dévoués.

Le chef de la Vendée, qui n'avait déjà plus d'asile, errait de ferme en ferme accompagné de quelques déserteurs. Traqué de bois en bois comme une bête fauve pendant plus de vingt jours, il est surpris le 23 mars 1796, à neuf heures du matin, entre la Guisonnière et le Sablon, n'ayant plus avec lui que cinquante hommes. L'adjudant général Valentin fond avec cent grenadiers sur Charette, qui perd dix hommes en fuyant. Blessé lui-même de deux coups de feu, il s'enfonce dans les taillis de la Chabotière, près Saint-Sulpice. Cerné de toutes parts, il ne pouvait plus échapper. A midi, il est encore découvert par la colonne du général Travot. Harassé de fatigue, blessé à la main et à la tête, il fuyait soutenu par deux soldats déterminés à partager son sort. Les grenadiers républicains font feu sur lui malgré les officiers, qui leur crient ; — Blessez-le, mais ne le tuez pas. Plusieurs coups de fusil dispersent la petite troupe de Charette, ses deux fidèles compagnons tombent morts à ses pieds, il ne lui reste plus que le déserteur allemand, l'exécuteur de ses ordres sévères.

Cet homme féroce, mais fidèle, se dévoue, il se laisse prendre, il affirme qu'il est lui-même Charette, espérant donner le temps à ce chef de se sauver dans l'épaisseur du bois. Charette en effet se glissait le long d'un fossé, et peut-être aurait-il échappé lorsqu'un déserteur de Cassel, croyant obtenir sa grace, le fait connaître. Aussitôt plusieurs grenadiers fondent sur lui, mais il ne veut se rendre qu'au général Travot. Amené devant ce chef, il lui offre sa ceinture remplie de pièces d'or. — Gardez-les, dit Travot; vous êtes mon prisonnier, et cela me suffit.

— Brave homme, répliqua Charette, je voudrais vous offrir aussi le sabre que m'a envoyé l'Angleterre; mais je craindrais de compromettre la personne à laquelle je l'ai confié.

Travot dirige d'abord son prisonnier sur Angers pour le conduire ensuite à Paris. Le bruit d'une prise aussi importante se répand aussitôt dans toutes les villes voisines de la Vendée; mais cette nouvelle, si souvent publiée et si souvent démentie, ne trouvait que des incrédules. Hoche juge alors qu'il est nécessaire d'en convaincre la ville de Nantes, où Charette est connu.

Couvert de blessures, exténué de fatigue, affaibli par la perte de son sang, Charette, qui déjà avait fait vingt lieues, est traîné à Nantes au son d'une musique guerrière. Il est promené à pied dans les rues au milieu d'une nombreuse escorte et d'une foule immense, dans cette ville où un an avant il était entré presque en triomphe ! Se tournant vers le général chargé de le conduire, il lui dit d'un ton de reproche : — Si vous étiez tombé en mon pouvoir, je vous aurais fait fusiller sur-le-champ. Traduit devant la cour militaire qui devait le juger, il ne démentit point son caractère ; toutes ses réponses furent fermes et nobles. Arrivé au lieu de son exécution, il ne voulut point se mettre à genoux, ni souffrir qu'on lui bandât les yeux. Il découvre sa poitrine, donne lui-même le signal, tombe, et meurt en criant : *Vive le roi !*... Son noble vœu fut exaucé ; le roi a vécu pour honorer sa mémoire, et pour récompenser en partie sa famille, à laquelle moi et les miens seront toujours redevables.

Charette eut des défauts, mais en même temps il était doué de qualités supérieures. Les reproches que je serais en droit de lui adresser comme particulier doivent tomber devant les services qu'il a rendus à la cause du roi. Avec lui la Vendée s'éteignit. La chouanerie se maintint encore, mais avec moins d'éclat. Tout espoir de relever l'étendard royal dans cette partie de la France fut donc anéanti, et je dus tourner les yeux d'un autre côté.

Dans cet intervalle, un nouvel ordre de choses se préparait en France. On y reconnaissait l'impossibilité de conserver la même forme de gouvernement adoptée jusqu'alors. On voyait qu'une seule chambre, faisant à la fois la loi et l'exécutant, était une anomalie permanente ; qu'elle porterait en soi un germe continuel de mort. On avisa donc aux moyens de trouver mieux. Les personnes de la Convention qui correspondaient avec moi furent les premières, d'après les inspirations que je leur avais transmises, à proposer un nouveau mode de gouvernement. J'ai dit qu'on me doit l'idée de la constitution de l'an III, toute monarchique dans son essence, et qui du moins ramenait la nation sur le chemin de la royauté.

Mais au moment où l'on allait essayer de ce système, mes partisans de l'intérieur crurent trouver l'occasion favorable pour rétablir le trône. Ils fondaient cette espérance sur le mécontentement général que causa la Convention, en manifestant le désir de se perpétuer en majorité dans la prochaine législature. Ce fut dans ce but qu'on excita la mauvaise humeur des citoyens, et à Paris, principalement des sectionnaires. Telle fut l'origine de la fameuse journée du 13 vendémiaire, qui fut si fatale à la royauté en amenant sur la scène un nouvel acteur lequel ne devait la reconstituer qu'à son profit. On comprend que je veux parler de Napoléon Buonaparte.

On voulait faire la contre-révolution par le concours de la garde nationale. C'était assez sagement imaginé; mais pour exécuter cette entreprise, il fallait un chef capable de la conduire. Or, à qui s'adressa-t-on? à une tête folle, à un poltron; le mot est dur, mais juste, car jamais il ne fut plus misérable commandant que le général Danican.

C'était un officier de fortune : soldat d'abord dans le régiment de Barrois; puis entré, en sa qualité de noble, dans la gendarmerie à Lunéville. Ayant adopté les principes révolutionnaires, il arriva rapidement, selon l'usage, au grade de général de brigade, qu'il obtint pour ses services contre les Vendéens.

Le comité royaliste me présenta ce général comme un héros qui consentait à embrasser mon parti, et se faisait fort de m'assurer la victoire; je ne le connaissais que sur ce qu'on m'en disait; néanmoins il me fallut l'accepter, et lui donner ma confiance, bien que je me méfiasse de son habileté. Je me suis promis dans ces Mémoires de ne jamais m'étendre sur les événemens auxquels je n'ai pris qu'une part secondaire : aussi ne donnerai-je point de détails sur la journée du 13 vendémiaire. Je dirai seulement que les sections commandées par le général Danican furent vaincues par Barras, chef des forces de la Convention, ou, pour être plus exact, par Napoléon Buonaparte. Celui-ci, appelé par hasard à seconder Barras, s'empara tout-à-coup de la direction des affaires, et mit en œuvre des dispositions si habiles, qu'elles assurèrent le succès de la Convention.

Pour la première fois depuis 1789, la victoire n'eut point de suites sanglantes; les vainqueurs, satisfaits du triomphe, ne se montrèrent pas cruels. Cette journée fut un des mille désappointemens que me procurèrent mes fidèles. Sa coïncidence avec l'expédition de l'île Dieu ne contribua pas peu à me bouleverser. J'aurais voulu que Monsieur m'offrît par ses succès un dédommagement à tant de malheurs ; et au lieu de m'appuyer sur lui, il me fallait le défendre contre des accusations injustes ! Ma position devenait de plus en plus embarrassante ; je ne pouvais désormais attendre rien de l'intérieur ; je voyais les puissances de l'Europe indifférentes à mon sort, et je perdais en même temps mes appuis naturels dans le roi d'Espagne, qui faisait sa paix avec la république, et dans le roi de Naples, contraint malgré lui de suivre la même voie. Que me restait-il donc?... Ma résignation d'une part, et de l'autre ma ferme volonté de lutter contre la fortune.

CHAPITRE IV.

Lettre en forme de manifeste que le roi écrit au comte d'Harcourt. — La Constitution de l'an III est établie. — Barras. — Carnot. — Rewbell. — La Réveillère. — Letourneur. — Le directoire au Luxembourg. — Fin du royaume de Pologne. — Récit et réflexions. — Le roi proteste. — Un noble vénitien notaire officiel. — Lettre curieuse de Catherine. — Mépris du roi pour Poniatowsky. — Craintes qu'on lui donne sur le sort de sa nièce. — Il veut l'arracher à sa prison. — Boissy-d'Anglas le rassure. — L'Autriche paraît d'abord s'y intéresser peu. — Offres généreuses de la légation américaine. — L'Autriche empressée de délivrer Madame Royale. — Pourquoi. — Propos du roi à ce sujet.

Ce fut au milieu de ces prévisions d'un fâcheux avenir que j'écrivis au duc d'Harcourt, chargé de mes affaires à Londres, la lettre suivante, véritable manifeste de mon avènement à la couronne ; c'est en même temps l'expression de ma pensée intime, et la preuve de la difficulté de ma position.

Vérone, 28 septembre 1795.

« J'ai reçu, mon cher duc, votre réponse à ma
« lettre du 25 août. Je ne puis qu'être reconnais-
« sant de l'intérêt que le gouvernement anglais
« prend à ma conservation.

« Ma situation est semblable à celle de Henri IV,
« sauf que je ne suis pas comme lui dans mon
« royaume, à la tête d'une armée docile à ma voix.
« Isolé, dans un coin de l'Italie, de ceux qui com-
« battent pour moi, mon inaction m'expose à des
« jugemens défavorables de la part de mes sujets
« fidèles. Puis-je conquérir ainsi mon royaume, et
« obtenir la considération personnelle qui me serait
« si nécessaire?

« On nous dira que si les progrès de Monsieur
« me promettent une entière sécurité, on me con-
« duira dans mes états; mais cela signifie seulement
« que j'y serai appelé quand le danger sera passé.
« Dieu m'est témoin, et vous le savez, mon cher
« duc, que j'entendrais avec satisfaction pousser le
« cri des Israélites : *Saül a tué mille hommes, et
« David dix mille* : mais ma joie comme frère ne
« fait rien à ma gloire comme roi ; et, je le répète,
« si je n'acquiers pas une gloire personnelle, si mon
« trône n'est pas entouré de considérations, mon
« regard pourra être tranquille par l'effet de la las-
« situde générale, mais je n'aurai pas construit un
« édifice solide.

« Le passage du Rhin, la saison qui s'avance,
« tout se réunit pour me convaincre que le corps
« du prince de Condé n'agira point cette année :
« d'ailleurs, M. de Thuguet a dit dernièrement sans
« y être provoqué, que je ne jouerais pas auprès de
« ce corps un rôle convenable. Je sens qu'en effet
« j'y serais au moins aussi déplacé qu'à Vérone.

« Que me reste-t-il donc ? La Vendée... Qui peut
« m'y conduire ? le roi d'Angleterre. Insistez de
« nouveau sur cet article : dites aux ministres en
« mon nom que je leur demande mon trône, et que
« j'éprouverai une bien douce satisfaction à le leur
« devoir ainsi qu'à un souverain aussi vertueux que
« le roi d'Angleterre; car ce sera à la fois ma gloire
« et le salut de mon royaume.

« Portez-vous bien, mon cher duc, et comptez
« sur mon amitié.

« *Signé* Louis. »

J'attendais un résultat heureux de cette lettre, mais *elle ne fut pas remise*. Le duc d'Harcourt, entouré des amis de mon frère, eut le tort de croire que je nuirais à l'expédition qui se préparait, si j'en faisais partie. En conséquence, je ne reçus pas de réponse. L'expédition manqua ; le 13 vendémiaire n'eut pas plus de succès, et j'eus besoin de toute ma philosophie; car, selon l'expression de La Fontaine, je demeurai *Gros-Jean comme devant*.

La France, néanmoins, s'organisait sur une base supportable ; les deux conseils qui devaient remplacer les deux chambres monarchiques s'installèrent le 28 octobre et le 1er novembre 1795. Ils procédèrent à la nomination des cinq membres du Directoire exécutif ; mais leur choix tomba sur des hommes qui avaient presque tous trempé leurs mains dans le sang de mon frère. Siéyès, qu'on avait élu d'abord, refusa. Venait ensuite Barras, héros à la façon de Marc-Antoine, aimant le plaisir plus que la gloire, avide d'argent comme de pouvoir, afin de contenter ses goûts de luxe et de dépenses; ex-noble s'étant cru obligé de renforcer son jacobinisme à cause de sa noblesse même; poli dans sa démagogie de circonstance, méprisant au fond les révolutionnaires, et revenant à moi avec empressement aussitôt que je m'avisais de songer à lui. Dès son entrée au Directoire, il obtint une sorte de suprématie qu'il conserva jusqu'au 18 brumaire. Barras commit de grands crimes, mais il fut plutôt entraîné par les circonstances que par le besoin de faire le mal. Il a même rendu de grands services aux gens de bien, et ce n'est pas sa faute si je ne suis pas rentré en France quatorze ans plus tôt.

Carnot était, je ne crains pas de le dire, le Caton de la révolution; je l'appelais souvent avec raison l'*honnête criminel*, le régicide. Le membre sanguinaire du comité de salut public fut du moins fidèle à sa chimère de vertus civiques; citoyen, patriote incorruptible, homme de conseil et d'exécution, il traça d'habiles plans de campagne et prouva qu'il savait joindre l'exemple au précepte. Combien de fois ai-je regretté que lui-même ait posé, non-seulement en 1793, mais encore en 1814, une barrière éternelle entre nous! et qui sait si, sans son fameux Mémoire, je n'aurais pas fait plus tard pour lui, dans l'intérêt du royaume, ce qu'une intrigue abominable me contraignit de faire pour

Fouché dans un intérêt tout personnel? C'était une conquête bonne à faire pour toutes les causes et pour tous les partis.

Rewbell, demi-Français demi-Allemand, à tête lourde, aux formes épaisses, mais à l'esprit délié, devait à sa haine des rois le poste auquel on l'appelait : il n'est pas sorti du Directoire aussi pur que Carnot.

La Réveillière, avocat, sorte de Brutus contrefait, avait contre lui ce qui est pire en France que des crimes, des ridicules; c'était plus qu'il n'en fallait pour le déconsidérer aux yeux de tous. Il acheva de se perdre en voulant opposer au christianisme le culte des théophilantropes, absurdité qui à elle seule décelait la folie du personnage. Ce fut par un sot esprit de *secte* qu'il se montra l'ennemi cruel du clergé des émigrés et de tout l'ancien régime; rien ne put le gagner à notre cause.

Le cinquième membre du Directoire, Letourneur, officier d'artillerie, ne se distingua de ses collègues que par une avarice qui surpassait encore celle de la Réveillière. Il marchait à la suite de Carnot, son chef de file; et révolutionnaire par sentiment faute de mieux, il resta au Directoire jusqu'au premier renouvellement, puis renonça à ses fonctions pour une assez maigre somme. En politique on est nul, quand on a si peu d'ambition; mais surtout on ne doit pas vendre sa place pour un plat de lentilles.

Le Directoire, je dirais par pudeur, si ce mot

pouvait s'appliquer aux Directeurs plus qu'aux filles, n'osa pas s'installer aux Tuileries encore pleins du souvenir de Louis XVI, ou plutôt par prudence. Il craignit qu'on l'accusât à son début d'affecter la souveraine puissance ; mais les *citoyens-sires* ne firent aucune difficulté de s'emparer de mon Luxembourg : ils y remplacèrent des prisonniers, car au bon temps de l'anarchie on en avait fait une maison de détention. On m'a conté que Barras se mit dans mon propre appartement ; aussi je me plais à croire que ces messieurs se trouvèrent passablement logés. Les Tuileries échurent aux conseils. Celui des Cinq-Cents s'établit dans la salle du Manége, où siégea la Convention nationale ; et celui des Anciens, dans la salle de spectacle.

Tandis que ce nouveau gouvernement prenait peu à peu les airs d'une pentarchie semi-royale et semi-républicaine, une couronne disparaissait dans le nord de l'Europe ; un dernier acte de faiblesse du roi Poniatowsky rayait la Pologne du nombre des royaumes. La force des armes faisait là ce que naguère la révolte avait fait en France. Ce fut, j'ose le dire, un grand crime politique, une usurpation patente, qui me causa autant de regret dans mes intérêts que de honte pour les souverains oppresseurs.

La Pologne, royaume électif, succomba sous ses divisions intestines. C'était non un empire, mais un noble bénéfice séculier. Si bien qu'à la mort de chaque titulaire on croyait ne faire de tort à personne en écornant une succession échue à un héritier inconnu, insensiblement on s'accoutuma à penser qu'on pouvait même frustrer entièrement cet héritier, dont le droit n'était défendu d'aucun.

En d'autres termes, une couronne élective ne tient pas plus sur la tête qu'un chapeau quand il fait du vent. Celle de Pologne était donc sans cesse menacée par trois puissans voisins, la Russie, la Prusse et l'Autriche. Déjà, en 1772, un premier partage de la Pologne avait eu lieu dans certaine de ces provinces. Plus tard, un second s'ensuivit, surtout lorsque ces souverains s'aperçurent que le reste de l'Europe souffrait leurs spoliations. Cette indifférence, que je reproche particulièrement à ma famille, amena l'entier envahissement de la Pologne.

Poniatowsky devait la couronne à Catherine, dont il avait été l'amant. C'était un homme faible, craintif, et plus propre à descendre d'un trône qu'à y monter. Il s'en laissa donc choir sans résistance, et le 29 novembre, son abdication solennelle raya la Pologne de la carte de l'Europe.

J'appris avec autant de dépit que de chagrin cet acte qui compromettait de ce côté la balance politique. Je déplorai que ma situation ne me permît de faire qu'une protestation impuissante. Néanmoins, je chargeai Flaschellenden d'en dresser une en mon nom ; mais, à ma grande surprise, aucun notaire de Vérone ne voulut ou n'osa la recevoir sans la permission du gouvernement. Je m'adressai alors officiellement au provéditeur Moncenigo, qui se fit malade, afin de prendre le temps de communiquer ma demande aux inquisiteurs d'état.

Enfin la réponse de Venise arriva; elle me fut transmise par un patricien de renom, qui me dit que, vu l'éminence de ma qualité, le collége avait arrêté qu'il ne convenait pas que je déposasse ma protestation chez un notaire, ou que je me servisse d'un de ses officiers ordinaires. Il ajouta que, pour y suppléer, lui Dandolo venait d'être créé notaire extraordinaire, et qu'il retiendrait mon dire; lequel acte serait déposé ensuite solennellement dans les archives de la sérénissime république. Je compris à travers l'emphase de ce moyen, que Venise voulait à la fois me satisfaire et ne pas mécontenter le triumvirat spoliateur. J'eus l'air de consentir à l'offre des nobles Pantalons, et dictai à Dandolo une protestation qu'il emporta libellée dans les formes. Après son départ, j'en rédigeai une seconde, que je plaçai dans mes archives ambulantes; puis je la fis signifier aux puissances étrangères. Aucune ne me répondit, à l'exception de Catherine II, qui prit les choses par leur côté plaisant. Sa lettre m'a paru assez curieuse pour que je la consigne ici. Elle était conçue en ces termes :

« Monsieur mon frère,

« Il paraît que vous n'êtes pas satisfait de notre
« déjeûner aux dépens de la Pologne : que voulez-

« vous ? ce gâteau des rois était si appétissant ! Vous
« connaissez le proverbe : ventre affamé n'a pas
« d'oreilles. Permettez-moi de vous en citer un au-
« tre : on prend son bien partout où on le trouve :
« aussi ce que je viens d'obtenir de ce côté m'in-
« demnisera au préalable des Pays-Bas que vous ne
« rendrez pas à l'Allemagne, et des conquêtes à ve-
« nir de vos Français, qui, comme vous savez, ont
« les bras longs. Je sais que le partage du lion n'est
« pas entièrement conforme à la charité chrétienne
« et à la morale. Mais ce n'est pas à un prince
« éclairé comme vous que j'ai besoin de répondre
« que ce ne sont pas des vertus théologales en po-
« litique. La Pologne était à ma bienséance, j'en
« prends ce que je peux, mes voisins m'imitent,
« c'est la règle : mon peuple applaudit, c'est tout
« simple, puisqu'il y gagne. Enfin il n'y a de mé-
« contens que ceux qui ont à y perdre ; donc tout
« s'est passé conformément aux cours ordinaires
« des évènemens. Je vous parle sans détour ; la
« nécessité, cette souveraine des peuples et des rois,
« a décidé du sort, a amené le partage de la Po-
« logne. Ce n'est enfin qu'une justice de circonstan-
« ce, qui ne saurait avoir d'application lorsqu'un
« jour votre exil finira ; car vous remonterez sur le
« trône de vos pères, et je puis vous assurer que si
« on voulait morceler la France, j'y mettrais mon
« *veto*.

« Sur ce, je prie Dieu, Monsieur et cher frère,
« de faire rentrer promptement Votre Majesté dans

« son royaume. Si elle n'en était pas sortie, peut-
« être que le roi électif de Varsovie ne viendrait pas
« en Russie goûter des douceurs de l'abdication.
« Voilà comment va le monde : le malheur de l'un
« profite à l'autre, c'est une vieille vérité incontes-
« table ; l'attachement que je vous porte ne l'est
« guère moins.

« Je suis de Votre Majesté, etc.

« *Signé* CATHÉRINE. »

Pour achever une des allusions ironiques de Catherine, je dirai que cette lettre était la plaisanterie
du lion après le partage. Mais il est possible que
l'impératrice n'eût pas d'autre moyen de traiter une
semblable matière ; car comment la justifier sérieusement? Le roi Poniatowsky ne s'avisa-t-il pas
aussi de m'écrire pour m'expliquer sa conduite ?
J'avoue que je n'eus pas la force de lui répondre.
Ce monarque ne m'inspirait nul intérêt dans son
infortune. On sait que je ne saurais comprendre la
nécessité d'une abdication.

Les puissances de l'Europe protestèrent aussi
contre l'indigne partage de la Pologne, mais ne tra-
vaillèrent pas activement à s'y opposer. Une seule
chose les occupait : c'était de combattre la révolution française, ou de résister à son principe désor-
ganisateur. C'était le moment où elle paraissait le
moins à craindre ; on ne se doutait pas que bientôt
un général presque adolescent allait la faire briller

d'un éclat inattendu, en lui donnant plus de gloire et de puissance qu'elle n'en avait eu jusque là.

Avant que cette calamité vînt porter le dernier coup à mes espérances, j'eus une bien douce consolation pour mon cœur : j'obtins enfin la délivrance de Madame Royale, ma chère et malheureuse nièce, cet ange que le ciel a prêté à la terre dans un jour de miséricorde.

Tant que dura le règne de la Convention et du comité de salut public, j'eus constamment à trembler pour la sûreté de Madame Royale; il me revenait à ce sujet d'affreux rapports : tantôt on voulait la faire monter sur l'échafaud de ses parens comme conspiratrice. Je savais que Vadier avait dit : — On ferait bien d'envoyer cette péronnelle à la place de la Révolution. On lui objecta sa jeunesse, et il répliqua : — Eh bien, si elle n'est pas d'âge on lui donnera des dispenses : la Convention a tout pouvoir. Tantôt on voulait employer le poison pour s'en défaire. Une autre fois on me mandait qu'afin de présenter aux républicains un acte d'égalité, on la marierait à un jeune sans-culotte qui avait reçu une blessure à l'armée. Enfin, on osa me rapporter que l'odieux Robespierre, le bourreau de tous les miens, pourrait bien couronner toutes les saturnales de la révolution, en épousant ma nièce infortunée. En un mot, on ne cessait de m'effrayer sur son compte; et, de mon côté, je n'osais faire aucune démarche, dans la crainte, en appelant l'attention sur elle, de la précipiter dans l'abîme dont j'aurais voulu la retirer au prix de mon sang.

.L'anarchie tomba avec Robespierre, et aussitôt j'eus la pensée d'arracher mon royal neveu et ma nièce à leurs persécuteurs. Je m'empressai donc d'écrire aux cours d'Espagne et d'Autriche, qui avaient encore quelques rapports forcés avec la république, bien qu'en guerre avec elle. Je dressai un mémoire que M. de Grammont remit au baron de Thugut, et dans lequel j'exprimais le désir qu'on demandât officiellement la liberté du jeune roi et de Madame Royale. En même temps j'écrivis à Boissy-d'Anglas, afin qu'il aidât à cette tentative.

Je lui dois la justice de dire qu'il n'avait pas besoin de mon appel pour venir au secours de ces augustes victimes. Ma dépêche se croisa avec sa lettre. Il me dissait :

« Enfin la France respire ; le monstre qui l'oppressait n'existe plus. Les journaux ont dû vous apprendre le grand évènement du 9 thermidor. Dès que nous avons été délivrés de Robespierre et de ses amis, j'ai pensé aux infortunés prisonniers renfermés dans le Temple. Je me suis occupé des moyens de leur faire rendre la liberté, et j'ai acquis la triste certitude que la Convention, quoique ramenée aux actes d'une politique plus régulière, ne sera juste qu'à demi. Ainsi le fils de Louis XVI ne sera plus une victime, mais il restera comme gage aux mains du pouvoir révolutionnaire : tout ce qu'on tenterait pour l'enlever du territoire français serait inutile, mais il n'en sera pas ainsi de sa sœur; la loi salique la sauve, alors qu'on a renversé toutes les autres lois de la monarchie ; elle peut donc aller où l'on voudra la conduire. L'Espagne peut la réclamer de concert avec l'Autriche, offrir en échange les prisonniers qui sont dans les prisons de l'empire, et l'on croira ici faire un bon marché. Mais, je vous le répète, si l'on mêle le nom du frère à celui de la sœur, tout manquera ; le parti pris à ce sujet est irrévocable. »

Dès que j'eus reçu cette lettre, je renouvelai mes instances principalement à Vienne. On les accueillit avec une froideur désespérante. L'empereur d'abord, faisant parler ses sentimens comme père, après son honneur comme souverain, ne voulut pas compromettre sa dignité en négociant en secret avec la république ; ensuite il refusait de rendre ses captifs. Je m'adressais alors à l'impératrice de Russie, qui, avec une grace parfaite, donna l'ordre à son ambassadeur à la cour de Vienne de traiter cette négociation. Un tel auxiliaire décida enfin le cabinet autrichien à s'occuper de la délivrance de Madame Royale. Ici une autre difficulté survint : aucune puissance ne voulait ouvrir cette négociation ; Venise, à qui je le proposai, s'en effraya encore plus que les autres.

J'étais fort embarrassé lorsque Boissy-d'Anglas, auquel j'avais mandé cet obstacle, vint heureusement à mon secours. Il s'était entendu avec la légation américaine, et on avait obtenu qu'elle traiterait ce point en son nom avec le comité de sûreté générale, si l'Autriche y consentait. Je fis savoir à Vienne cette décision ; on mit à me répondre un empressement qui me surprit, mais bientôt j'en connus la cause. Il me revint par le comte d'Entraigues qu'on avait insinué à Vienne qu'en délivrant Madame Royale on la marierait au prince Charles, et qu'elle lui apporterait en dot la Provence, dont la souveraineté lui revenait de droit.

Dirai-je que je fus un instant tourmenté de cette folie ? Mais, en y réfléchissant, je me convainquis bientôt de l'impossibilité qu'on aurait à la soutenir sérieusement ; d'ailleurs, Madame Royale était fiancée solennellement à notre neveu le duc d'Angoulême. C'était le seul mariage qui pût maintenir la paix à venir dans le royaume et dans la maison régnante, la France et l'Europe n'en ayant rien à redouter. Je me contentai de répondre à d'Entraigues : — Laissons à un autre le soin de lever le lièvre.

CHAPITRE V.

Les conventionnels et les négociateurs échangés contre Madame Royale. — Détails sur une mission confiée en 1793 à MM. Maret et Semonville. — Elle manque par la volonté de l'Autriche. — Propos de Barras. — Détails sur la sortie de France de Madame Royale. — L'Autriche la retient dans une autre captivité. — Elle veut la marier au prince Charles. — La famille impériale assemblée. — Harangue du baron de Thugut. — Ce qu'on veut que Madame Royale réclame. — Sa réponse. — L'impératrice la frappe. — On met en prison un peintre qui la peignait pour le roi. — Ce prince veut traiter avec la révolution. — A qui il s'adresse. — Avances de Cambacérès. — Tallien fait parler au roi par sa femme. — Portrait de ces deux personnages. — Mémoire contenant les intentions du roi pour l'avenir. — Ce qu'il voulait qu'on lui demandât. — Pichegru. — Les propositions du roi déplaisent aux révolutionnaires. — Ce que leur dit Cambacérès. — Leurs prétentions. — Faux propos qu'ils prêtent au roi. — Réponse de Fouché. — Les révolutionnaires démasqués par un abbé.

La légation américaine, munie des pleins pouvoirs de la cour de Vienne, ouvrit les premières négociations avec le comité de sûreté générale pour l'échange de Madame Royale contre les personnages suivans : Camus, Lamarque, Bancal, Quinette, tous les quatre membres de la Convention et régicides ; Beurnonville, ancien ministre de la guerre, qui fut avec les autres arrêté et livré par Dumouriez, le 1er avril 1793 ; Maret, depuis qualifié *duc de Bassano* par Bonaparte ; Huguet de Semonville, aujourd'hui grand référendaire à la cour des pairs. Lui et Maret avaient été arrêtés dans le cas suivant : après la mort du roi, les cours de Naples et de Toscane avaient essayé de sauver la reine et madame Elisabeth, en offrant leur médiation au gouvernement révolutionnaire. Cette proposition ayant un instant paru de nature à pouvoir être admise, on se décida à Paris à charger Maret et Semonville de cette mission. Le second venait de recevoir le titre d'ambassadeur à Constantinople; on lui enjoignit secrètement de s'arrêter à Florence sous diverses prétextes pour s'y concerter avec le ministre Manfredini, chargé de traiter avec lui, tandis que Maret se rendrait à Naples dans le même but. Peut-être qu'un heureux résultat aurait couronné cette entreprise, si la politique autrichienne n'en eût ordonné autrement. Le 22 juillet 1793, Maret et Semonville furent enlevés en pleine paix à Novale, sur le territoire neutre des Grisons, par des émissaires de l'Autriche. Ce véritable guet-apens eut de funestes conséquences. Vainement les deux diplomates firent connaître l'objet de leur voyage, on ne voulut rien entendre ; ils furent d'abord envoyés secrètement à Mantoue, puis à Hufstein dans le Tyrol. Ce n'était pas assez :

le grand-duc de Toscane dut disgracier Monfredi, et ces mesures furent suivies de la mort de la reine et de madame Elisabeth...

Enfin un autre prisonnier, conventionnel et régicide, Drouet, le fameux maître de poste de Saint-Menehould qui avait arrêté le roi à son passage à Varenne, fut le dernier dont on proposa l'échange contre Madame. Les Autrichiens s'étaient saisis de sa personne à l'armée du nord, tandis qu'il cherchait à leur échapper.

Dans cet intervalle eut lieu le 11 vendémiaire, ainsi que l'installation des deux conseils et du Directoire en vertu de la constitution de l'an III. La délivrance de ma nièce me parut devoir être moins facile; mais Barras, à qui Boissy-d'Anglas en parla, lui répondit vivement:

— L'un des premiers actes du pouvoir exécutif, sera de mettre en liberté cette dernière victime ; la retenir serait un acte de cruauté gratuite qu'on ne nous reprochera pas.

Ces paroles firent naître en moi l'idée de nouer avec Barras les négociations dont je parlerai bientôt. Il tint sa promesse ; déjà Madame Royale, toujours détenue au Temple, avait près d'elle madame de Soucy, sa sous-gouvernante, et quelques personnes de service. Hélas! elle ignorait encore les derniers coups qui l'avaient frappée, la mort de sa tante et celle de son frère! Lorsqu'elle apprit cette nouvelle, son cœur fut prêt à se briser, et elle se montra insensible au charme de la liberté. Ce fut le 19 décembre 1795 qu'elle quitta le Temple. On l'emmena rapidement hors de France, mais cela n'empêcha pas toutefois qu'on trouvât moyen de faire parvenir jusqu'à elle de touchantes remarques d'amour et de respect. Sur la route, le 29, l'échange se fit à Bichen, aux portes de Bâle, et Madame tomba au pouvoir (c'est le mot) des Autrichiens. Ici commença la seconde partie de sa captivité. Croira-t-on qu'elle fut entourée d'une excessive surveillance, au point qu'on ne permit à aucun des émigrés, dont l'Allemagne était pleine, de venir se jeter à ses pieds !

Madame Royale ressentit vivement cette tyrannie nouvelle ; aussi dit-elle aux commissaires qui l'accompagnaient : *Je n'ai donc fait que changer de fers !* Arrivée à Vienne, le premier acte qu'on lui demanda fut de protester contre ce qu'on appelait l'envahissement de ses droits, et de réclamer de moi, son oncle, l'abandon des provinces dont on formait son héritage.

C'est à cette occasion que Madame Royale déploya pour la première fois l'énergie de ce grand caractère, qui depuis n'a jamais faibli. Voici comment elle-même raconte les détails de cette scène :

« On me fit venir dans le cabinet de l'empereur, où je trouvai la famille impériale assemblée. Les ministres et les principaux conseillers de l'empire faisaient aussi partie de la réunion. J'eus d'abord à entendre un long discours que prononça le baron de Thugut ; il chercha adroitement à m'insinuer ce qu'on attendait de ma complaisance ; il parla de mon droit d'hérédité aux duchés de Bourgogne, de Bretagne, de Lorraine, à l'Alsace, la Franche-Comté ; prétendit que je pourrais, en outre, revendiquer toute la succession particulière de Henri IV, du chef de sa mère, Jeanne d'Albret, et termina en disant que c'était à moi à prendre l'initiative, et qu'il était convaincu que je saurais concilier les intérêts des deux maisons paternelle et maternelle.

« J'écoutai en essayant de ne prendre avis que de moi-même, que de mes devoirs de fille de France et de sujette. Ainsi donc, quand l'empereur m'invita à donner mon opinion, je répondis que, pour traiter d'aussi grands intérêts, je croyais devoir être entourée, non-seulement des parens de ma mère, mais encore de ceux de mon père ; que cependant je prenais sur moi d'annoncer à ma famille maternelle ma ferme résolution de ne jamais rien faire pour aggraver le chagrin de ma famille paternelle ; que, d'ailleurs, avant tout j'étais Française, et dès lors uniquement soumise aux lois de la France, qui, depuis mon enfance, m'avaient rendu tour à tour sujette du roi mon père, du roi mon frère et du roi mon oncle, et que j'obéirais à ce dernier dans tout ce qu'il m'ordonnerait.

« Cette déclaration parut contrarier infiniment les personnes présentes. Chacun voulut me démontrer ce qu'on appelait *mon erreur*, et voyant que j'y persistais, on ajouta que mon droit étant indépendant de ma volonté, ma résistance n'empêcherait en rien les mesures qu'on croyait devoir prendre pour la conservation de mes intérêts. On chercha ensuite à me décider à signer un acte qui me fut présenté tout dressé, mais je restai inflexible, m'en référant toujours à la volonté du roi mon oncle, et à la nécessité de m'entendre, avant de prendre un parti décisif, avec les princes de la maison de Bourbon. Depuis, on ne me parla plus de ce projet que par forme d'insinuation. »

Ainsi s'est exprimé Madame Royale; mais elle n'a pas dit ce qu'on osa contre elle, l'impératrice régnante ne craignant pas de la maltraiter par des voies de fait, et ne permettant à aucun Français de l'approcher. Un peintre, que j'avais chargé de faire son portrait, fut mis en prison, pour ce seul délit, dans la citadelle d'Olzmultz, d'où il n'est sorti qu'en 1814. Ni Grammont, ni Saint-Priest, ne purent parvenir jusqu'à la jeune princesse. Cependant on leur proposa de les y conduire, mais sous la condition qu'ils se laisseraient fouiller et lui parleraient de manière à ce que ses dames de service pussent tout entendre. L'un et l'autre refusèrent de se soumettre à cette odieuse inquisition.

On voulait, par ces mesures, isoler Madame Royale de sa famille paternelle, la sevrer de tous ses souvenirs de la France, en faire une Allemande enfin, pour l'amener à épouser le prince Charles. On me parlait souvent aussi de ce mariage, et ma seule réponse était : Le roi mon frère, dans sa dernière entrevue avec sa famille, fit promettre à

Madame Royale qu'elle n'aurait d'autre mari que le duc d'Angoulème, son cousin-germain. Ce serment est sacré, il ne sera jamais violé.

On fut long-temps à Vienne à renoncer aux belles espérances fondées sur le mariage de ma nièce; en vain je la faisais réclamer, on répondait par des refus constans. Je dirai, quand il en sera temps, comment notre réunion eut lieu enfin. Mais je vais revenir sur mes pas, afin de rapporter les démarches secrètes que je fis pour tâcher de raccommoder les affaires en France.

Dès que la mort du roi mon neveu eut fait passer la couronne de France sur ma tête, je m'adressai à Boissy-d'Anglas et à deux autres personnages influens que je puis nommer aujourd'hui : c'étaient Cambacérès et Tallien. Le premier m'avait déjà fait pressentir par un tiers qu'il désirait réparer ses torts en m'aidant à rentrer en France. Quant à Tallien, il était possédé de la manie de l'intrigue; il se mêlait de tous les complots, prenait part à toutes les conspirations, dans le seul but d'obtenir de l'argent qu'il répandait à pleine main.

On s'adressa à moi au nom de sa femme, laquelle, disait-on, avait sur Tallien une grande influence. On ajouta qu'elle était royaliste au fond de l'ame, et que si j'y consentais, elle tâcherait de gagner son mari à ma cause. J'eus constamment pour principe de ne jamais dire non. Mes agens ont souvent, à mon insu, fait la faute énorme de repousser des gens que j'aurais attirés en les

7.

ménageant : Fouché, par exemple, qui, pendant le directoire, voulait se faire mien, et que l'abbé de Montesquiou écarta avec une maladresse indigne. Pourquoi éloigner des hommes dont on peut se servir ? il est toujours temps de les châtier s'ils le méritent.

D'après ce système d'utiliser même ses ennemis, pour peu qu'ils nous prêtent l'épaule, je fis répondre que si madame Tallien pouvait parvenir à changer les sentimens de son mari, ma reconnaissance en augmenterait d'autant, et qu'il ne tiendrait pas à moi que l'un et l'autre n'en obtinssent la preuve.

Bientôt j'appris que Tallien avait un besoin extrême de 50,000 francs. Je compris qu'on voulait d'abord des arrhes, et je les fis compter, bien que je ne fusse pas riche. Tallien, en retour, me rendit divers services, qui expliquent la bonté avec laquelle je le traitai après ma rentrée en France. Il ne fit pas cependant tout ce qu'il aurait pu faire. Il hésita, louvoya, alla d'un parti à l'autre, se donna successivement aux jacobins, au directoire, à Bonaparte, et toujours sans but fixe, sans principe arrêté. J'aurais préféré avoir à traiter avec un vrai roué politique.

Je faisais un tout autre cas de Cambacérès, qui se conduisit plus décemment. Il ne parla pas d'argent ; il n'en accepta point quand on lui en proposa. Je dois dire aussi que ses démarches furent tellement circonspectes, qu'elles ne purent le compromettre. Mais il ne se ralentit jamais; et lorsqu'en 1799 il se fut entièrement rallié au parti de Bonaparte, et devint plus tard le second dignitaire de l'empire, il saisit toutes les occasions possibles de m'obliger. Cambacérès est plus qu'un légiste, c'est un homme d'état, surtout d'excellent conseil. J'aurais dû l'appeler dans le mien en 1814, pour lui confier le portefeuille de la justice, avec la charge de chancelier. Il m'aurait certes été plus utile que cet honnête d'Ambray, dont j'ai fait trop tard un chancelier honoraire.

J'écrivis donc à Boissy-d'Anglas, à Cambacérès, et fis écrire à Tallien. Voici l'extrait du mémoire qui était joint à ma lettre :

« Le moment est venu où le roi de France peut espérer que le retour à l'ordre engagera les Français, l'assemblée nationale et ses comités à convenir qu'un système de gouvernement révolutionnaire est impossible. L'épreuve vient d'en être faite; il faut du sang et de la terreur pour le maintenir, outre qu'il entraîne après lui la ruine du commerce, de l'agriculture, des arts et de la fortune publique et particulière.

« Un tel état de choses peut-il durer ? Non, sans doute; le calme actuel n'est qu'un passage à une seconde tyrannie démagogique, en attendant celle du sabre, qui ne serait peut-être pas moins redoutable.

« Le seul moyen d'éviter tant de maux est de rentrer dans une route plus sûre et essentiellement conservatrice, celle d'une monarchie tempérée par des lois constitutives et par une ferme volonté de la part du monarque de les maintenir.

« Tant que le roi a été régent, il n'a pu se croire autorisé à parler au nom d'un tiers, craignant avec raison qu'on ne lui objectât qu'il promettait ce que son neveu pourrait désavouer à sa majorité. Mais aujourd'hui il règne, il parle en son nom. *Le roi veut tout ce qui sauvera la France*, tout ce qui lui rendra la richesse et le bonheur. Il offre tout ce que son frère a donné par la déclaration du 23 juin 1789. Il veut que cette déclaration soit la base d'où l'on partira pour s'entendre. Il déclare à l'avance que si elle ne paraît pas assez ample, il l'agrandira. La noblesse ne conservera que des droits honorifiques, les droits féodaux seront abolis, le clergé participera à toutes les charges de l'état, et nul, pas même le roi, ne sera dispensé de l'impôt. Tous les Français seront admis aux charges, places et fonctions, sans distinction de rang, et dans la proportion des deux tiers pour l'ordre du tiers-état. L'assemblée nationale sera permanente, et divisée en deux chambres, conformément au vœu général. Les diverses dispositions de la constitution de 1791, compatibles avec la conservation de la monarchie du royaume, seront acceptées par le roi. Il y aura une liste civile, des ministres responsables, une tolérance universelle de culte. Les grades militaires appartiendront à tous les soldats ; la noblesse ne pourra en obtenir que le quart. Il en sera de même dans la magistrature et pour les évêchés.

« Voilà les propositions que fait le roi ; il y ajoute l'engagement formel de ne pas revenir sur le passé, d'arrêter les actes judiciaires des cours de magistrature, se bornant à proposer à l'avance l'exil de vingt individus coupables aux yeux de l'Europe et de la France. Quant aux autres, à ceux qui ont eu le malheur de voter la mort de son frère, il leur suffira de changer de nom et de se réunir à Paris, où ils se perdront dans la foule.

« Telles sont les volontés du roi. Il engage les hommes d'état, auxquels il les communique, à lui représenter ce qui leur en paraîtra défectueux, et leur semblera susceptible d'amélioration. Le roi répète qu'il n'a aucune idée fixe ; que, d'une part, il tient à satisfaire toutes les opinions, et de l'autre à ne rien hasarder qui compromette son honneur. »

Ces propositions de ma part expliquent comment, en 1814, le sénat, dont plusieurs membres n'ignoraient pas ma façon de penser libérale, osèrent prendre l'initiative d'une charte, pour servir de contrat de vente à la restauration.

J'avais inséré dans ce mémoire les points fondamentaux qui depuis ont servi à ma déclaration de Saint-Ouen ; mais je n'y parlais pas de deux points principaux, sur lesquels je tenais qu'on s'expliquât. D'abord la liberté de la presse, que je regardais comme impossible si elle n'était réprimée par des lois sévères, puis la vente des biens de l'église et des émigrés. Ici mon embarras était extrême ; je ne savais comment concilier tous les intérêts. L'émigration formait encore un corps trop compacte dans l'armée du prince de Condé, pour que je pusse me déterminer à disposer de ses domaines d'un trait de plume, et à le priver de son existence, au profit de misérables agioteurs ou jacobins, qui trouvaient dans ces biens mal acquis la récompense de leurs crimes ou de leurs friponneries. Je voulais que la révolution victorieuse, et en état de me dicter des conditions, m'imposât celle-ci, afin, en l'acceptant, d'en rejeter l'odieux sur elle. On appréciera la difficulté de ma position en examinant la responsabilité qui pesait sur moi.

Je ne négligeai rien pour parvenir à mon but, et peut-être y aurais-je réussi, si ma mauvaise étoile ne m'eût suscité un homme qui me trompa de tous points après avoir obtenu ma confiance. Je veux parler du prétendu comte de Montgaillard, qui lui-même s'est vanté de ses perfidies.

Dans le cours de cette année 1795, le Neuchâtelais Fauche-Borel, brave et dévoué à ma cause, parvint jusqu'au général Pichegru, alors investi du commandement de l'armée du Rhin, pour le compte de la république. Pichegru joignait à un courage à toute épreuve le vrai génie militaire, qui le plaça au premier rang parmi les capitaines de l'époque. Simple dans ses manières quoique ambitieux, il voulait jouer un rôle dans ces temps de perturbation politique : il comprit que celui de Monck était sans contredit le plus brillant ; et tandis qu'il revenait à moi, je manquais ma négociation avec les hommes de l'intérieur, ainsi que je vais achever de le raconter.

Boissy-d'Anglas me manda avec franchise que mon mémoire n'avait pas plu. Non-seulement je n'assurais pas une amnistie, mais encore une récompense aux régicides. Je ne garantissais pas l'inviolabilité de la vente des biens nationaux qui n'était point encore consommée, et au lieu d'accepter pleinement la constitution de 1791, j'établissais les bases du pacte social sur la déclaration du 23 juin 1789. Ce furent là les objections contre lesquelles échouèrent les menées de Cambacérès et de Tallien, qui acceptaient pour leur part mes propositions ; mais les autres meneurs prétendaient faire la loi et non la recevoir, prendre un roi sous le titre de président héréditaire, afin de pouvoir le chasser à leur fantaisie ou le conduire à l'échafaud.

Cambacérès, dont le sens était exquis, leur dit, sans succès, à plusieurs reprises: Prenez-y garde : vous refusez du comte de Lille ce que vous n'obtiendrez pas d'un autre ; il vous offre la liberté, et vous serez cause que nous aurons le despotisme.

Mais ces forcenés ne voulaient rien entendre ; leur conscience était plus sévère que moi. Ils ne pouvaient croire qu'il y eût un pardon pour tant de crimes ; et si la Bible n'avait été proscrite par la révolution, ils se seraient cité les uns aux autres le chapitre où Salomon ne laissa pas échapper Siméi dès que celui-ci eut rompu son ban. C'est alors qu'ils m'attribuèrent ce propos que je n'ai jamais tenu : *Je ferai grace, et mes parlemens feront justice.*

Dans le nombre de ceux qui s'opposaient au retour de la royauté, je signalerai Treichard, Thibaudeau et Merlin de Douai. Celui-ci est un de ceux qui nous ont fait le plus de mal. Je le lui ai reproché depuis, et il a renfermé sa défense dans ce peu de mots : *Il n'était pas temps.*

Dubois-Crancé, Bourdon de l'Oise et quelques autres, furent aussi les principaux dont la résistance paralysa les bonnes intentions de ceux qui se montraient disposés en notre faveur. L'abbé Brottier m'écrivit ces paroles remarquables :

« Sire, n'espérez rien de ces gens, à moins que vous ne consentiez à leur faire occuper les premières charges de l'état, comme *place* de sûreté. Les plus probes d'entre eux n'existent plus, tels que Fouquier-Tinville, qui était incorruptible. Tous ceux qui restent sont à vendre. Voyez si vous avez de l'argent pour les acheter et la volonté de le faire. »

L'abbé Brottier avait raison : peu d'années après, ces républicains se changèrent en courtisans lâches et avides.

CHAPITRE VI.

Le roi espère en Pichegru. — Montgaillard en scène. — L'abbé Montet. — Lettre de M. de Guilhermuy sur Montgaillard. — Mort tragique de Le Maitre. — Le comte de Precy à Vérone. — Le directoire demande l'éloignement du roi de la seigneurie de Venise. — La peur l'accorde. — Le marquis de Carlotti signifie au roi son départ. — Réponse de ce prince. — Il met en jeu un livre d'or et une armure. — Le sénat se refuse à sa demande. — Détails sur la suite de cette affaire. — Réfutation d'un mensonge historique. — Le roi écrit à l'empereur. — Il quitte Vérone. — Il arrive à l'armée du prince de Condé. — Accueil qu'il reçoit. — Diner en produits de la France. — Assaut d'érudition et de politesses.

Dès que j'eus appris que Pichegru consentait à entrer dans notre cause, je repris quelque espérance. Je savais que je ne pouvais effectuer mon retour avec l'aide des puissances étrangères, à moins que la France ne fût plus en état de résister. Je préférais d'ailleurs être rappelé par un mouvement intérieur, car alors mon bonheur aurait été exempt d'amertume, et, roi français, je me serais vu avec joie ramené sur mon trône par des Français.

C'était donc sur les généraux qui commandaient

les armées de mon royaume que je tournais les yeux, c'était sur eux que je reposais mon avenir. Aussi mes rêves accompagnèrent successivement l'héroïque Marceaux, l'impétueux Hoche, le malheureux Joubert, le prudent Moreau et l'heureux Buonaparte. Celui-ci me trompa plus long-temps que les autres ; il fallut l'assassinat du duc d'Enghien pour achever de détruire les illusions que j'aimais à nourrir sur lui.

Dès que le prince de Condé m'eut rendu compte des ouvertures qu'il avait fait faire à Pichegru, et de la manière dont ce dernier y avait répondu, j'entamai avec mon cousin une correspondance bien plus active qu'auparavant ; je m'informai de ce qu'étaient Fauche-Borel, Courant et Montgaillard. On me donna sur les deux premiers des renseignemens positifs, mais ils furent moins complets sur le troisième.

Il sut que Montgaillard se targuait d'avoir déposé aux pieds du roi mon frère, une somme considérable pour un gentilhomme gascon ; j'appris encore qu'il venait d'Angleterre, où il avait publié une brochure sur l'état de la France ; mais l'abbé Brottier, en me fournissant ces lumières, fut assez mal informé pour ne pas me transmettre en même temps que Montgaillard avait dernièrement quitté la France avec la mission secrète de rôder autour de moi et des princes de ma maison. Il était suivi d'un abbé fin et rusé, sous l'apparence de la bonhomie, et qui tirait un grand parti de ses yeux louches. C'était Moutet (1). Il a fini par rentrer en France, où Bonaparte lui donna la cure du chef-lieu de canton de Fronton, arrondissement de Toulouse. L'abbé Moutet valait de tous points beaucoup mieux que son patron, qu'il suivait par dévouement et sans connaître sa perfidie. C'est une justice qu'il mérite, et que je me plais à lui rendre.

La négociation avec Pichegru ne marcha pas aussi vite que je l'aurais désiré. Nous voulions qu'il me fît proclamer roi soudainement par son armée, et lui attendait pour cela que l'armée autrichienne fût en mesure de le seconder. Vainement on lui mettait sous les yeux les dispositions de Paris, que l'abbé Brottier et autres transmettaient. Sa prudence nous désespérait; il ne voulait rien donner au hasard, il fallait que tout fût prévu et calculé. Il en résulta que le Directoire fut prévenu, et l'arrêta dans ses bonnes intentions.

Montgaillard, qui avait obtenu l'entière confiance du prince de Condé, dirigeait une partie de cette affaire, non du côté de Pichegru, car il ne voulut jamais l'admettre près de lui comme agent royal, mais à l'égard du Directoire, qu'il tenait au courant de tout ce qui se passait; cependant il ne pouvait rien lui transmettre de positif, attendu que Pichegru *n'écrivait pas*. D'ailleurs le Directoire n'a-

(1) Le même sans doute que Fauche-Borel et Montgaillard nomment Montet.

(*Note de l'éditeur.*)

vait pas non plus une confiance entière en Montgaillard, et il ne put se déterminer sur ses seules assertions à sévir complètement contre le général; il se contenta de le surveiller avec soin et de lui faire éprouver des dégoûts qui l'amenèrent à donner sa démission. Rentré dans la vie civile, il ne fut plus à craindre; mais Montgaillard nous avait fait tout le mal qu'il avait pu nous faire. Voici d'ailleurs ce que disait de lui, en 1809, le baron de Guillermy, homme digne de foi et zélé royaliste, en réponse à des demandes que lui adressait le comte d'Entraigues :

« . . . . . Je dois d'abord vous prévenir qu'avant la révolution de France je n'ai connu M. de Montgaillard que sous le nom de Roques, lors du procès que sa famille, qui habitant le bourg de Montgaillard, dans le ressort du tribunal auquel j'appartenais, intenta aux habitans d'une petite ville voisine (Villefranche de Lauraguais). Le roi et les religieux de Citeaux se partageaient la seigneurie de Montgaillard, d'où il suit que ce M. de *Roques* n'avait pas plus le droit de se faire appeler de *Montgaillard* que votre laquais *Picard* parce qu'il serait né en *Picardie*. J'ai rencontré ce même homme à Paris pendant la durée de la première assemblée; il s'occupait alors exclusivement d'agiotage, et j'étais loin de croire qu'il fût appelé un jour à jouer un rôle politique.

« Dans l'émigration de 1795 et 1796, j'ai entendu parler d'un M. de Montgaillard, qui faisait ou cherchait à faire du bruit ; enfin, en 1796, j'eus occasion d'aller à Bâle, et me trouvai avec M. de *Roques* en dînant à table d'hôte à l'hôtel du *Sauvage*. Ignorant qu'il eût aucune part dans nos affaires, je crus devoir feindre de ne pas le reconnaître. Cependant il m'aborda après le repas, et j'appris pour *la première fois*, et *par lui*, qu'il était *le comte de Montgaillard* dont j'avais entendu parler. Dans la très-succincte conversation que nous eûmes, il me raconta avec emphase tout ce qu'il avait dit et fait. Il me parla de la confiance que lui avait accordée l'archiduc Charles, le feld-maréchal Wurmser et le général Pichegru ; puis d'une croix de Saint-Louis que, de son autorité, il avait octroyée à l'aide-de-camp de ce dernier. D'après ces discours, je reconnus en lui un hâbleur, et ma méfiance augmenta en raison de sa jactance ; aussi ne lui dis-je rien que ce que je voulais perdre, et depuis lors je ne l'ai revu..... »

Tel était l'homme qui, sous l'apparence du dévouement le plus sincère, surprit ma confiance et me trahit indignement. Il espéra encore me tromper à mon retour, en publiant une apologie maladroite. Je l'aurais puni si je ne l'eusse autant méprisé.

Je passe sous silence une foule de faits, bien qu'importans d'ailleurs (mais je ne puis tout dire), comme, par exemple, le supplice de ce malheureux Lemaître, victime de sa fidélité à ma cause, qui périt à Paris, le 17 novembre 1795 ; puis les peines que me donnaient les querelles toujours renaissantes de Charette et de Stoflet; mes négociations avec le reste de la France, mes rapports avec Imbert, l'un de mes plus fidèles serviteurs, et enfin la joie que m'inspira la venue du comte de Precy, que je nommai maréchal-de-camp, en le renvoyant muni de pleins-pouvoirs très-étendus. Il n'était aucune partie de mon royaume que je ne m'efforçasse de ramener à ma cause. J'avais, dans chaque province, des émissaires et des correspondans qui me rendaient un compte exact de tout ce qu'on y faisait; je savais à quel point la république était détestée, et néanmoins personne encore n'osait prendre les armes pour s'en délivrer. Une tentative qui eut lieu à Sancerre, fut aussitôt réprimée que tentée.

Le moment approchait où il me faudrait recommencer ma vie aventureuse, courir les grandes routes, et cheminer au hasard sans trop savoir la veille où je me reposerais le lendemain. Les directeurs, débarrassés des obstacles qui avaient menacé d'entraver leur gouvernement, portèrent leurs regards au dehors, et je fus le premier objet dont ils furent blessés. Diverses notes parvinrent à la seigneurie de Venise par le ministère du citoyen Lallemand. Toutes tendaient à me faire éloigner de Venise; la seigneurie résista sans m'en prévenir. Cette affaire, qui m'intéressait si particulièrement, fut traitée avec le mystère qui enveloppait tous les actes de cette république. Le comte d'Entraigues lui-même n'en sut pas un mot, et ne put par conséquent me tirer de ma sécurité. Je m'inquiétais peu aussi de la misérable armée d'Italie, dont le commandement venait d'être donné à Buonaparte ; je la voyais arrêtée au pied des Alpes méridionales, et menacée par une armée d'Austro-Sardes supérieure en nombre, bien équipée, tandis que les Français manquaient de tout.

Ce fut au milieu de cette funeste tranquillité qu'on m'annonça, le 13 avril 1796, la venue du marquis de Carlotti. C'était un gentilhomme de Vérone, fort estimé, que je voyais avec plaisir. Il se présenta devant moi l'air consterné, et m'intima l'ordre du sénat d'avoir à sortir immédiatement du territoire de la république.

Bien que je ne fusse nullement préparé à cette violation du droit des gens, à cette insulte gratuite, j'eus assez d'empire sur moi-même pour ne manifester ni surprise ni chagrin. Ma physionomie resta impassible ; et lorsque M. Carlotti eut achevé son compliment, je me contentai de lui répondre :

— Je partirai ; mais au préalable, j'exige deux conditions : la première est que j'effacerai de ma main le nom de ma famille inséré sur le livre d'or de la noblesse vénitienne, et la seconde qu'on me rendra l'armure que Henri IV mon aïeul donna comme une preuve d'amitié à la république.

Le marquis voulut répliquer, mais un geste de ma main le rendit muet.

— Signor, ajoutai-je, allez porter mes paroles

à vos maîtres, et ne cherchez pas à les justifier.

Puis, je lui tournai le dos. J'allai aussitôt rapporter à la reine ce bon procédé de la sérénissime république ; je fis dire en même temps au marquis de Jaucourt, au baron de Flaschellanden, à d'Avaray et à tous mes fidèles serviteurs, de se disposer à quitter Venise.

Tandis que tous les préparatifs de mon départ se faisaient autour de moi, le provéditeur de Vérone, Priuli, avait envoyé aux inquisiteurs d'état la note de ma double demande. Il reçut aussitôt l'ordre de protester contre, et je vis revenir Carlotti, qui me témoigna, au nom de sa seigneurie, la douleur que lui causait mon exigeance ; c'était mal récompenser, disait-elle, la longue hopitalité que j'avais reçue du gouvernement vénitien. Enfin Carlotti me donna à entendre qu'on n'aurait aucun égard à ma demande.

— Cependant j'y persiste, répliquai-je ; jamais je n'oublierai que je suis le roi de France.

On a dit et imprimé que le sénat m'avait fait répondre que l'on rayerait mon nom du livre d'or, mais que l'armure ne me serait pas rendue que je n'eusse payé 12 millions empruntés par Henri IV à la république. Je dois démentir cette allégation : depuis long-temps les dettes d'Henri IV avaient été remboursées par ma famille ; d'ailleurs ce propos eût été trop avilissant pour la république, en prouvant qu'elle aurait prêté sur gage. Mais je ferai mieux de rétablir les faits.

Après mon départ, je laissai une procuration à l'ambassadeur de Russie, pour poursuivre l'affaire en question. Il envoya une copie de cette déclaration au conseil des Dix, qui la transmit aux inquisiteurs d'état. Ceux-ci la communiquèrent à leur tour au conseil des Sages. Avant de rien décider, la république voulut savoir ce que Catherine II penserait de cette affaire, son ambassadeur en étant chargé. Cette princesse, avec ce tact exquis des convenances qu'elle mettait en tout, fit dire qu'on eût à se conformer à ma demande. Cette déclaration arriva à Venise le 19 juin, et le 22 l'ambassadeur présenta au collége une note formelle sur le double fait de ma réclamation.

La seigneurie, ainsi pressée, fit une réponse ambiguë, dans laquelle il n'était nullement question de la prétendue dette de Henri IV. On disait seulement que rayer la maison de Bourbon du livre d'or, ce serait manquer de respect aux rois d'Espagne, de Naples, et au duc de Parme, avec lesquels la république était en relation d'amitié.

L'affaire ne fut pas poussée plus loin ; de trop grands événemens l'entravèrent. D'ailleurs la chute de Venise me vengea assez.

Lorsque le sénat décida mon renvoi du territoire de Saint-Marc, il y eut une majorité de cent quarante-quatre voix contre quarante-trois. Ce qui blessa surtout ces Pantalons superbes, fut mon refus de recevoir des passeports de leurs mains : je n'étais point fâché de leur faire éprouver cette mortification.

Mes préparatifs achevés; je me séparai de la reine, qui devait se mettre en route un peu plus tard, suivie de toute notre maison. Le duc de Fleury me devança; il allait par mon ordre à l'armée de Condé, prévenir ce prince de ma prochaine arrivée. J'avais pris la détermination de le rejoindre; les motifs de cette détermination sont consignés dans ma lettre à l'empereur, que je vais publier pour la première fois.

« Monsieur mon frère,

« Je quitte demain Vérone. La seigneurie de Ve-
« nise s'est lassée de l'hospitalité qu'elle accordait
« à un roi proscrit; elle cède à la peur. Ainsi me
« voilà de nouveau sans asile ! Votre Majesté m'en
« accorderait un sans doute dans quelque partie
« de ses états, mais je ne pourrais l'accepter. Le
« roi de France doit être avec des Français : l'armée
« du prince de Condé en réunit de braves et de dé-
« voués; je vais aller les rejoindre; je veux par-
« tager leurs fatigues et leur gloire, et j'espère,
« par ma conduite, m'attirer leur estime et leur
« amour.

« Monsieur mon frère, vous approuverez ma ré-
« solution; elle est motivée sur tant de causes, que
« la moindre suffirait pour la justifier. Je m'em-
« presse de vous en faire part, etc.

« Vérone, ce 20 avril 1796. »

Le 21, j'étais en route, accompagné seulement de d'Avaray, du vicomte d'Agoult, aide-major de mes gardes, et d'un domestique. Ce départ ressemblait presque à une fuite. Les Véronais dormaient d'un profond sommeil, moins toutefois *gli signori di Noti*, dont la politique inquiète du gouvernement environnait ma demeure. Mais ils me laissèrent passer, sachant que j'exécutais la volonté de leurs maîtres; je ne daignai même pas secouer la poussière de mes souliers contre eux, et me dirigeai vers le Brisgaw. Nous eûmes de la peine à traverser les Alpes, il fallut le faire à dos de mulet; ma voiture fut démontée au moins en dix pièces, et je ne sais comment on réussit à la remettre en état.

C'était à Riegel, sur les bords du Rhin, et non loin de Fribourg, que le quartier-général du prince de Condé était établi. Il habitait un château appartenant au prince Schwartzenberg, et de là surveillait les divers cantonnemens. Le 20 avril, le duc de Fleury lui fit part de mon arrivée; on doit concevoir la surprise du prince, qui cependant la cacha si bien, que personne à l'armée ne s'en douta.

J'arrivai le lendemain 28: à tel point j'avais pressé mon voyage, car je me méfiais des dispositions de l'Autriche: elle mettait des obstacles à ma correspondance avec Madame Royale; elle m'avait toujours empêché de prendre une part active à la guerre: pouvais-je donc me flatter que dans cette circonstance elle agirait autrement? je craignais surtout qu'elle *m'offrît* un *asile* dans *ses états*, car je voulais prouver que si je m'étais tenu éloigné de l'armée, c'était par suite de la contrainte qu'on m'avait imposée. Aussi avais-je enveloppé mon départ d'un profond mystère. Les passeports de la légation russe, dont j'étais muni, faisaient seuls connaître le but de mon voyage, et j'étais certain qu'on ne les montrerait pas à l'avance aux émissaires autrichiens.

Le prince de Condé fit des préparatifs pour me recevoir de son mieux; il se trouva à ma sortie de voiture, et tandis que je l'embrassais avec cette affection dont ses services le rendaient si digne.

— Messieurs, dis-je aux émigrés qui déjà m'entouraient en foule, ce n'est pas le roi qui vient commander son armée, c'est le premier gentilhomme du royaume qui vient servir sous le digne descendant du grand Condé. Prince, ajoutai-je ensuite, je viens ici comme volontaire, et à ce titre il n'y aura autour de moi ni cérémonie, ni étiquette, mon désir étant de ne point vous gêner de ma présence, mais de m'utiliser pour le bien commun.

Mon cousin me répondit avec une sensibilité qui me toucha; je voulus qu'on me présentât sur-le-champ les braves gentilshommes de l'armée, et jusqu'aux simples soldats, tous animés d'un même esprit, tous fidèles défenseurs de la légion du trône. Ils me témoignèrent leur ravissement. Les uns me baisaient la main, les autres le pan de mon habit : c'était une allégresse générale, et je n'étais pas le moins touché. Enfin, je me dérobai à cette scène attendrissante pour monter dans l'appartement qui m'était préparé.

Bientôt le bruit de ma venue se répandit dans les divers quartiers de l'armée ; les chefs s'empressèrent d'accourir au château qu'habitait le prince de Condé, et ici se renouvela la scène que je viens de décrire. J'exigeai que ces braves prissent place à la même table que moi. Pendant le dîner, on me présenta des bouquets cueillis sur le sol de France ; on me servit des viandes, des légumes et des fruits qui en provenaient également. Le vin de Champagne, ce vin qu'on peut appeler certes le plus *français* de nos vins, circula au dessert : j'en remplis mon verre ; et m'adressant à l'assemblée en lui désignant le prince, je dis : *Nihil desperandum Teucro* (je ne désespère pas sous la conduite de Teucer). Le prince me répondit aussitôt : *Et auspice Teucro* (et avec la direction de Teucer).

Il y avait à ce dîner les généraux autrichiens de l'armée combinée, et entre autres le général Latour, son chef, et M. Wickam, ministre d'Angleterre près du roi. C'était un personnage très-important, tout cousu d'or et de billets de banque, et qui savait à propos dénouer les cordons de sa bourse. Aussi lui faisait-on grande chère. Il a joué pendant plusieurs années un rôle qui lui a valu la haine de la France républicaine. Il avait au fond autant de politesse que d'obligeance.

CHAPITRE VII.

Le roi fait une adresse à l'armée. — Il la visite à ses quartiers. — Service en l'honneur de Charette. — Le roi prévient le maréchal Wurmser de son arrivée. — Le duc d'Enghien. — Douloureuse anticipation de l'avenir. — Le roi se montre aux soldats républicains. — Suite de cette anecdote. — Propos de Moreau. — Le voyage du roi déplait à Vienne. — Ce que lui raconte le duc de Grammont. — Mot spirituel de Madame Royale. — Premiers succès de Bonaparte. — Le roi tient conseil. — Motifs de sa conduite.

Dès mon arrivée, le prince de Condé fit mettre à l'ordre du jour la déclaration que j'adressais à l'armée, et qui expliquait les motifs de ma présence. J'avais rédigé cette pièce pendant les courtes heures de repos que je prenais en voyage. Elle disait :

« Messieurs,

« Des circonstances impérieuses nous retenaient
« depuis trop long-temps éloigné de vous, lors-
« qu'une insulte aussi imprévue que favorable à
« nos vœux ne nous a laissé d'autre asile que celui
« de l'honneur.

« Le sénat de Venise nous a fait signifier de nous
« éloigner dans le plus court délai des états de la
« république. Nous devons donc nous rallier au
« drapeau blanc, près du héros qui vous commande
« et que nous chérissons tous. Nous nous livrons
« à l'espoir que notre arrivée sera pour vous un
« nouveau titre aux généreux secours que vous
« avez déjà reçus de leurs majestés impériale et bri-
« tannique.

« Notre présence contribuera sans doute aussi,
« autant que votre valeur, à hâter la fin des mal-
« heurs de la France, en montrant à nos sujets
« égarés, encore armés contre nous, la différence
« de leur sort sous les tyrans qui les oppriment,
« avec celui des enfans qui environnent un bon
« père.... »

Cette proclamation rassura les émigrés qui craignaient de perdre leur solde. Il y avait dans ce moment un armistice qui me permit d'aller les passer
en revue chacun dans leurs quartiers respectifs.
Je le fis au commencement du mois de mai, époque
à laquelle le reste de mon conseil me rejoignit ainsi
que ma maison. Il y avait là M. de Flaschellanden,
de Jaucourt, de Villequier, de Cossé et de Haute-
fort. J'exprimerais mal l'enthousiasme que ma présence excita sur toute la ligne, les vivats qui me furent prodigués. Que j'aurais été fier de mériter ce
transport comme guerrier !

Charette était mort le 29 mars ; cette nouvelle
parvint à l'armée du prince de Condé, peu de jours

avant mon arrivée. Je voulus témoigner, d'une manière éclatante, mes regrets d'une telle perte, et à cet effet j'ordonnai qu'on célébrât un service funèbre pour lui, le 6 mai. J'y assistai avec ma suite et le duc de Berry, qui se trouvait en ce moment près de ses cousins; ce jeune prince, hélas! de qui je dirais volontiers comme du Macellus de Virgile :

Si qua fata aspera... (1)

Le cortége ordinaire me ramena dans mon appartement à la sortie de l'église. Je l'arrêtai, et prenant la parole,

— Messieurs, dis-je, nous venons de rendre le dernier devoir à celui qui tant de fois a fait entendre en France un cri qui dans vos rangs m'a causé une vive satisfaction. Cette perte m'est bien cruelle, mais je la ressens moins amèrement en me trouvant au milieu de vous et sous les ordres du brave chef aussi digne que celui que nous regrettons, de nous conduire à la gloire.

On me répondit par des démonstrations d'enthousiasme qui me prouvèrent que j'avais réussi à me rendre agréable aux émigrés. Je m'efforçais de leur faire oublier ce qu'ils souffraient par ma conduite, et de gagner leur amour d'autant mieux

(1) Une note de l'écriture de Sa Majesté nous avertit dans le texte que ce passage a été revu par Louis XVIII à l'époque de la mort du duc de Berry.

(*Note de l'éditeur.*)

que je craignais de ne pouvoir demeurer long-temps à l'armée. L'empereur avait répondu à ma lettre particulière par un simple accusé de réception. Je l'avais cependant corroborée de l'épître suivante, que j'écrivis le 29 avril au feld-maréchal Wurmser, général en chef des armées combinées.

« Je vous donne avis, monsieur le maréchal, que je suis arrivé à l'armée des émigrés français, résolu à combattre à leurs côtés pour la plus juste des causes. Que Votre Excellence ne pense pas que mon intention soit de faire le moindre changement dans le commandement, et de l'ôter au prince de Condé ou au général Latour. Je veux seulement partager avec tant de braves les fatigues de la guerre, et sans autre titre que celui de simple soldat.... etc. »

Wurmser me fit une réponse polie, mais dilatoire et conçue d'une manière à ce que plus tard je ne pusse m'en servir contre lui. Cette conduite, qu'il m'était facile d'expliquer, me causait des inquiétudes sérieuses. J'attendais avec impatience ce que l'avenir me réservait ; néanmoins je m'applaudissais de mon coup de tête, puisqu'il me donnait les moyens d'acquérir cette réputation militaire dont j'étais alors plus jaloux qu'aujourd'hui.

Dès que le duc d'Enghien sut que j'étais à l'armée, il quitta son cantonnement pour venir m'embrasser. Il était adoré des émigrés ; on avait cherché à me donner des craintes sur lui, relativement à mes neveux ; mais il me suffit de le voir de près pour me convaincre que jamais il ne s'écarterait de ses devoirs. Je le traitai avec une amitié sincère. Infortuné jeune homme, lui aussi, comme mon neveu Berry, devait trouver la mort en France, mais de quelle manière !... J'ai dû me faire violence, et on le croira sans peine, pour pardonner à ceux qui ont pris une part quelconque à la mort de Louis XVI ; eh bien ! je déclare que mon sacrifice n'a pas été moindre envers les meurtriers du malheureux duc d'Enghien, les officiers composant le tribunal militaire qui le condamna, et dont je livrerai les noms à la vindicte publique.

Mais écartons ces affreux souvenirs, et revenons à mon expédition aventureuse. C'est ici le moment de placer un des incidens bizarres de mon histoire, un de ceux qui me donnèrent le plus d'espoir d'être un jour accueilli par les Français, comme je méritais de l'être d'après l'amour que je leur ai toujours porté.

J'ai dit que j'allais chaque jour parcourir les divers cantonnemens, afin d'éviter à mes héroïques émigrés des déplacemens qui pouvaient leur être pénibles. Je n'oubliais pas, dans mes courses, le quartier de l'excellent duc d'Enghien. J'avais, le 7, passé une revue générale, et le 11 j'allai à son camp. Ce prince me reçut de la manière la plus gracieuse et me donna à déjeûner à Nonenwihec, où il était établi. Il connaissait fort bien tout ce qui a rapport au matériel de la troupe et s'en occupait avec un soin minutieux. Cette conduite charmait les soldats, aussi avait-il tout leur amour.

Après déjeûner je me rendis à l'avant-garde, où l'on me reçut avec des acclamations si éclatantes qu'elles attirèrent sur l'autre rive l'attention de l'armée républicaine: les rebelles (il m'en coûte de donner ce nom à des soldats français) devinèrent que cet enthousiasme était excité par ma présence royale, et aussitôt une multitude de soldats accoururent pour me voir sur les bords du Rhin. Plusieurs même crièrent qu'ils auraient du plaisir à m'entendre parler ; on me communiqua leur vœu, et je partis résolu à les satisfaire. Le duc d'Enghien, craignant pour moi quelque perfidie, voulut me détourner de ce dessein en prétextant la rigueur de la discipline militaire, qui interdisait tous colloques entre les soldats des deux armées.

— A quartier, mon cousin, répondis-je. Par Dieu! un roi de France est au-dessus de toute règle : le mouvement de mon cœur est plus fort que votre consigne ; laissez-moi le satisfaire.

Cela dit, je poussai mon cheval vers la plage, et le faisant entrer dans l'eau jusqu'au poitrail, je m'adressai à ces Français, qui, pour me servir de l'expression du temps de Henri IV, s'étaient montrés *affamés* de voir leur roi.

— Vous êtes curieux, leur dis-je à haute voix, de voir le roi de France ; eh bien! c'est moi qui suis votre souverain ou plutôt votre père. Oui, vous êtes tous mes enfans ; je ne suis venu que pour mettre un terme aux malheurs de notre commune patrie. Ceux qui vous disent le contraire vous trompent. Vos frères qui m'entourent partagent le bonheur que j'éprouve à me rapprocher de vous.

Il me fut facile de reconnaître que ces ames simples étaient vivement émues. Un silence profond régnait parmi les soldats ; ils ne savaient ce qu'ils devaient faire. Ah ! si le Rhin n'eût été entre nous, je me serais confié à la Providence, j'aurais marché droit à eux, car je leur aurais remis la *fortune de la France*, et peut-être se seraient-ils laissé entraîner par ma présence ! Dieu ne voulut pas que sa volonté soit faite en toute chose. On en était à ce moment décisif lorsqu'un indiscret s'avisa de dire aux républicains :

— Puisque vous êtes bien aises de voir le roi, criez *Vive le roi !*

— Non, non, repartis-je en élevant la main et en imposant silence ; ce cri vous compromettrait, mes enfans, et je m'y oppose. Adieu ; nous nous reverrons de plus près.

Je leur fis alors le salut militaire, qu'ils me rendirent tous avec autant de respect que d'empressement ; puis, tournant la bride de mon cheval, je m'éloignai profondément attendri de cette scène.

Cet incident fut bientôt connu sur toute l'étendue de la ligne, puis dans l'Europe entière ; le Directoire le fit démentir dans les journaux, craignant l'effet qu'il pouvait produire. On fit faire des reproches à Moreau, qui avait pris le commandement à la place de Pichegru. Ce général, royaliste d'instinct, connaissait déjà les démarches que Pichegru avait faites pour arriver plus tôt à une restauration ; et, loin de les révéler, il les enveloppait d'un profond mystère. Je savais ce qu'il pensait ; et quelqu'un qui crut pouvoir hasarder auprès de lui une insinuation en ma faveur, lui dit un jour que j'avais les yeux fixés sur lui.

— Le roi m'a fait trop d'honneur, répondit Moreau, et soudain il changea de conversation. C'était certes déjà beaucoup pour lui, et plus tard ce mot ne fut pas oublié.

Pendant ce temps, je reçus des dépêches de Saint-Priest. Il me mandait que ma présence à l'armée française irritait le cabinet de Vienne, ajoutant que, s'il était bien informé, la résolution de m'éloigner de mes braves émigrés était déjà prise. Je crus devoir lui adresser officiellement une réponse en forme de notre politique, dont je fis répandre des copies, la regardant comme un manifeste obligé dans la circonstance critique où je me trouvais. La voici telle que je l'écrivis moi-même spontanément, et sans recourir aux membres de mon conseil.

« J'ai lu, monsieur, avec la plus sérieuse atten« tion la lettre que vous avez écrite le 1er de ce « mois au duc de La Vauguyon. Vous avez compris « comme je m'y attendais, qu'après la circonstance

« inattendue qui me forçait à quitter le territoire
« de Venise, je n'avais d'autre parti à prendre que
« celui auquel je me suis déterminé. Cette mesure
« a été accompagnée de toute la circonspection que
« je devais y mettre ; je me suis annoncé à l'armée
« sous le simple titre d'un gentilhomme français
« qui venait se réunir au drapeau blanc, et j'ai
« fait consigner une disposition de prudence dans
« l'ordre du jour du 29 du mois dernier, qui vous
« a été transmise par M. d'Avaray. C'est ainsi qu'en
« profitant, pour sortir de ma cruelle inaction,
« d'une circonstance impérieuse et imprévue, je
« me suis plu à me conformer aux intentions de Sa
« Majesté Impériale.

« J'ai déjà éprouvé l'effet que ma présence à
« l'armée produit dans l'intérieur du royaume, et
« j'ai tout lieu de penser, d'après les rapports qui
« arrivent journellement au duc de La Vauguyon
« de toutes les parties de la France, que j'acquier-
« rais promptement une influence qui faciliterait
« les armes de l'empereur, et accélérerait une pa-
« cification dont il est impossible de se flatter au-
« trement. C'est pour parvenir, de concert avec Sa
« Majesté Impériale, à ce but si essentiel que j'at-
« tache la plus grande importance à conserver dans
« ma conduite la réserve que je me suis imposée.
« Si je m'éloignais de l'armée, j'imprimerais à mon
« caractère une tache qui me déconsidérerait aux
« yeux de tous : en vain chercherais-je à faire
« croire que cette mesure serait volontaire ; elle

« est trop contraire aux principes qui doivent me
« diriger pour que la France et l'Europe n'y voient
« pas l'effet de la contrainte. La conviction qui
« s'établirait à cet égard inspirerait aux Français
« une défiance des vues ultérieures de Sa Majesté
« Impériale, qui augmenterait encore leur résis-
« tance.

« Je verrais avec la plus vive douleur se dissiper
« l'espérance si bien fondée de hâter le moment
« où la paix, en conciliant les intérêts de toutes
« les puissances, pourra s'établir sur les bases de
« l'équité et de l'ordre public. Je crois avoir dissipé
« toutes craintes sur mes intentions, en prenant
« l'engagement de ne tenir d'autre rang à l'armée
« de Condé que celui de simple gentilhomme fran-
« çais, et de me conformer en tout à la volonté
« du prince qui la commande.

« Je me dois à moi-même, je dois à l'empereur
« de lui représenter tous les avantages qui résulte-
« ront si évidemment de ma présence à l'armée, et
« tous les inconvéniens qui suivraient un parti con-
« traire. Je suis persuadé que Sa Majesté Impériale
« pèsera dans sa sagesse d'aussi importantes consi-
« dérations, qu'il vous sera facile de lui présenter
« sous le point de vue le plus propre à établir entre
« elle et moi une alliance intime et un accord aussi
« essentiels à ses intérêts particuliers qu'au réta-
« blissement de l'ordre public et de la tranquillité
« générale.

« Les évènemens désastreux survenus en Italie,

« et dont vous n'aviez pas connaissance lorsque le
« duc de Grammont est parti, ajoutent un nouveau
« poids à tout ce que je viens de dire. On insiste
« chaque jour de plus en plus sur la rupture de l'ar-
« mistice ; et toutes les opérations militaires sur le
« Rhin étant dirigées d'après ces données, mon éloi-
« gnement ne pourrait être qu'infiniment préjudi-
« ciable au sort des troupes impériales. Vous com-
« prendrez facilement l'impatience avec laquelle
« j'attends votre réponse.

« Riegel, 10 mai 1796. »

Le duc de Grammont, plein de zèle et de fidélité, était accouru pour me communiquer l'effet que mon départ de Vérone avait produit à la cour impériale.

— Sire, me dit-il, on a presque l'envie de faire faire le procès à Votre Majesté.

— Ce ne sera pas du moins à titre de déserteur républicain. Mais je comprends : on craint que je n'acquière une renommée qui deviendrait nuisible à certains intérêts.

Le duc de Grammont me peignit alors à grands traits les divers membres de la famille et du cabinet impérial. Il me les montra tous hostiles à la France et aux Bourbons. Puis il ajouta : Un jour que j'appelais votre noble nièce par son titre, elle m'arrêta vivement en me disant : « Ne m'appelez pas *Madame Royale*, mais madame Bretagne, ou Bourgogne, ou Lorraine ; car on m'identifie ici tellement avec ces provinces, que je finirai par croire moi-même à ma transformation. »

Ce discours du duc de Grammont m'affligea profondément, mais dans ma position je ne pouvais rien. Cependant le seul fait de ma présence à l'armée était un acte de vigueur. Je ranimais par là le zèle de l'émigration, et le courage de mes sujets fidèles de l'intérieur. Ceux-ci écrivaient, envoyaient des députés, et me faisaient savoir de mille manières leurs bonnes intentions. Je puis dire que, pendant à peu près un mois, je jouis presque de ma qualité de roi de France.

Je savais que l'armistice ne tarderait pas à se rompre; déjà une nouvelle renommée naissait et grandissait aux pieds des Alpes, un vengeur de l'insolence vénitienne m'était donné dans la personne de Buonaparte. Ce jeune général, à peine arrivé à l'armée dont il avait le commandement, se signala par quatre ou cinq victoires tellement décisives, que la coalition austro-sarde fut rompue. Les Autrichiens se retirèrent avec précipitation sur le Milanais, où on ne devait pas tarder à les attaquer, et le roi de Piémont se vit dans la nécessité de demander une prompte paix qu'on lui accorda à des conditions très-dures. Enfin le jour même où j'écrivais à Saint-Priest, avait lieu la célèbre affaire du pont de Lodi. Ces succès inespérés des républicains déconcertèrent la politique autrichienne, qui n'en insista que plus vivement sur mon éloignement de l'armée. Les dépêches qui me vinrent de tous côtés à cet effet me déterminèrent à assembler un conseil, où j'appelai, outre le prince de Condé, le duc d'Enghien, ceux qui formaient mon ministère, et les commissaires anglais Crawford et Wickam. Là j'exposai le motif de la délibération, et j'ordonnai que chacun donnât franchement son avis ; ils se partagèrent entre la résistance aux volontés de Vienne et la soumission. Alors mon tour venant de prendre la parole,

— Messieurs, dis-je, ceci est une question d'honneur et non de diplomatie. Comme roi, mes preuves sont faites ; mais comme gentilhomme j'ai mes éperons à gagner. Ma place est donc au milieu de mes sujets qui combattent pour la réédification de mon trône. Je suis dans mon royaume quand je suis avec eux, et mon devoir me défend de les quitter. Un roi sur le trône n'a pas toujours besoin de prouver qu'il est brave, mais c'est la première chose que doit faire un prince proscrit. Ne donnons pas à nos ennemis des armes contre nous : montrons-leur que je suis digne de conquérir avec mon épée le sceptre que je saurai tenir également d'une main ferme. J'aime à répéter cette belle maxime de Sénèque :

Virtus in astra tendit; in mortem timor.

(La crainte tue ; la valeur élève aux cieux.)

La violence seule pourra donc me contraindre à m'éloigner de vous.

— *God save the king,* ne put s'empêcher de crier l'honnête Wickam, emporté par l'enthousiasme que lui causait mon discours : il communiqua ce sentiment à tous ceux qui composaient le conseil. J'ordonnai alors au baron de Flaschellanden de faire connaître au comte Latour et au général Wurmser ma résolution officielle. Je savais que je n'étais pas maître des évènemens à venir ; mais je voulais du moins, par ma résistance, me mettre au-dessus de tout reproche, et à couvert de la calomnie. J'y parvins complètement ; et lorsque je dus céder, je puis dire que je le fis sans déshonneur.

CHAPITRE VIII.

Le roi négocie avec Pichegru. — Il reçoit Montgaillard et Fauche-Borel. — Récit mensonger du premier. — Le roi rétablit les faits. — Sa dernière lettre à Pichegru. — Il s'adresse au prince Charles pour ne pas quitter l'armée. — Ses raisons. — Il obtient un répit. — Conversation hostile entre le comte de Saint-Priest et le baron de Thugut. — Particularités curieuses quelle fait connaître. Caractère du prince Charles. — Le roi réfute encore Montgaillard. — L'armistice est rompu. — Propos charmant du duc de Berry. — Comparaison de position entre Louis XVI et Louis XVIII, à propos d'un lit de château.

Voulant utiliser de toutes manières mon séjour à l'armée, je m'étais mis en mesure de suivre la négociation entamée avec Pichegru. Ce fut alors que pour la première fois je vis Montgaillard. Il vint d'Offembourg à Riegel me rejoindre. Son air ne me séduisit pas. C'est un petit homme qu'on pouvait prendre pour bossu sans lui faire tort ; une figure au teint sombre et blême, une mine d'intrigant. J'avoue cependant que, bien que le premier coup d'œil ne lui fût pas favorable, je l'écoutai avec plaisir. Il parlait bien, et ses démonstrations de dévouement me parurent sincères. J'avais lu avec intérêt sa brochure intitulée : *État de la France en 1795*. Déjà même il avait eu l'adresse de me soutirer un diplôme de *fidélité à la royauté*, que j'avais placé dans ses mains, ainsi que chacun le sait en Europe. Il joignit à ses belles paroles un résumé par écrit de toutes les négociations entreprises pour le rétablissement du trône, de concert avec Pichegru, mes agens et le prince de Condé. Cette note très-détaillée me faisait connaître le travail de chacun.

Je la lus avec un véritable intérêt ; je savais déjà tout ce qu'avaient tenté pour ma cause les sieurs Courant et Fauche-Borel, ainsi que la baronne de Riesck, dont le dévouement pour la royauté allait jusqu'à l'admiration la plus aveugle pour la personne du roi. Je n'ignorais pas non plus les démarches apparentes de Montgaillard, dont rien encore ne me faisait soupçonner la trahison. Il aurait souhaité vivement être le seul à m'approcher dans cette circonstance, mais ma gratitude ne pouvait se porter uniquement sur lui ; je voulus voir aussi Courant et Fauche-Borel, qui s'empressèrent d'accourir.

Fauche-Borel m'a servi avec zèle : je regrette que sa pétulance indiscrète me mette dans la nécessité de suspendre les effets de ma reconnaissance pour lui. Je ne tardai pas à lui donner une mission confidentielle pour le feld-maréchal Wurmser, qui déjà me pressait vivement de me retirer de l'armée. Mon envoyé ne fut pas heureux près de lui :

il avait les mains trop fortement liées par les injonctions de sa cour pour consentir à me servir. Fauche alors imagina d'aller frapper à la porte de l'archiduc Charles, qui lui fut également fermée.

Ce fut dans cette occurence que Montgaillard, guidé par les inspirations du Directoire, me conseilla de passer le Rhin seul avec les émigrés. C'était une infâme déception. Il savait qu'on avait formé le complot de m'assassiner en route avec tous les fidèles compagnons de mes malheurs. Il est nécessaire que je répète ici ses propres phrases ; elles le feront mieux connaître que tout ce que je pourrais dire, lorsqu'on en fera le parallèle avec ses écrits postérieurs à sa conduite politique.

« Le prince de Condé, dit-il, m'avait prié instamment, avant de me présenter à Louis XVIII, de ne pas lui donner des avis trop hardis. Il me répéta plusieurs fois la même requête pendant le conseil où se trouvaient MM. d'Avaray, de Sancourt, de Flaschellanden et de La Chapelle. Autant que je puis me le rappeler, j'étais placé près du premier ; le prince était en face du roi, qui se trouvait de l'autre côté de la table. Le prince de Condé avait mis son chapeau entre ses jambes, et il tenait ses deux mains sur sa canne, lorsque je donnai au roi le conseil de jeter de l'autre côté du Rhin le sceptre de Henri IV. M. le prince de Condé manifesta une grande surprise ; il dit au roi, entre autres choses, ces paroles que j'ai retenues : « Si Votre Majesté veut passer le Rhin, nous sommes tous prêts à la suivre et à verser la dernière goutte de notre sang. Votre Majesté pourra débarquer, mais elle court le risque d'être assassinée par le premier officier qui ne sera pas dans le secret de Pichegru. Je pense donc qu'il vaut mieux attendre l'effet des promesses de ce général, et voir si les dispositions dans lesquelles on assure qu'est toujours Moreau ne seraient pas dérangées par un évènement de cette nature. »

Ce récit a besoin de correction : d'abord je n'ai jamais appelé Montgaillard à mon conseil; c'était une faveur que je ne faisais même pas à Fauche-Borel, qui cependant possédait toute ma confiance et mon estime. Il est vrai que Montgaillard me donna l'avis dont il se targue ; mais ce fut dans mon appartement, en présence du prince de Condé. Il n'a eu garde de répéter mot à mot ce que lui dit le prince. C'est à moi de citer textuellement la phrase.

— Je suis surpris, monsieur, que vous engagiez Sa Majesté à se précipiter volontairement dans un coupe-gorge. C'est parler avec une légèreté que je ne comprends pas.

Montgaillard balbutia quelques mots, puis se justifia en faisant sonner bien haut son zèle. J'eus pitié de son embarras, et vins à son secours. Le résultat de ces débats fut de me faire prendre la résolution de ne pas rentrer en France par la force, mais de rester à l'armée ; et comme l'archiduc Charles venait de me communiquer les intentions de l'empereur, j'envoyai Montgaillard vers ce prince pour l'engager à ne pas mettre cet ordre à exécution avant que j'eusse écrit de nouveau à Sa Majesté Impériale.

D'une autre part, j'écrivis aussi à Pichegru le 24 mai ; ma lettre était conçue en ces termes :

« Je ne vous parlerai pas de l'admiration que
« j'ai pour vos talens et les grandes choses que vous
« avez exécutées. L'histoire vous a déjà placé au
« premier rang des généraux, et la postérité con-
« firmera le jugement de l'Europe entière sur vos
« victoires et sur vos vertus. Les capitaines les plus
« célèbres ne dûrent, pour la plupart, leurs suc-
« cès qu'à une longue expérience de faits militaires,
« tandis que vous vous êtes montré, dès le pre-
« mier jour, ce que vous avez été dans tout le cours
« de vos campagnes. Vous avez su allier la bra-
« voure du maréchal de Saxe au dévouement de
« M. de Turenne et à la modestie de M. de Cati-
« nat. Aussi ai-je la plus grande confiance dans
» les hautes destinées qui vous attendent. M. le
« prince de Condé vous a marqué à quel point j'ai
« été satisfait des preuves de zèle que vous m'avez
« données, et combien j'ai été touché de la fidélité
« avec laquelle vous servez ma cause. Mais ce que
« je n'ai pu vous exprimer comme je le sens, c'est
« le désir que j'éprouve de publier vos services, et
« de vous donner des marques éclatantes de ma
« confiance.

« Je confirme, monsieur, les pleins pouvoirs
» qui vous ont été transmis par le prince de Condé.

« Je n'y mets aucune restriction, et vous laisse en-
« tièrement libre de faire tout ce que vous jugerez
« nécessaire aux intérêts de ma cause et à ceux de
« l'état ; j'approuve et ratifie les avantages qui vous
« ont été assurés le 16 août dernier, en mon nom,
« et je vous donne ma parole royale que toutes les
« promesses qui y sont annoncées seront religieu-
« sement tenues ! »

J'écrivis encore à ce général, le 6 juin ; j'étais alors à Mulheim, dans une auberge où je m'étais mis un peu à l'écart. Je ne copie pas cette lettre, bien qu'elle pût servir à prouver combien j'appréciais l'importance de la coopération de Pichegru. J'ai d'ailleurs à rapporter le contenu de mes dépêches à l'archiduc Charles, autre manifeste que j'opposais aux exigences cruelles du cabinet de Vienne.

C'était un moment de crise ; la guerre allait se rallumer avec une nouvelle vigueur. Le prince de Condé avait reçu l'ordre de rompre l'armistice, et le 25 mai il fit savoir que les hostilités recommenceraient le 31. Je recevais de toutes parts des supplications pour m'engager à me mettre en chemin. Ce fut alors que, m'adressant au prince Charles, comme je l'ai marqué plus haut, je lui dis :

« Mon cher cousin,

« La franchise et la loyauté avec lesquelles vous
« vous êtes expliqué sur nos communs intérêts,
« m'autorise à en user de même à votre égard. Dans
« un moment où la juste confiance que vous ac-

« corde votre auguste frère doit sauver non seule-
« ment la France, mais encore toute l'Europe, dont
« le sort dépend des évènemens qui vont se passer
« sur les bords du Rhin, je charge M. de Montgail-
« lard de vous remettre cette lettre, et de vous don-
« ner de vive voix tous les renseignemens qu'elle ne
« peut renfermer.

« Vous connaissez les raisons qui m'ont contraint
« à quitter l'asile où je suis resté si long-temps
« malgré moi, et à remplir le vœu que je ne cessais
« de former. J'en ai fait part à Sa Majesté et à M. de
« Saint-Priest, qui, en ce moment chargé de mes
« affaires auprès d'elle, m'a fait connaître que mon
« départ de l'armée était une mesure désirée par les
« ministres de l'empereur. J'ai répondu par la lettre
« dont je remets la copie à M. de Montgaillard, afin
« d'abréger celle-ci. La même insinuation m'a été
« faite par l'entremise du baron de Summerhaw et
« le maréchal de Wurmser. J'ai reçu avant-hier
« soir une lettre de M. de Saint-Priest du 23 de ce
« mois, dans laquelle il me mande que les disposi-
« tions sont toujours les mêmes, et qu'on a dit, en
« outre, que si je persistais à rester à l'armée, on
« en viendrait, quoiqu'à regret, à employer la con-
« trainte. Je ne rapporte ce dernier article que
« pour vous mieux témoigner ma confiance, car
« vous sentez que j'estime trop le caractère de l'em-
« pereur pour supposer même un instant qu'il vou-
« lût employer contre moi de semblables moyens.

« Vous voyez, mon cousin, que si le 12 mai j'avais

« cent bonnes raisons pour rester à l'armée, au-
« jourd'hui j'en ai mille. La cessation de l'armistice
« suffirait seule ; mais, indépendamment de ce mo-
« tif, il en existe d'autres d'un plus grand poids.
« Vous avez vu toute la correspondance du géné-
« ral Pichegru. Vous savez à quel point il a insisté
« depuis quatre mois pour que je me tinsse à por-
« tée d'une communication prompte et facile avec
« les frontières de France. Vous connaissez la viva-
« cité avec laquelle ce même désir a été exprimé
« par différentes personnes qui servent à Paris les
« intérêts de la cause commune. Vous avez lu ce
« que le général Pichegru m'a transmis sur les nom-
« breuses intelligences qu'il a dans cette capitale
« parmi les premières autorités ; qui, mieux que
« vous, peut donc faire comprendre à l'empereur
« la nécessité de ma présence à l'armée ? Je m'a-
« dresse à vous en toute confiance, pensant ne pou-
« voir remettre mes intérêts en meilleures mains ;
« car, outre les liens du sang qui nous lient, notre
« cause est la même.

« Vous voyez, mon cher cousin, avec quelle
« franchise je vous parle ; je vous prie d'en agir
« ainsi avec moi, etc. »

On reconnaîtra, d'après la contexture de cette
dépêche, combien je tenais à gagner à ma cause
le prince Charles ; je savais que s'il n'avait pas
une grande influence dans le cabinet politique de
son frère, on lui accordait une confiance illimitée
pour tout ce qui se rattachait à la guerre. Mais il

était trop vrai que la détermination de m'éloigner de l'armée était prise, dût-on en venir aux dernières extrémités. Voici à ce sujet ce qui s'était passé entre Saint-Priest et Thugut :

Mon ambassadeur fut mandé au palais impérial de la part de l'empereur aussitôt après la réception de la lettre que j'avais écrite en sortant de Vérone. Saint-Priest fut surpris de ne trouver que Thugut, qui, dès qu'il l'aperçut, vint à sa rencontre et lui dit avec vivacité :

— Eh bien! monsieur le comte, votre maître a quitté Vérone.

— Je me disposais à venir informer Sa Majesté Impériale de cet évènement, répondit Saint-Priest.

— *Nous le savons, monsieur,* nous le savons; le comte de Lille a pris soin lui-même de l'apprendre à Sa Majesté Impériale. Mais que va-t-il faire à l'armée?

— Est-il pour lui un asile plus convenable? puisqu'on l'éloigne de Venise, il s'y trouve au milieu de ses sujets.

— Ses sujets! nous ne reconnaissons pour tels que les hommes qui sont ici engagés au service de Sa Majesté Impériale.

— Et à la solde de l'Angleterre, ajoute St.-Priest.

Le baron de Thugut n'eut pas l'air de remarquer ce sarcasme.

— Le comte de Lille, poursuivit-il, aurait dû, avant de se déterminer à une telle démarche, consulter l'empereur.

— Je vous répète, monsieur le baron, que le roi de France est libre d'aller où il veut, surtout lorsqu'il se réunit à ses sujets.

— Et moi, je vous répète, monsieur, que votre maître se met dans une fausse position, et qu'en nuisant à ses intérêts, il nuit à ceux de l'empire. Au surplus, on a expédié des ordres très-précis pour l'empêcher d'enlever le commandement au prince de Condé.

— C'était inutile, monsieur : le roi n'a nullement l'intention de profiter de son titre ; l'ordre des commandemens ne sera pas interverti, mais on ne peut lui refuser le droit commun à tous les exilés, celui de combattre pour sa propre cause.

— Monsieur le comte, répondit Thugut d'un ton solennel, le comte de Lille ne peut rester à l'armée ; des raisons importantes s'y opposent. Le conseil de Sa Majesté Impériale est très-résolu à ne pas y consentir ; écrivez-lui donc d'en partir sans retard, car toute observation à ce sujet ne serait pas écoutée.

Cette déclaration, dont rien n'adoucit la dureté, causa un vif chagrin au bon Saint-Priest : il la combattit long-temps ; et voyant qu'il n'obtenait rien, il termina en disant qu'au surplus je m'entendrais directement avec l'empereur.

— Ceci, répliqua Thugut, est encore un point qui me reste à traiter avec vous. Des considérations d'étiquette s'opposent à ce que Sa Majesté Impériale réponde directement au comte de Lille, ou qu'elle reçoive des lettres de lui ; veuillez donc l'avertir que désormais sa correspondance avec Sa Majesté Impériale ne peut se faire que par le canal diplomatique.

Cette nouvelle rigueur acheva d'attérer Saint-Priest. Cependant il conserva son sang-froid, et se contenta de dire qu'au surplus le roi se passerait de la permission refusée, pour rester à l'armée.

— J'espère mieux de sa prudence ; car Sa Majesté Impériale serait désolée d'avoir recours à des mesures violentes, répliqua Thugut... Oui, monsieur, s'il ne se retire de bonne volonté, on ne reculera devant aucun moyen pour le contraindre à quitter l'armée.

La conférence fut rompue dès ce moment. Le comte de Saint-Priest revint chez lui outré, et m'écrivit cette triste nouvelle, qui me fut confirmée par Wurmser et le baron de Summerhaw.

Je me trouvais donc dans une position fort embarrassante : prêt, d'un moment à l'autre, à recevoir l'*ultimatum* autrichien, et à offrir à l'Europe le scandale d'un roi de France chassé par violence d'une armée composée de ses propres sujets. Ceci me portait naturellement à m'adresser au prince Charles, qui se trouvait alors à Ulm, petite ville située sur la frontière des Deux-Ponts, où il commandait l'armée du Bas-Rhin opposée à celle dont Moreau avait pris la direction depuis la disgrace de Pichegru. L'archiduc a l'ame véritablement généreuse ; c'est un héros dans le vrai sens du mot, qui unit d'ailleurs à un beau caractère une foule de vertus et de connaissances variées. C'était peut-être le seul de sa famille qui eût le droit de m'en vouloir, puisque je lui refusais la main de ma nièce, et cependant avec une magnanimité que je sus apprécier; il prit sur lui d'autoriser provisoirement mon séjour à l'armée, et d'écrire à Vienne pour qu'il me fût permis d'y rester jusqu'à nouvel ordre.

Il m'apprit cette nouvelle avec une grace parfaite; je dois aussi, pour rendre hommage à la vérité, dire que je fus satisfait de Montgaillard en cette circonstance; mais il s'est fait un jeu de dénaturer toutes les particularités de cette époque de ma vie, dans son infâme ouvrage publié l'an XIII à Paris, sous les auspices de Buonaparte. Il me fait écrire à Moreau en confondant les dates, et quoiqu'il n'ignorât pas que je n'eusse alors avec lui aucun rapport direct. Enfin, il me prête un propos que certes je n'ai pas tenu, et qui avait pour but de me mettre mal avec les puissances que j'avais intérêt à ménager.

L'armistice ayant cessé le 31 mai, je quittai Riegel pour me rendre à Manheim. J'étais accompagné par le prince Amédée de Broglie, mon aide-de-camp, et le vicomte Hardouineau, que je nommai maréchal-des-logis du quartier-général. Le duc de Berry me suivait; il enviait singulièrement la belle réputation militaire qu'acquérait le duc d'Enghien, et à tous momens il me disait :

— Sire mon oncle, que faut-il faire pour obtenir beaucoup de gloire en peu de temps?

Je couchai le 3 juin à Mutznigen. On crut m'être agréable en me rappelant que Louis XV, en 1744, avait aussi habité le château où je me trouvais, pendant que ses troupes faisaient le siége de Fribourg. Hélas! cette comparaison ne pouvait que m'être pénible. Mon aïeul y parut en roi de France, et moi, son descendant et légitime héritier, j'y venais en simple gentilhomme, à la suite d'un général autrichien. C'était un jeu bien bizarre de la fortune qui me fit faire de profondes réflexions.

CHAPITRE IX.

Illusions. — Il faut fuir ! — Le roi écrit à Pichegru. — Il passe en revue l'armée royale. — Déroute des Autrichiens et des émigrés. — Retraite forcée. — Valeur du duc d'Enghien. — Le prince de Condé. — Il conjure instamment le roi de partir. — L'Autriche lui en intime l'ordre. — Comment il cède à sa mauvaise fortune. — Ses adieux aux émigrés. — Détails sur une tentative d'assassinat contre la personne du roi. — Mot heureux qui lui échappe. — Le peuple effrayé se soulève. — Le roi justifie le Directoire. — Il ne sait où se réfugier. — Colloque sur ce texte avec d'Avaray. — Conduite embarrassée de l'électeur de Trèves. — Le roi refuse d'aller habiter Iver. — Il accepte l'asile offert à Blankembourg.

Dans mes souvenirs d'histoire il y avait heureusement des rapprochemens plus consolans pour moi. Henri IV aussi avait été long-temps méconnu de ses sujets ; Henri IV avait été forcé de les combattre et de les vaincre avant de les rendre heureux : j'allais donc faire la guerre ! Je pouvais espérer cueillir quelques palmes dans les champs si glorieusement moissonnés par mes aïeux. Je me berçais de la douce chimère que mon front doublement couronné en deviendrait plus respectable, et que les Français ne pourraient s'empêcher d'appeler de leurs cris d'amour un roi victorieux. Nous faisions avec d'Avaray les plus beaux châteaux en Espagne, et de succès en succès, nous arrivions à Versailles, qui, à nos yeux, reprenait une splendeur nouvelle pour nous recevoir.

Cette illusion cessa bientôt, je vis tout-à-coup d'Avaray arriver chez moi avez une figure de l'autre monde.

— Qu'y a-t-il? lui demandai-je; le cabinet de Vienne ordonne-t-il mon déshonneur, en m'obligeant à la retraite?

— Non, sire, me répondit-il, mais le cas n'en est pas moins grave. Les succès de Buonaparte en Italie sont tels, que l'armée du maréchal Wurmser en ressent le contre-coup; l'ordre vient d'arriver d'en envoyer la majeure partie à la défense du Milanais, et le prince Charles a reçu celui de se tenir sur la défensive à couvert par la rive gauche du Rhin. Quant à nous, il faut que nous allions reprendre nos cantonnemens à Riegel.

— Ainsi, répliquai-je avec dépit, voilà notre pot au lait renversé au premier pas que nous faisons.

Je cachai sous cette plaisanterie ma profonde douleur en voyant s'évanouir mes plus chères espérances. Je maudis du fond du cœur le Corse, premier auteur de cet incident désagréable. De quelle épithète l'aurais-je gratifié, si j'eusse deviné alors quelle haute destinée attendait le jeune général. Mais dans ce moment je ne voyais qu'une chose : c'était d'être frustré de la légitime ambition de prouver qu'à un roi de France il reste toujours une épée à défaut de sceptre. D'Avaray essaya de me consoler, mais ses tendres soins ne firent que distraire ma douleur, sans en adoucir l'amertume.

Je pensai à l'impossibilité où Pichegru serait de tenir ses promesses, puisque nous ne le seconderions pas en vainqueurs. Après avoir long-temps réfléchi sur ce que je devais faire, je me déterminai à lui envoyer par Fauche-Borel la lettre suivante :

« Vous connaissez, monsieur, les fâcheux évé-
« nemens qui viennent de se passer en Italie ; la né-
« cessité d'y envoyer trente mille hommes fait sus-
« pendre provisoirement le projet de passer le Rhin.
« Votre attachement à ma personne vous fera com-
« prendre à quel point je suis affecté de ce contre-
« temps, surtout au moment où je voyais les por-
« tes de mon royaume s'ouvrir pour moi. D'un
« autre côté, ces désastres ajoutent encore, s'il est
« possible, à la confiance que vous m'avez inspirée;
« j'ai celle que vous rétablirez la monarchie en
« France, soit que la guerre continue, soit qu'elle
« cesse. C'est sur vous que je compte pour le suc-
« cès de ce grand ouvrage. M. Louis Fauche vous
« remettra cette lettre. Je lui ai donné mes pou-
« voirs, afin que dans le cas où vous jugeriez con-
« venable de faire des démarches auprès des gé-
« néraux de l'armée d'Italie, elles n'éprouvent pas
« le moindre retard. Vous êtes libre de décider à
« cet égard ; je dépose en vos mains, monsieur,

« toute la plénitude de ma puissance et de mes
« droits. Faites-en l'usage que vous croirez néces-
« saire à mon service. Si quelques évènemens im-
« possibles à prévoir vous obligent à sortir du
« royaume, c'est entre moi et le prince de Condé
« que vous trouverez votre place : si j'en connais-
« sais une plus digne, je vous l'offrirais. Ces paro-
« les ont pour but de vous témoigner mon attache-
« ment et mon estime ; car ce que vous avez fait
« jusqu'à présent est un sûr garant de vos actions
« à l'avenir. Je me flatte que M. Wickam conti-
« nuera à fournir avec la même générosité les se-
« cours que vous pouvez désirer. Je sens combien
« ils deviennent nécessaires, lorsqu'il faut former
« et diriger l'opinion publique. Ne négligez rien
« pour produire cet effet si important à nos pro-
« jets. M. le duc de La Vauguyon accompagnera
« M. Louis Fauche à Berne, afin de presser l'envoi
« des fonds. J'attends de vos nouvelles avec bien
« de l'impatience. Je ne vous parle pas de ma re-
« connaissance ; vous comprendrez assez, en vous
« rendant justice, tout ce que je sens pour vous.

« *Signé* Louis. »

En attendant que Pichegru ou les évènemens me
devinssent favorables, je tâchais de maintenir l'enthousiasme parmi les émigrés. Je reçus, le 13 mai,
la cavalerie noble, venue de Souabe pour prendre
part aux périls de la guerre. Le même jour je passai en revue l'infanterie de mes gentilshommes.

J'eus encore la consolation d'entendre retentir dans leurs rangs, le cri de vive le roi. Bien des années devaient s'écouler jusqu'à l'époque où ce même cri devait de nouveau charmer mon oreille. Un autre spectacle adoucit aussi les blessures de mon cœur : les soldats de la république se portèrent en foule sur la rive gauche du Rhin ; et s'ils ne me saluèrent pas en roi, il se découvrirent par respect pour ma présence. Ces manifestations honorables chez de simples soldats étaient la conséquence de la modération des chefs. L'armée de Moreau revenait insensiblement aux mœurs françaises. Aussi on lui reprochait dans les autres armées républicaines de se donner un vernis d'aristocratie, et ses officiers étaient connus sous le sobriquet de *ces messieurs;* il en résultait des querelles et des duels sans nombre, chaque fois qu'un officier de Moreau passait dans des corps éloignés. Il fallut enfin que Bonaparte fît un ordre du jour par lequel il interdisait la qualification de *monsieur,* lui qui devait réinstituer toutes les distinctions féodales !

Cependant les chances continuèrent à m'être contraires : les troupes de l'empire étaient mal commandées ; on en eut la preuve éclatante dès l'ouverture de la campagne, par l'abandon déshonorant qu'elles firent, le 24 juin, du fort de Khehl. Elles le rendirent à la première sommation, et nous apprîmes aussitôt qu'un détachement de vingt mille républicains, ayant passé le Rhin, se trouvait en mesure de marcher sur la rive gauche.

Le duc d'Enghien, à la nouvelle de ce désastre, parla de se porter en avant pour attaquer Khehl et le reprendre. Mais il était trop tard : les Autrichiens étaient déjà en pleine déroute, et les rebelles menaçaient Offenbourg des deux côtés. Le duc d'Enghien, surpris, résista avec sa valeur accoutumée, mais il fallut céder au nombre. Le prince, dans la nécessité de se retirer, coupa le pont d'Offenbourg, et alla s'établir dans la vallée de la Kintgig. Le comte Giulay, avec son corps, se maintint à Gell sur les devans de l'armée du prince, qui occupait une position entre Steinach, Riberach et Hanslack.

Le prince de Condé, dit d'Ecquevilly, informé de ce qui s'était passé à la droite de l'armée où l'on n'avait cessé d'entendre un feu très-vif, et se voyant séparé de son petit-fils, éprouva de violentes inquiétudes pendant la nuit qu'il passa à Frisenhein. Aussi le lendemain, lorsqu'un exprès vint lui annoncer que le duc d'Enghien s'était bien tiré de cette attaque imprévue, sa joie fut proportionnée au chagrin qu'il avait éprouvé.

Dès que je sus les hostilités commencées, je voulus y prendre une part active; mais Dieu en ordonna autrement. Le prince de Condé, dans de bonnes intentions certainement, me conjura de me réserver pour une meilleure occasion. Je dus céder à *mon général*, et j'allai à Herbolsheim ; mais mon impatience l'emportant sur la *discipline*, je revins à Mahlberg, puis Kuppenheim ; je m'y montrai à la tête des troupes, au moment où elles se trouvaient en bataille pendant une vive canonnade des Français ; enfin je vis le feu, j'entendis la mousqueterie, je devais être satisfait. Mais pouvais-je l'être ! j'avais pour adversaires des Français : c'était mes enfans qu'il me fallait traiter en ennemis. Je fis en cette occasion solennelle de pénibles réflexions ; elles m'amenèrent, mieux que la persistance autrichienne, à concevoir que je n'étais pas à ma place, et qu'un roi de France, contraint par les circonstances à combattre contre ses sujets, ne doit du moins le faire qu'à la tête de l'autre parti, et non avec une majorité d'étrangers ; ma politique se trouva bientôt d'accord avec mon cœur.

Défaits encore une fois, il fallut se retirer. Je fus escorté par les deux bataillons nobles, le 1er juillet, jusqu'à Riegel, où l'on établit provisoirement le quartier-général ; ne pouvant plus reprendre l'offensive, la retraite dut continuer.

Il se passait autour de moi d'étranges scènes : des hommes qui auraient dû prendre exemple sur le courage du prince de Condé et, j'ose ajouter, sur le mien, éprouvaient des terreurs qui produisaient le plus mauvais effet. Le prince ne me le cacha pas ; il me dit aussi que notre position devenait chaque jour plus difficile ; que plus tard je pourrais tomber dans quelque guet-apens, et il conclut par me supplier d'abandonner entièrement l'armée.

Un tel compliment me surprit : je l'avouai franchement au prince ; il me répondit de manière à me désoler, et me conseilla de renvoyer du moins ceux dont les frayeurs déconsidéraient ma personne : c'était me mettre dans un grand embarras. Sur ces entrefaites, le baron de Sumérand me fit demander une audience que je lui accordai. C'était pour me dire que, l'armée étant contrainte à reculer, les motifs qui m'avaient fait persister à m'y maintenir cessaient d'exister : il termina par où il aurait dû commencer, en me communiquant l'injonction de mon départ exigé par l'empereur.

Que pouvais-je faire? fallait-il ajouter au malheur des émigrés en les appelant pour protéger ma résistance? D'un autre côté, ma retraite m'exposait à être accusé de manquer de courage ; ce soupçon était affreux, mais mon devoir me prescrivait un grand sacrifice, et je résolus de l'ajouter à ceux que je ne cessais de faire à la cause commune, mais je ne l'exécutai pas sans un profond désespoir, sans verser des larmes bien amères.

Je réunis les membres de mon conseil, et leur fis part de ma détermination, ainsi que des causes impérieuses qui la nécessitaient. Je dictai ensuite au comte de La Chapelle la lettre suivante, afin que, mise à l'ordre du jour, elle tînt lieu des adieux que je ne me sentais pas la force de faire à mes braves compagnons d'infortune.

Par ordre exprès du Roi.

« Lorsque je suis venu avec tant d'empressement
« me réunir à vous dans l'espoir de délivrer mes

« malheureux sujets du joug qui les opprime, j'é-
« tais loin de prévoir la séparation déchirante qui
« suivrait cet heureux moment. Des motifs impé-
« rieux l'exigent aujourd'hui ; mais j'ai besoin de
« toute la force de mon ame pour m'y déterminer.

« Si quelque chose peut adoucir le sentiment
« douloureux que je ne cesserai d'éprouver jusqu'à
« ce que je rejoigne mes braves compagnons d'ar-
« mes, c'est de les laisser entre les mains d'un
« prince de mon sang, dont le courage, la con-
« stance et le dévouement lui ont acquis le droit de
« me représenter.

« *Signé* Louis. »

J'aurais voulu tenir un autre langage, celui de la vérité, à ces fidèles émigrés. J'aurais voulu leur faire connaître la violence qui me contraignait à me séparer d'eux, mais la prudence me le défendait.

Je ne pus me décider à m'éloigner pendant le jour; il me semblait que chacun des regards de ces dignes soldats eût été pour moi un reproche. Je partis donc le 17 juillet, à onze heures du soir, accompagné de d'Avaray et des ducs de Grammont et de Fleury. Je pris la route d'Augsbourg, où j'avais donné rendez-vous au reste de ma suite. Je voulus que mon équipage de campagne restât à l'armée comme une preuve que mon intention n'était pas de l'abandonner pour toujours.

J'avais le dessein de me retirer en Saxe, l'électeur mon cousin ayant consenti à m'y recevoir. Je séjournai quelque temps à Dillengen, où arriva l'aventure de mon assassinat. Il m'en coûte de relater moi-même toutes les circonstances de cet évènement : je cesserai du moins de parler de moi à la première personne, en transcrivant le récit que le duc de Villequier adressa, par ordre, au prince de Condé.

« Le roi ayant quitté l'armée à Willengen sur la nouvelle de la retraite de l'armée autrichienne, Sa Majesté se rendit incognito à Dillengen, petite ville située près du Danube, appartenant à l'électeur de Trèves.

« Le 19 juillet au soir, le roi était dans son auberge, où il avait travaillé toute la journée pour envoyer le comte d'Avaray préparer plusieurs choses relatives à son voyage. Celui-ci venait de le quitter, lorsque Sa Majesté, passant dans sa chambre, se mit à la fenêtre avec le duc de Fleury. Il faisait clair de lune, et la tête du roi était en outre éclairée par des lumières placées sur une table. Un quart d'heure s'était à peine écoulé, lorsqu'un coup de carabine part de l'obscurité d'une arcade voisine; la balle atteint le roi au sommet de la tête, frappe le mur et tombe dans la chambre. Au mouvement que fait le roi, le duc de Fleury jette un cri qui attire le duc de Grammont; d'Avaray revient sur ses pas : tous trois crurent leur maître mortellement blessé en le voyant couvert de sang : — *Rassurez-vous, mes amis,* leur dit tranquillement le prince; *ce n'est rien, puisque je suis resté debout quoique le coup soit à la tête.*

« Il ne se trouvait pas là de chirurgien, celui du roi étant encore avec les équipages de l'armée. Cependant, il fallait étancher le sang et couper les cheveux, afin de juger de la profondeur de la blessure : les trois fidèles serviteurs du roi remplacèrent ce cruel office, tandis que Sa Majesté cherchait à calmer leur effroi par ses discours. La plaie était profonde; un chirurgien de la ville s'étant présenté, il posa le premier appareil en attendant celui de Sa Majesté, qui arriva le lendemain, et donna le bulletin suivant, après avoir visité la blessure :

« La balle qui a frappé Sa Majesté a été dirigée
« à la partie supérieure de la tête : le péricrane a
« été légèrement offensé; mais jusqu'à présent il
« n'y a pas de fièvre, et tout fait croire que l'issue
« ne sera point pas fâcheuse.

« *Signé* Colon, chirurgien du roi. »

Ce 20 juillet, 1796.

« Il est impossible de montrer plus de sang-froid que le roi ne l'a fait dans cette occasion, le comte d'Avaray s'étant écrié :—*Ah mon maître! si le misérable avait frappé une ligne plus bas!*

« —*Eh bien!* mon ami, répondit le prince, *le roi de France se nommerait Charles X !*

« La régence de Dillengen et le commandant militaire, se sont parfaitement conduits dans cette circonstance. Il ont donné tous leurs soins au roi, et ont fait faire de nombreuses perquisitions pour découvrir l'assassin. Mais ce misérable s'est évadé sans doute, pour aller recevoir son salaire... »

A la suite de ce rapport, d'Avaray joignant une lettre pour le prince de Condé, j'y ajoutai de ma main les lignes suivantes : « J'ai passé une bonne « nuit : ah ! mon cher cousin, avec quelle joie j'au-« rais reçu cette blessure sur un champ de bataille ! « Adieu, etc. »

Dès que cette nouvelle est connue, la terreur se répand dans la ville ; on dit que je suis blessé à mort, que le prince de Condé va venir me venger en réduisant Dillengen en cendres. La populace se presse en foule autour de l'auberge que j'habite ; ma vie est de nouveau exposée. Mais bientôt cette rumeur est apaisée par les autorités ; on ferme les portes, on arme la bourgeoisie, et on parvient à calmer ces têtes allemandes dont on ne peut concevoir l'exaltation quand une fois elles sont montées.

Tel est le récit exact de ce fait, l'un des plus importans de ma vie. Un cri universel en accusa le Directoire. Cependant *le Directoire n'en était pas coupable.* C'est tout ce que je puis me permettre de dire, même aujourd'hui, des circonstances impérieuses me prescrivant de me taire.

Après un tel éclat, Dillengen n'était pas un lieu où je pusse séjourner plus long-temps. J'en partis après avoir communiqué à tous les souverains l'attentat auquel je venais d'échapper. L'empereur d'Autriche seul ne reçut de moi aucune dépêche; sa conduite à mon égard me dispensait de le mieux traiter. Je quittai donc Dillengen sans trop savoir où je porterais mes pas.

— Sire, qu'allons-nous devenir? me demanda l'ami du cœur.

— Je l'ignore, répliquai-je.

— Irons-nous en Autriche?

— Dieu m'en garde.

— En Prusse donc?

— Ne sais-tu pas que ce royaume est vendu à la France républicaine? On n'a pas encore dissipé l'argent qu'ont coûté les honneurs de la retraite en Champagne. Le roi de Prusse serait fort embarrassé de moi, et ses ministres feraient de moi argent ou marchandise, s'ils en trouvaient l'occasion.

— Que dites-vous de l'Angleterre?

— Ah! mon ami, c'est une île! etc.

Ici me rappelant la fable du renard et du lion de notre inimitable La Fontaine, je déclamai ces vers bien connus:

> . . . . . Dans cet antre
> Je vois bien comment l'on entre,
> Mais ne vois pas comme l'on sort.

— Cependant Votre Majesté ne peut loger sur les grands chemins.

— Allons d'abord à Augsbourg; nous verrons plus tard où la Providence nous poussera.

Nous allâmes donc à Augsbourg, enveloppés dans un triple incognito. J'étais cependant chez un cousin, l'électeur de Trèves, mais fort peu à mon aise ; car lui-même était dominé par la frayeur que lui inspiraient les Français rebelles, et l'Autriche se serait bien passée de ma visite. Ses concessions, ses ménagemens ne lui servirent à rien, et son électorat n'en fut pas moins sécularisé un beau matin. Il cessa d'être souverain, et n'eut pas même la consolation de s'être montré généreux envers le malheur.

Dès que je fus à Augsbourg, les complimens que j'y reçus eurent tous pour objet de décider quel jour j'en partirais. On me recommandait de me cacher avec un soin extrême, et je dis plus que jamais à d'Avaray : — Où donc irons-nous ? La Providence inspira au duc de Brunswick de m'offrir une retraite dans ses états. L'Angleterre me proposa aussi Yever, petite capitale du Yeverland. C'était une propriété souveraine de la maison d'Anhalzerbt, dont sortait l'impératrice de Russie. Cet état, situé sur la rive droite du Veser, près de son embouchure, appartenait à la grande Catherine ; mais, outre son exiguïté et le peu de ressources qu'il présentait, je m'y serais trouvé mal à mon aise, et dépendant de plus d'une puissance étrangère. Je ne voulus donc pas aller si loin ; le duché de Brunswick était plus à ma convenance, et je me décidai à me fixer à Blanckembourg, située à trois lieues de la ville d'Halbersthad. Blanckembourg avait le titre de principauté. C'est un pays montagneux et boisé. La température y est froide, mais le ciel est pur, et il offre en outre toutes les commodités de la vie à un prix peu élevé. Je devais apprécier cet avantage dans la pénurie où mes finances étaient réduites.

— Allons ! va pour Blanckembourg ! m'écriai-je. On voit que le roi de France ne ressemblait pas mal alors à un philosophe péripatétitien !

CHAPITRE X.

Description de Blanckembourg. — Détails sur l'établissement du roi, donnés à Madame Royale. — Logement. — Manière de vivre. — Société. — Madame de Marsan, etc. — Mort du roi de Piémont. — Son successeur. — Ce que la princesse Clothilde mande au roi son frère. — Prévisions sur Buonaparte. — Mort de Catherine II. — Le fantôme dans la salle du trône. — Détails sur les agens de France. — Ordre que leur donne au nom du roi le duc de La Vauguyon. — Quelques personnages parisiens. — Des révolutionnaires veulent se rapprocher du roi. — Talleyrand aussi. — Conspiration Brottier et Lavilheurnois. — Un ex-cordelier, colonel de dragons, trompe un abbé. — Suite des évènemens. — Le 18 fructidor. — Fautes commises.

> La nature marâtre en ces affreux climats
> Ne produit au lieu d'or que du fer, des soldats;
> Son sein tout hérissé n'offre aux désirs de l'homme
> Rien qui puisse tenter l'avarice de Rome.

Jamais ces vers si connus du *Rhadamiste* de Crébillon ne purent être mieux appliqués qu'à la position topographique de Blanckembourg. La ville, peuplée d'environ trois mille habitans, a pour ornement unique un vieux château, situé sur un rocher qu'environne, en partie, la vaste et célèbre forêt de Haartz. Au nord, les terres produisent quelques céréales, mais de médiocre qualité; tout le reste du sol n'est couvert que de bois et de pâturages. On y trouve des mines de fer et de la pierre en quantité. Bref, c'est un pauvre pays; néanmoins, tant que mon cœur battra je conserverai un doux souvenir de l'hospitalité généreuse que j'y ai reçue, et de l'affection respectueuse que m'ont prodiguée ses habitans pendant mon séjour parmi eux. Ils sont de droit les hôtes de la France.

Le duc de Brunswick avait mis le château à ma disposition, mais je ne me sentis nulle envie de l'habiter; son éloignement de la ville, sa situation peu agréable en faisaient un triste séjour; d'ailleurs mes amis, craignant que je n'y fusse pas en sûreté, me conjurèrent de ne point m'y établir; l'attentat de Dillengen était encore trop présent à leur souvenir pour qu'ils ne tremblassent sur moi. Je choisis donc une modeste habitation dans la ville : je vais copier une de mes lettres à Madame Royale, qui renferme une foule de détails *de ménage* qu'on sera peut-être bien aise de connaître.

« Oui, ma chère fille, je suis ici en paix, loin du tumulte qui agite l'Allemagne et l'Italie. Mais mon âme n'en est pas plus calme, elle est seulement résignée. Vous désirez savoir comment je vis, ce que je fais : il m'est facile de vous satisfaire; écoutez bien, vous allez pénétrer dans l'intérieur d'un roi de France.

« Les Blanckembourgeois sont d'excellens Allemands de la vieille roche, intrépides buveurs et de bon appétit; ils semblent disposés à m'aimer ; je leur rends la pareille, si bien que nous nous entendrons à merveille, à moins que le diable ne s'en mêle ; ce que je ne suis pas sans redouter, car il a souvent le nez dans mes affaires.

« J'ai refusé d'aller habiter le château pour complaire à mes fidèles serviteurs, qui craignent toujours pour moi quelque guet-apens. Nous nous sommes donc casés, tant bien que mal, dans la ville. J'habite la maison d'une dame Schneider, brave et digne femme qui m'a cédé la partie supérieure de sa demeure, s'étant réservé le rez-de-chaussée ; elle me fait les honneurs de chez elle de son mieux. On dit que je paie un prix fou, et moi je crois être logé gratis : à tel point ma bourse à été mise en contribution.

« Mon appartement est situé au premier étage ; il se compose de trois pièces, dont la principale, celle du milieu, sert de salle à manger, de salle d'audience et de salon. A droite est ma chambre à coucher, où se trouve place pour un lit de raisonnable dimension, une commode, un secrétaire, une sorte de chaise longue, deux fauteuils. Elle était *bien plus belle* dans le principe ; mais, comme on en a pris le tiers pour me faire la galanterie d'un cabinet au moyen d'une cloison, force a été à ma chambre de se laisser rétrécir. Du côté opposé, et ayant aussi son entrée dans le salon, est l'*appartement* du duc de Grammont, qui, les jours de gala, sert *au développement de ma représentation.* Cette chambre a encore une troisième destination de chaque jour : elle se transforme en chapelle, où j'entends la messe avec d'autant plus de ferveur que j'ai davantage à demander à Dieu.

« Le second étage est partagé entre deux puissances, d'Avaray et le duc de Villequier. Je ne sais où l'on a niché mon service ; il est de fait que pas un de ceux qui le composent ne manque à ses fonctions. Les autres personnes attachées à mes destinées sont éparses dans Blanckembourg, où l'on trouve des chambres, si les palais et les hôtels n'y foisonnent pas.

« Quant aux meubles, ils ont le mérite de l'antiquité ; ici on dédaigne le luxe. Par exemple, les croisées de mon habitation royale n'ont pas de volets; j'espère cependant me procurer avant peu cette magnificence inutile.

« Vos cousins, les ducs d'Angoulême et de Berry, sont avec moi. Je veille à leur éducation, qui est déjà en bon chemin ; ce sont de dignes jeunes gens qui supportent leur infortune avec courage. L'aîné est un ange de piété ; il contraste avec son frère qui est malin comme un démon. Ils habitent une maison voisine de la mienne, mais ils prennent leurs repas avec moi. Leur appétit me charme, je ne leur cède en rien sur ce point, car c'est *une vertu* de famille. Le maréchal de Castries est aussi mon voisin ; il habite Wolfenbutel, et vient souvent me faire sa cour : c'est un excellent homme qui nous est tout dévoué. Je crois devoir vous nommer quelques-uns de ceux qui m'ont suivi à Blanckembourg : MM. de Fleury et de La Vauguyon, les comtes de Cossé et de La Chapelle, les marquis de Jaucourt, etc., etc., et enfin l'aimable et intéressante princesse de Marsan. Elle s'est fait accompagner de la princesse Charles de Rohan. La présence de la tante et de la nièce rompt la solennité de notre cercle, et nous empêche de mettre en oubli les lois de la galanterie française.

« Madame de Balby est également des nôtres. Je crains que ce ne soit pas pour long-temps; l'état de sa santé ne tardera pas à la ramener en France.

« Voici le réglement de l'étiquette de *ma cour*. Je me lève entre six et sept heures; je reste dans *mon appartement privé* jusqu'à dix heures, où l'on m'annonce mon déjeûner. A onze, je vais entendre la messe, et, pendant ce temps, on débarrasse la pièce commune, qu'à mon retour je trouve changée en un salon de réception; on y reste environ un quart d'heure, puis chacun prend sa volée. Nous nous rejoignons à deux heures; c'est le moment fixé pour ma promenade pédestre, quand il fait beau; elle se prolonge jusqu'à quatre heures; puis je me mets à table pour dîner avec quelques personnes de choix. Ce repas terminé, on joue aux échecs, au trictrac. Je regarde ou je cause. Bref, nous atteignons insensiblement huit heures. Chacun se disperse de nouveau, et je reste seul jusqu'à dix heures. Alors la *foule* revient, et je fais un wist avec mesdames de Marsan, de Rohan et de Balby. Il est toujours plus de minuit lorsque je donne le signal de la retraite, et, selon la chanson de Marlborough,

> La cérémonie faite,
> Chacun s'en va coucher.

« Le lendemain, mêmes évènemens, et ainsi la vie se passe à Blanckembourg. Si l'eau ne vous en vient pas à la bouche, il faut que vous soyez bien difficile à satisfaire. »

Blanckembourg, par le fait, était une complète solitude, et me plaisait d'autant plus, que je pouvais en toute liberté m'y livrer à ma mélancolie. Ce fut pour moi un temps de cruelles épreuves. Chaque ouvrier m'apprenait quelque nouvelle désespérante. Les succès du prince Charles en Allemagne se changèrent plus tard en une série de désastres. Le pape fut vaincu, ainsi que l'empereur. Les rois de Piémont, de Sicile et le grand-duc de Toscane passèrent sous un joug aussi dur que celui qui avait été imposé à mon cousin, l'infant duc de Parme. Enfin, de l'intérieur, les renseignemens qui me parvenaient chaque jour n'étaient guère plus consolans. Du côté de la Vendée, le général Hoche, par un mélange de rigueur et d'habileté, acheva d'anéantir tous les mouvemens que l'on tentait encore, et je dus déplorer la perte de tant de Français dévoués à ma cause, qui mouraient sur le champ de bataille et sur l'échafaud. Chaque fois que je m'informais d'un de ces braves défenseurs de l'autel et du trône, on me répondait par cette phrase cruelle : « Il a cessé de vivre. »

La mort, en frappant ces têtes généreuses, n'épargna pas celle des souverains ; deux terminèrent leurs jours dans cette année : le roi de Sardaigne, Victor-Amédée III, succomba le 17 octobre, et Catherine II, impératrice de Russie, le 17 novembre suivant. Le premier expira de douleur : il ne put supporter la perte d'une partie de ses états, la paix honteuse qui l'avait suivie, et l'aspect menaçant de l'avenir. Il laissa à mon beau-frère une couronne chancelante qui bientôt allait être entièrement brisée. Ma sœur, en m'apprenant son avènement au trône, accompagna cette nouvelle de bien tristes réflexions. Elle prévoyait que le Directoire ne souffrirait pas long-temps l'existence du Piémont, et que, avant peu, la réunion aurait lieu au profit de la France, ou pour l'agrandissement de la république, fondée en ce moment par Buonaparte dans toute la haute Italie.

Ma sœur me mandait aussi qu'on répandait le bruit que ce général s'emparerait, avant peu, de la présidence de la république naissante, à laquelle il réunirait le reste de l'Italie. Je lui répondis : « Fasse Dieu que ses prétentions n'aillent pas jusqu'à convoiter la France ! »

Je craignais en effet que ce ne fût la pensée de Buonaparte. Je n'avais pas encore essayé de m'adresser à lui ; un instinct secret m'avertissait de l'inutilité de toute démarche de ce genre.

La mort du roi de Sardaigne était, en résultat, pour moi un évènement ordinaire ; mais il n'en fut pas ainsi de celle de l'impératrice de Russie. Je perdais en elle une amie dévouée, qui dans toutes les circonstances m'avait montré une véritable affection. C'était à sa cour qu'était ma dernière ancre dans le naufrage et toutes mes espérances, bien assuré qu'un appel fait à sa générosité ne serait jamais repoussé. C'était une femme d'un caractère supérieur, qui joignait aux faiblesses de son sexe les qualités des monarques les plus célèbres. Elle possédait un génie vaste et profond, des connaissances fort étendues ; enfin, elle était Française de cœur. La nouvelle de sa mort fut pour moi un coup de foudre. Voici quelques particularités fort extraordinaires qu'on me manda sur ce funeste évènement :

Au milieu de la nuit, les dames qui veillaient à la porte de la chambre à coucher de Sa Majesté l'impératrice virent cette princesse en négligé de nuit, tenant un bougeoir à la main, se diriger vers la salle du trône, dans laquelle elle entra. Les dames, surprises de cet acte inaccoutumé, et plus encore de la longueur du temps qui s'écoulait avant le retour de l'impératrice, commencèrent à concevoir des inquiétudes. Mais leurs craintes se changèrent en un étonnement inexprimable, lorsque la sonnette de la chambre impériale fut agitée tout-à-coup ; et, se rendant à l'appel, elles virent... Catherine qui était couchée et demandait d'un ton de mauvaise humeur quelle était la cause de ce bruit qui troublait son sommeil. Il ne fut pas possible de lui cacher en entier ce qui venait de se passer. Ce qu'on lui en dit ayant vivement piqué sa curiosité, elle insista pour tout apprendre, et on se vit forcé de lui avouer qu'on l'avait vue sortir de sa chambre et entrer dans celle du trône.

L'impératrice, frappée de ce phénomène, se leva et alla, suivie de ses femmes, à ladite salle qu'on ouvrit devant elle.... Nouvelle surprise: une illumination verdâtre en éclairait l'immensité, et sur le trône une autre Catherine était assise... L'impératrice poussa un cri, s'évanouit, et la vision disparut. A partir de ce moment, la santé de Sa Majesté Impériale s'altéra, et, deux jours après, une attaque d'apoplexie foudroyante l'enleva de ce monde. Ce fait surnaturel eut tant de témoins qu'on ne put l'envelopper de mystère, et je fus un des premiers à l'apprendre.

La mort de Catherine changea la face de l'empire russe. Le grand-duc, son fils, lui succéda. Ce prince devait augmenter les regrets que l'on donna à son auguste mère. Je parlerai plus longuement de lui, lorsque la suite de mon récit m'amènera au moment où je fus contraint de chercher un asile dans ses états.

Ce serait ici le lieu de raconter quelques-uns de mes nombreux efforts pour réveiller dans l'intérieur de la France les espérances de mes partisans. Mais je suis forcé d'abréger la mention honorable que j'aurais à faire de certains noms, pour en épargner d'autres sortis moins purs de l'épreuve de la révolution. Je ne puis cependant m'empêcher de rendre justice à la loyauté de Colomiez-Imbert, Brottier, Leclerc, Lavilleheurnois, Duverne, Precy, Georges Cadoudal, dans la Vendée; le comte de Frotté en Normandie; l'abbé de Montesquiou, les marquis de Clermont-Gallerande, du spirituel Richer, Serisy et de La Harpe le littérateur, qui, de philosophe, de frondeur, était devenu dévot et royaliste. Je citerai encore la marquise d'Esparbès, dont le vieil attachement à ma maison ne s'affaiblissait pas; M. Royer-Collard, un de ceux auxquels je dois le plus de reconnaissance, et le comte de Rochecote, que j'opposais à ce Puisaye, véritable Anglais sous un nom français. C'est à ce dernier que le duc de La Vauguyon mandait par mon ordre :

« Il importe, monsieur, que la détermination prise contre M. de Puisaye soit totalement justifiée par la nécessité, et qu'elle n'indispose pas d'une manière nuisible les ministres anglais qui se sont montrés ses partisans. Sa Majesté est disposée à approuver tous les changemens que ses commissaires croiront utiles à l'exécution du plan dont l'enchaînement a été tracé. Le roi pense qu'il devient de jour en jour plus essentiel d'en lier les opérations avec l'agence de l'est et du midi. Les relations déjà formées avec la Franche-Comté et la Bourgogne vont s'étendre avec la Provence et le Languedoc, où des agens travaillent dans le même but. Sa Majesté désirerait aussi que ses commissaires eussent des relations, depuis la Vendée et le Poitou, jusque dans la Guienne et le Languedoc, afin d'envelopper ainsi la circonférence.

« Parmi tous les moyens d'accroître l'influence du parti dont les agens du roi entretiennent les dispositions, il en est trois principaux : écarter efficacement de l'administration les régicides, leurs chefs, et ceux des jacobins; assurer le succès des nouvelles élections, puis gagner le plus grand nombre possible des membres du parti connu aujourd'hui sous la dénominatoin *du ventre*. Les plus récentes notions sur la situation actuelle des deux conseils rendent ce troisième point bien important, et le roi croit devoir ajouter cette nouvelle instruction à toutes les précédentes qu'il confirme, ainsi que celles dont vous trouverez à Londres, entre les mains de M. le duc d'Harcourt, les copies signées et approuvées par Sa Majesté. »

C'était là une partie du grand plan dans lequel j'avais englobé toute la France. D'André, Imbert-Colomiez et le comte de Precy, en avaient au-dehors la principale direction. J'espérais arriver au soulèvement spontané de toutes les parties du royaume. Les prochaines élections devaient amener aux conseils des Anciens et des Cinq-Cents des gens dévoués à ma cause. Pichegru obtiendrait nécessairement une grande influence; je voyais entrer au Directoire M. Barthélemy, qui m'appartenait déjà, ou plutôt n'avait jamais cessé d'être à moi. J'avais été en correspondance avec lui, presque aussitôt qu'on l'avait envoyé en Suisse. Il me communiquait les dépêches du Directoire et les autres nouvelles venues à sa connaissance qui pourraient m'intéresser.

Boissy-d'Anglas savait aussi continuer à me servir sans trahir ce qu'il appelait le gouvernement français. Je recevais, en outre, des propositions de plusieurs meneurs. L'abbé de Montesquiou commit la faute de refuser la coopération de Cambacérès, qui la fit offrir aussi clairement qu'il pouvait le faire dans sa situation ; et moi, j'eus à me reprocher de ne pas comprendre le parti qu'on pourrait tirer de Fouché, qui osa me faire parler de son repentir. J'en eus alors horreur : qui m'aurait dit que plus tard M. de Talleyrand-Périgord, dont on a dit qu'il faisait comme les rats, qui sont les premiers à quitter un bâtiment en ruine, me fît penser, par certaines avancés, qu'il était disposé à m'être agréable ; mais on éleva de telles huées contre lui, le clergé et la noblesse me le peignirent sous des couleurs si noires, que force me fut de le laisser passer dans le camp de Buonaparte. Heureusement, sa rancune, s'il en eut, était déjà bien oubliée avant 1814 ; mais n'anticipons pas sur les évènemens.

Telles étaient les bases principales sur lesquelles je fondais mes nouvelles espérances. Il en était une plus importante, que je tarderai peu à signaler. C'est au milieu de ces rêves qu'on se plaît à nourrir dans le malheur, que j'appris une nouvelle qui me ramena à la triste réalité. Ce fut qu'une des branches de la conspiration avait été découverte par la perfidie d'un ex-cordelier, qui, jetant le froc aux orties au commencement de la révolution, avait endossé l'habit militaire. Une certaine bravoure, assaisonnée d'une forte dose de jacobinisme, avait élevé le citoyen Malo au grade de colonel du 12ᵉ régiment de dragons. Mes agens Brottier, Lavilleheurnois et Duverne de Presle, crurent qu'on gagnerait facilement ce misérable. En effet, des ouvertures lui sont faites; il paraît dans les meilleures dispositions, donne rendez-vous à l'École Militaire, où il logeait, et là, ayant apposté des satellites, fait saisir mes agens d'un seul coup de filet.

Cette prise fit grand bruit, on cria à la contre-révolution; heureusement que l'abbé Leclerc, un de mes dévoués, apprit à l'instant même l'accident arrivé à ses associés. Un autre aurait pris la fuite; mais lui, par une résolution admirable, va droit au dépôt ces papiers, et les brûle jusqu'au dernier; il sauva ainsi une foule d'honnêtes gens qui auraient été compromis, si bien que le Directoire ne put arrêter que les agens déjà connus. Nous fûmes tous dans des transes mortelles jusqu'à ce que nous eussions connaissance de l'habile tour de main de l'abbé Leclerc.

Je ne m'appesantirai pas sur les suites de ce malheur, qui est connu du public. Brottier, Lavilleheurnois, Poly, Duverne de Presle, échappèrent à la peine capitale ; le premier et le dernier à l'aide de révélations qu'ils firent, et Duverne par des moyens non moins indignes.

Ceci hâta le coup d'état que l'on méditait : déjà les élections avaient eu lieu; mes partisans s'étaient montrés en nombre dans les deux conseils. Carnot me servait sans le savoir ; Barras paraissait tout porté à se ranger à son devoir. Je pressais le moment d'agir, mais Pichegru le reculait toujours.

En vain le général Willot, en vain Vaublanc, Lemercier et autres, suppliaient Pichegru de donner quelque chose au hasard ; ils le trouvaient inflexible. Cependant mes amis, impatiens, attaquaient vivement les conseils dans le Directoire ; enfin les choses en venaient à un tel point, que le Directoire crut devoir aussi se mettre en mesure, et repousser ces attaques par la force.

C'est alors qu'eut lieu la funeste journée du 18 fructidor ; on sait le terrible échec que la cause royale y reçut. Barthélemy, Pichegru et tous ceux sur qui je pouvais compter, surpris à l'improviste, sans pouvoir se défendre, payèrent de leur déportation à Cayenne leur imprudence, leurs délais et leur fidélité. J'ai récompensé, en 1815, comme j'ai pu, toutes les victimes de fructidor, quelques-unes en acceptant enfin à découvert leurs bons et loyaux services, toutes par des titres d'honneur. Car, si presque tous les fructidorisés, rentrés en France sous Buonaparte, avaient exercé des fonctions moi absent, c'était de mon consentement.

Cette catastrophe fut provoquée, en grande partie, par la prise des fourgons du général Kinglin, dans lesquels on trouva des papiers qui compromirent Pichegru ; mais ce fut surtout l'arrestation du comte d'Entraigues qui contribua à tout perdre.

Ce guet-apens s'exécuta à la sortie de Venise : les autorités françaises, sans égard pour la légation russe à laquelle mon agent appartenait, s'emparèrent de sa personne et de papiers où était écrite, de sa propre main, une conversation qu'il avait eue avec Montgaillard. Cette conversation roulait entièrement sur la coopération de Pichegru et sur ma rentrée prochaine; Montgaillard avait prévenu à l'avance le Directoire et Buonaparte de tout ce qu'il savait ; il leur livra mes secrets, et c'est lui que je dois accuser d'avoir retardé la restauration de tant d'années.

Je ne m'arrêterai pas sur des faits si connus et qui ne feraient que renouveler de peines bien cruelles à mon cœur. A quoi bon, en effet, retracer des déceptions perpétuelles, de vaines promesses ou des espérances trompées ?

CHAPITRE XI.

Disgrace du duc de La Vauguyon. — Le prince de C... la décide. — Une fille publique et un ministre de la police. — Un traître et un directeur. — Le prince de C... provoque le 18 fructidor. — L'abbé de Montesquiou, d'Avaray, Jaucourt et Flaschellanden accusent le duc de La Vauguyon. — Le roi se résout à congédier ce dernier. — Il lui écrit. — Il charge l'ami d'Avaray de lui signifier ses intentions. — Détails. — Le duc de La Vauguyon se retire à Hambourg. — Sa justification qui ne justifie rien. — Le roi appelle à sa place le maréchal de Castries et le comte de Saint-Priest. — Il s'unit plus intimement avec la Russie. — Formes obligeantes de Paul I. — Le roi adresse aux Français une nouvelle proclamation.

C'est ici que je dois raconter la disgrace dans laquelle fut enveloppé le duc de La Vanguyon ; et cela, je puis dire, par sa faute, car j'avais en lui pleine confiance. Je voulais bien l'employer dans mes affaires, mais non lui accorder l'entière direction ; tandis qu'il prétendait tout conduire à lui seul, et même malgré moi. Je l'avais également prévenu de la perfidie du prince de C..., en lui défendant d'une manière formelle de lui rien dire de ce qui me concernait, et encore moins de le charger d'aucune mission en mon nom. Certes, ce droit m'était bien acquis ; les folies et les turpitudes du prince de C... remplissaient l'Europe; il nous revenait de toutes parts qu'il avait proposé à divers cabinets de leur vendre les secrets du mien, et cependant le duc de La Vauguyon s'obstinait à ne pas y croire.

J'appris avec un vrai chagrin que, malgré mes recommandations, il continuait à charger le prince de C... d'une foule de détails dont il pouvait abuser contre moi. Un autre à ma place se serait fâché ; je n'en fis rien, et me contentai de prévenir le duc de La Vauguyon que je me réservais dorénavant la correspondance particulière avec l'abbé de Montesquiou ; ce qui était le prier de ne plus s'en mêler. J'écrivis à l'abbé dans ces mêmes termes, et lui disais que le duc de La Vauguyon ne serait plus notre intermédiaire. Je pensais que cette injonction suffirait... Grande fut donc ma surprise lorsque, quelque temps après, M. de Montesquiou me fait savoir que le duc de La Vauguyon persiste à lui écrire, et veut le forcer à lui envoyer, en secret, le double de sa correspondance avec moi. Ceci devenait trop fort ; j'aurais dû retirer ma confiance à qui prétendait en quelque sorte la conserver par ruse et violence, mais mon amitié pour le coupable me fit encore fermer les yeux.

Mes rapports avec le comte d'Entraigues étaient directs ; chaque fois qu'il y avait sur la seconde enveloppe de ses dépêches, *pour le roi seul*, le duc de La Vauguyon le savait, et néanmoins il se permit en plusieurs circonstances de décacheter les paquets réservés. Je m'en plaignis vivement, et lui intimai l'ordre de ne pas recommencer. Il s'y engagea, et j'eus encore la douleur de le voir retomber dans une faute semblable. Même mansuétude de ma part, et j'ose dire qu'elle ne pouvait aller plus loin.

Le duc de La Vauguyon avait en outre l'habitude d'*égarer* celle des lettres que je lui faisais écrire dont le contenu ne lui convenait pas. Je m'en aperçus, et l'en réprimandai sévèrement. Il me promit de ne plus rien *égarer* à l'avenir, et, selon sa coutume, continua comme par le passé. J'allais encore pardonner, lorsque arriva l'affaire de l'abbé Brottier, que suivit plus tard le 18 fructidor, où le prince de C... joua un rôle si infâme !

Ce misérable abusant de la facilité du duc de La Vauguyon, lui avait soutiré tout le secret de la négociation avec Pichegru et la plupart de mes autres agens. Aussitôt il part pour Paris, muni de ces documens funestes ; son nom, sa position sociale, lui donnent l'entrée des assemblées royalistes. On ne se méfie pas de lui ; il apprend que, du 20 au 22 fructidor, les conseils agiront pour la contre-révolution, en attaquant le Directoire. Il se demande quel avantage il peut tirer de cette circonstance, et se décide à sacrifier les royalistes à la jacobinerie, espérant se faire payer de cette trahison.

Il y avait à cette époque, au ministère de la police, le sieur Sotin, grand amateur du beau sexe.. Le prince de C... était alors en relation très-intime avec la jolie Duvoisin, beauté fort en vogue, laquelle avait aussi des rapports avec Sotin. Le prince, qui savait cette particularité, ne s'en formalisait nullement; il imagina même de se servir de la belle pécheresse pour arriver à ses fins. Il commença par dire plusieurs fois en sa présence qu'il possédait des documens que la police ne marchanderait pas s'ils étaient à vendre. La Duvoisin, de son côté, crut qu'il lui reviendrait quelque chose de cette affaire, si elle en parlait à Sotin. En conséquence elle s'empressa d'aller le trouver, et de lui répéter les paroles du prince de C... Sotin manifesta le désir de voir ce dernier : la demoiselle les réunit ensemble chez elle à souper; le prince, à l'aspect du ministre, se doute de ce dont il s'agit. Les deux parties finissent par s'étendre ; le prince, interrogé, avoue qu'en effet il peut procurer des éclaircissemens d'une telle importance que le salut de la république en dépend. Néanmoins il ajoute ne pouvoir les confier qu'à Barras. Sotin alors va trouver le directeur, l'instruit de ce qui se passe, et lui remet une lettre du traître, dans laquelle il demande un rendez-vous chez lui ou au Luxembourg. Le rendez-vous a lieu, et le prince livre la conspiration argent comptant. C'était lui encore qui avant ce moment avait aidé le Directoire à lire couramment dans mes négociations, et lui avait dévoilé en partie, de concert avec Malo et Duverne de Presle, tout ce qu'il savait des manœuvres de mes agens.

Heureusement que de pareils actes ne restent

pas toujours enveloppés de mystère. On sut ce que le prince avait dit, et quelles pièces il avait livrées. Le duc de La Vauguyon en fut gravement compromis, car il ne pouvait nier d'avoir, malgré ma défense expresse, conservé sa confiance à un homme qui en était si peu digne. L'abbé de Montesquiou dressa un procès-verbal de toute cette affaire, et l'envoya en triple à MM. d'Avaray, Jaucourt et de Castries. Ces trois fidèles se le communiquèrent, et puis décidèrent de me demander conseil. Ils profitèrent de cette occasion pour me parler de la légèreté avec laquelle le duc avait conduit les affaires de l'intérieur, et terminèrent en me déclarant qu'ils étaient convaincus que la catastrophe du 18 fructidor provenait uniquement des imprudences de M. de La Vauguyon.

Je ne fus que trop disposé à admettre leur accusation, d'autant mieux que dans ce moment j'étais fort courroucé contre le duc. Je me décidai donc à congédier mon ancien ami, le compagnon de ma jeunesse, bien que je ne pusse douter de son dévouement ; mais sa faute était trop grave pour en mériter le pardon. Néanmoins, comment faire connaître mes intentions? Je ne pouvais l'accabler moi-même, je craignais d'ailleurs de me laisser toucher par ses prières ; enfin, après avoir réfléchi, je fis venir le maréchal de Castries, et lui enjoignis de me remplacer auprès du duc, en y mettant toutefois tous les ménagemens possibles.

Je voulus encore ôter tout espoir au duc de

rentrer en grâce ; en conséquence je lui écrivis la lettre suivante :

« Mon cher duc,

« Le moment de nous séparer est venu. Dieu
« m'est témoin que j'ai tout mis en œuvre pour
« l'éloigner. Il y a long-temps que je me plains de
« vos actes, que je vous conjure de changer de
« conduite ; mais vous n'avez tenu compte d'aucune
« de mes instances. C'est donc vous seul que vous
« devez accuser aujourd'hui de ce qui me rend si
« malheureux.

« Je vous avais défendu de ne plus correspondre
« avec l'abbé de Montesquiou, je vous l'avais or-
« donné même, et néanmoins vous l'avez prié de
« vous envoyer exactement le double de ses dé-
« pêches.

Premier grief.

« Vous avez décacheté les lettres du comte d'En-
« traigues, qui m'étaient directement adressées,
« et pris, par suite, des mesures contraires à ma
« volonté.

Deuxième grief.

« Vous vous êtes permis d'égarer les ordres que
« je vous enjoignais de transmettre à mes agens,
« lorsqu'ils contrariaient votre manière de voir.

Troisième grief.

« Enfin, mon cher duc, ce tort surpasse tous

« les autres : vous avez écouté plutôt votre ten-
« dresse que votre devoir envers le prince de C...
« et il a indignement abusé de votre confiance. C'est
« lui qui a dévoilé nos projets au Directoire. Il lui
« a livré les pièces qu'il tient de vous seul, de
« vous, qui, malgré mes avertissemens et mes or-
« dres, avez persisté à l'employer. Votre irréflexion
« et votre entêtement sont un crime envers la cause
« sacrée de ma famille. Remarquez bien que je ne
« vous fais pas d'autre reproche, que je respecte
« vos intentions. Je connais votre attachement à
« ma personne, je vous sais incapable de me tra-
« hir ; mais en employant des traîtres et en agissant
« contre ma volonté, vous vous êtes rendu coupa-
« ble d'une faute irrémissible.

« Cette faute bien signalée ne me laisse plus l'es-
« poir de vous voir changer de conduite, et je
« dois, par suite, vous retirer la direction de mes
« affaires. Je m'y décide avec regret ; néanmoins
« ma détermination sur ce point est irrévocable.
« Vous devez donc vous soumettre sans murmure ;
« mon amitié vous reste, et je me plais à croire que
« vous y trouverez une compensation à votre dis-
« grâce.

« Le maréchal de Castries, auquel vous remet-
« trez votre portefeuille, vous donnera les éclair-
« cissemens qui vous seront nécessaires pour vous
« convaincre que ma conduite n'est pas l'effet d'un
« simple caprice, et que l'urgence seule me décide
« à vous éloigner de moi. Épargnez-moi la douleur

« de vous voir avant votre départ; il me serait
« trop pénible de vous refuser ce que mon cœur
« est si disposé à vous accorder. Adieu... etc. »

Le duc de La Vauguyon avait passé la soirée
avec moi. Je ne l'avais jamais vu aussi gai. Il se
retira de bonne heure ; le maréchal le suivit dans
sa chambre à coucher, et voulant adoucir le mes-
sage dont je l'avais chargé, il lui remit ma lettre.

— Je vois, dit le duc, après l'avoir lue, qu'il
m'est inutile de chercher à changer la résolution
de Sa Majesté; les apparences déposent contre
moi, je l'avoue. Je cède donc à ma mauvaise fortune ; ma justification sera dans mon obéissance.

Cela dit, il rassembla les papiers qui me concer-
naient, les remit au maréchal de Castries, et s'en
fit donner un reçu ; puis il s'occupa de son départ.
Le maréchal le prévint alors qu'une voiture l'attendait pour le conduire à Wolfenbutel. Il y monta
aussitôt, et se rendit directement à Hambourg. Au
bout de quelques jours, je reçus de lui la lettre
suivante :

« Sire,

« J'ai encouru justement la disgrace de Votre
« Majesté, et néanmoins je pouvais avoir droit à
« son indulgence. Mes services, ceux de mes pères,
« mon dévouement sans bornes, étaient, j'ose m'en
« flatter, des titres assez grands de ma fidélité. Ce-
« pendant des circonstances malheureuses, sans
« vous donner le droit d'en douter, m'ont rendu

« coupable; mon excessive confiance en un homme
« qui m'a indignement trompé m'a fait commettre
« une faute impardonnable. Je ne me plaindrai
« donc point de la punition qui m'est imposée, et
« ne chercherai point à me justifier.

« Quant aux autres griefs que vous me repro-
« chez, voici ma réponse :

« Une lettre qui ne m'était pas adressée (celle
« du comte d'Entraigues) s'est trouvée mêlée avec
« les miennes. Je l'ai décachetée par mégarde,
« pensant ensuite que Votre Majesté avait fait con-
« sulter l'auteur de cette lettre relativement à un
« point sur lequel je prenais la liberté de différer
« d'opinion avec Votre Majesté; j'ai cherché à m'as-
« surer si ses idées étaient conformes aux mien-
« nes. C'est un tort, je l'avoue; mais je me suis
« laissé entraîner par le désir de faire prévaloir
« auprès de vous un sentiment que je croyais utile
« à la cause que je sers.

« La lettre que Votre Majesté m'a remise pour
« M. le comte de Saint-Priest lui a été envoyée,
« et Votre Majesté en acquerra la preuve, ainsi que
« je le lui ai assuré.

« Quant à celle que j'ai écrite à une autre per-
« sonne (l'abbé de Montesquiou) pour lui, je ne
« puis douter de l'entière confiance que lui accorde
« Votre Majesté. Elle m'arrêta sur un des articles,
« lorsque je lui lus le projet, et me dit qu'il était
« inutile que j'entrasse dans ces détails, se réser-
« vant, à l'avenir, d'écrire exclusivement à Votre

« Majesté. J'ai, à la vérité, fait partir ma réponse
« telle quelle ; mais j'étais bien déterminé à bor-
« ner ma correspondance ultérieure ainsi qu'il me
« l'était prescrit.

« Ce sont là, Sire, toutes mes fautes ; elles pren-
« nent leur source dans un trop grand amour du
« service de Votre Majesté, et mon cœur saigne de
« ce que vous avez pu les juger aussi sévèrement.
« J'ai néanmoins obéi à vos ordres, je suis parti
« sans me jeter à vos pieds pour y déposer les as-
« surances de ma fidélité inébranlable, de mon
« attachement sans bornes. Quoique loin de vous,
« je me console de ma disgrace, satisfait de vous
« avoir donné cette nouvelle preuve de ma soumis-
« sion.

« Je suis, Sire, de Votre Majesté... »

Je répondis au duc de manière à lui faire toucher au doigt toute la perfidie du prince de C...
lorsqu'arriva le 18 fructidor. J'ai par anticipation
raconté la part que l'héritier d'un beau nom prit à
cette journée désastreuse ; il y avait déjà plus de
deux ans qu'il me compromettait dans les quatre
coins de l'Europe.

La disgrace du duc de La Vauguyon me fit rappeler de Vienne le comte de Saint-Priest, pour
l'investir de la direction principale de mes affaires,
de concert avec le maréchal duc de Castries. Je
devais cette faveur à Saint-Priest, qui m'avait servi
avec tant de dévouement depuis son arrivée à

Vienne. Je savais d'ailleurs qu'il faisait pencher mon cabinet vers une alliance plus intime avec la Russie. C'était, au demeurant, le meilleur parti que j'eusse à prendre. On pouvait croire que l'ascendant du général Buonaparte, et le présent qu'il faisait à l'Autriche de la république de Venise, alors menacée dans son existence, décideraient l'empereur à la paix avec la république française. Or, cette paix conclue, je n'avais plus rien à espérer des souverains de l'Europe, et mes seules ressources me viendraient de la Russie. J'étais donc disposé à accepter le plan que me proposa en effet le comte de Saint-Priest. Il noua dès son arrivée une correspondance étroite avec Saint-Pétersbourg, et inspira un si vif désir à l'empereur Paul de le mieux connaître en le voyant de près, que je dus me prêter à cette fantaisie. Je donnai donc mission à mon principal ministre d'aller en Russie traiter les intérêts importans que j'y avais. Cette mesure réussit au-delà de ce que j'en attendais.

M. de Saint-Priest plut à l'empereur, qui, extrême dans ses affections comme dans ses haines, le combla de dons et de marques de bienveillance; il en obtint tout ce que je voulais pour moi et les Français fidèles.

Paul Ier n'avait pas attendu ce moment pour me faire connaître que je ne perdrais rien à la mort de sa mère. Il m'apprit son avènement par une lettre écrite de sa propre main, que me remit son envoyé M. de Simmolin. J'avais connu celui-ci en

France, avant la révolution. Il était à cette époque ministre de Russie à la cour du roi mon frère. Je remarquai avec plaisir, dans la lettre autographe de l'empereur et dans le protocole de la chancellerie, les mêmes marques de considération employées jusqu'alors par la Russie envers mes prédécesseurs. J'y fus d'autant plus sensible que la conduite des autres souverains de l'Europe, depuis les malheurs de ma maison, ne m'y avait pas accoutumé.

Je crus devoir, cette année, adresser de nouveau à mes sujets une de ces proclamations solennelles que je composais de temps en temps, et que mon cœur dictait à ma politique.

« Mon ame est pénétrée d'une douleur profonde,
« toutes les fois que je vois les Français gémir dans
« les fers, pour prix de leur dévouement à la cause
« de la France. Mais suffira-t-il à vos tyrans de
« s'être procuré de nouvelles victimes dans cette
« conspiration qu'ils leur imputent dans ces pa-
« piers qu'on publie avec tant d'éclat? Ne cherche-
« ront-ils pas des prétextes pour calomnier nos in-
« tentions? n'est-il pas à craindre, enfin, que, se
« permettant de frauduleuses insinuations, ils ne
« s'efforcent de nous peindre à vos yeux sous des
« couleurs mensongères?

« C'est un devoir pour nous, de vous prévenir
« contre une perfidie que l'expérience nous auto-
« rise à redouter; c'est un besoin pour notre cœur
« de vous manifester les sentimens qui le remplis-

« sent. Les tyrans s'enveloppent de mystère, mais
« un père ne craint pas les regards de ses enfans.
« Les sujets fidèles que nous avons chargés de vous
« éclairer sur vos véritables intérêts, retrouveront
« dans cet écrit les instructions qu'ils ont reçues.
« Tous les Français, enfin, qui, partageant notre
« amour pour la patrie, voudront concourir à la
« sauver, s'y instruiront des règles qu'ils doivent
« suivre, et la France entière, connaissant les
« moyens qu'ils mettront en œuvre, jugera elle-
« même du bien qu'elle doit en espérer.

« Nous avons dit à nos agens : Rappelez notre
« peuple à la sainte religion de nos pères, et au
« gouvernement paternel qui fit si long-temps la
« gloire et le bonheur de la France. Expliquez-lui
« la constitution de l'état, qui n'a été calomniée
« que parce qu'elle est méconnue ; montrez-lui
« qu'elle est aussi opposée à l'anarchie qu'au des-
« potisme, fléaux qui pèsent tour à tour sur la
« France, depuis qu'elle n'a plus son roi ; consultez
« des hommes éclairés sur les nouvelles améliora-
« tions dont elle peut être susceptible ; affirmez que
« nous prendrons les mesures les plus efficaces pour
« la préserver des attaques de l'autorité ; garantissez
« de nouveau l'oubli des erreurs, des torts et même
« des crimes ; étouffez dans tous les cœurs jusqu'au
« moindre désir de vengeance particulière, que
« nous sommes résolus de réprimer sévèrement ;
« transmettez-nous le vœu public sur les réglemens
« propres à corriger les abus dont la réforme sera

« l'objet constant de notre sollicitude ; donnez tous
« vos soins à prévenir ce régime de sang, qui nous
« a coûté tant de larmes, et dont nos malheureux
« sujets sont encore menacés ; désignez les choix
« qui vont se faire, sur des gens de bien, amis de
« l'ordre et de la paix, et capables de ramener,
« par leurs généreux efforts, le bonheur parmi les
« Français ; assurez des récompenses proportion-
« nées à leurs services aux militaires de tous grades,
« aux membres de toutes les administrations, qui
« coopéreront au rétablissement de la religion, des
« lois et de l'autorité légitime ; mais gardez-vous
« d'employer, pour les rétablir, les moyens atroces
« dont on s'est servi pour les renverser ; attendez
« de l'opinion un succès qu'elle seule peut rendre
« solide et durable ; ou, s'il fallait recourir à la
« force des armes, ne vous servez du moins de
« cette cruelle ressource qu'à la dernière extré-
« mité.

« Français ! tous les écrits que vous trouverez
« conformes à ces sentimens, nous nous ferons
« gloire de les avouer. Si on vous en présentait qui
« n'offrissent pas les mêmes caractères, rejetez les
« comme des œuvres de mensonge ; ils ne seraient
« pas selon notre cœur. »

CHAPITRE XII.

Caractères opposés des ducs d'Angoulême et de Berry. — Le premier fait une chute de cheval. — On craint pour la sûreté du roi ses promenades au Ty. — Sa réponse. — Nouvelle tentative d'assassinat sur sa personne. — Mort du baron de Flaschellanden. — Chute de Venise. — Paix de Campo-Formio. — Préliminaires rompus entre la France et l'Angleterre. — Buonaparte à Rastadt. — Le roi veut traiter avec lui. — Qui il lui envoie. — Propos de Marmont. — Assassinat de Duphot. — Le roi appelle près de lui l'abbé de Firmont. — Sa lettre à ce digne prêtre. — Récit qu'il fait au roi des derniers momens de Louis XVI. — Réflexions.

Je ne trouvai pas à Blanckembourg tout le repos que je m'y promettais; plusieurs malheurs successifs vinrent me frapper jusque dans cette retraite. J'avais alors près de moi le duc de Berry, qui retournait à l'armée du prince de Condé. Il savait agréablement me distraire par sa gaieté franche et communicative. Son frère vint le rejoindre; c'étaient deux caractères aussi opposés que celui du comte d'Artois et de Louis XVI. Autant le premier avait de vivacité et de pétulance, autant le second est doux, patient et soumis. L'un adorait toutes les femmes sans pouvoir se fixer à aucune, et j'ai tout lieu de croire que l'autre s'est toujours contenté sagement de la sienne. Le duc de Berry s'était fait entendre dès son entrée dans la ville ; le duc d'Angoulême était déjà dans mon salon sans que rien eût annoncé sa présence. Cependant le duc de Berry, avec ses formes un peu soldatesques, n'avait pas gagné l'affection de l'armée, tandis que son frère en acquérait chaque jour l'amour et l'estime. En 1815, il commanda les troupes avec gloire sinon avec bonheur ; et à cette même époque je n'osai mettre le duc de Berry en avant parce qu'il s'était aliéné, par pure maladresse, l'armée française encore impériale.

Quelques années de plus commençaient à modifier la rudesse, bien exagérée d'ailleurs, de ce jeune prince, qui nous a été enlevé par un atroce assassinat. La nation n'a pu connaître qu'imparfaitement ce qu'il valait. Mais j'empiète sur l'avenir.

Mes deux neveux étaient donc près de moi ; je cherchais à leur alléger l'ennui de ma solitude en leur procurant les seuls plaisirs qu'elle offrait. Le duc de Berry savait en trouver certains dont je ne me mêlais pas ; le duc d'Angoulême préférait l'exercice de la chasse, et il poursuivait à son aise le gibier dont la forêt de Haartz est suffisamment pourvue. Un jour, le 17 septembre, tandis que je travaillais dans mon cabinet en attendant le moment d'aller faire ma promenade habituelle au Ty, j'entends dans la pièce voisine les ducs de Villequier et d'Avaray pousser des exclamations de douleur. Voulant les surprendre avant qu'ils eussent le temps de concerter leur réponse, j'ouvre brusquement la porte et demande ce dont il s'agit.

L'abbé Marie, précepteur, gouverneur *omnihomo* du duc d'Angoulême, était avec eux : c'était une honnête créature royaliste au point de ne pouvoir comprendre qu'on ne le fût pas, et faisant de ses principes politiques une seconde religion. Je le vois pâle et défait, les yeux remplis de larmes; aussitôt l'inquiétude me saisit, et je m'informe en tremblant s'il est arrivé quelque chose de fâcheux au duc d'Angoulême; le pauvre homme se jette à mes pieds en implorant sa grace comme s'il était coupable, et à travers mille sanglots il m'apprend que le cheval de mon neveu vient de s'abattre sous lui, et que le prince s'est cassé la clavicule dans cette chute. Déjà Colon, mon digne et habile chirurgien, était à ses côtés. Je me hâte de passer dans son appartement, et bientôt je suis rassuré. Colon raccommode parfaitement le bras du duc d'Angoulême, qui en fut quitte pour garder quelque temps le lit.

Il n'y eut pas ce jour-là promenade au Ty. C'était un lieu fort agréable, mais néanmoins peu aimé de mes fidèles, qui craignaient que mes ennemis ne cherchassent à m'y tendre des piéges. Ne pouvant m'empêcher d'y aller, ils m'entouraient de surveillans. Je savais gré à ces bons serviteurs, qui me gardaient ainsi à vue comme si j'eusse été une jeune fille.

Ces alarmes prenaient leur source d'abord dans le souvenir de l'attentat de Dillingen, auquel avait succédé une tentative toute nouvelle. Le duc de Brunswick fut instruit que plusieurs misérables réunis à Hambourg complotaient de se défaire de ma personne ; un homme à lui, dont le neveu était au nombre des assassins, découvrit la trame. Ce neveu, pressé par les remords, ayant rencontré son oncle par hasard, lui avoua le crime auquel il devait prendre part. M. Romwof ne perd pas de temps, il part en poste et va à Brunswick, raconter toute l'affaire au duc. Ce prince, à cette nouvelle, éprouva autant de douleur que d'indignation ; il se hâta, de concert avec la régence de Hambourg et les souverains voisins, de prendre des mesures contre les projets des assassins qui les forcent à se tenir tranquilles. On rejeta encore ce complot sur le Directoire, et en vérité je ne l'en crois pas plus coupable que de celui de Dillingen.

A peu près en ce temps-là, je fis une perte réelle : la mort m'enleva le baron de Flaschellanden, mon ministre de la guerre ; jamais je n'avais eu à ma suite cœur plus dévoué, esprit plus monarchique et plus délié sous une enveloppe un peu épaisse, il est vrai. Je pouvais me confier à lui comme à moi-même ; c'était un digne Alsacien, gentilhomme des pieds à la tête, ayant les mésalliances tellement en horreur, que parfois nous le surprenions à soupirer encore de ce que Marie de Médicis était entrée dans le lit nuptial de Henri IV; mais, à part cette manie conservatrice, il n'y avait que des éloges à faire sur son compte. Il était décédé avant l'accident survenu au duc d'Angoulême. Je le perdis les premiers jours de juillet, à Brunswick, où l'état de sa santé avait exigé qu'on le transférât. Il expira dans les meilleurs sentimens de piété, et depuis notre exil il s'était souvent employé à ramener les incrédules dans la bonne voie. Je me rappelle que, dans une circonstance où il cherchait à faire rentrer au bercail une brebis égarée, s'étant trouvé battu par des sophismes dont il n'apercevait pas d'abord l'insuffisance, il répliqua d'un ton de triomphe :

— Soit, je veux bien admettre que la religion ait des mystères qui, inaccessibles à l'intelligence humaine, peuvent paraître bizarres à certaines gens; mais il n'en est pas moins vrai que vous devez vous faire gloire de croire en Jésus-Christ; car, comme homme, il appartient à la plus ancienne maison de l'univers. Ce n'est pas un bourgeois comme Numa, mais un excellent gentilhomme qui aurait été reçu sans difficulté dans tous les chapitres d'Allemagne, et cela seul décide victorieusement en sa faveur.

Je donnai de vifs regrets à la perte du baron de Flaschellanden, d'autant qu'elle coïncida presque avec la nécessité où je me trouvai de renoncer aux services de l'excellent La Vauguyon. Je mandai au comte de La Chapelle, alors à Londres, auprès de Monsieur, de venir me rejoindre, et, dès son arrivée, je l'investis des fonctions de M. Flaschellanden, sans enlever au maréchal duc de Castries la direction suprême de cette partie de mon cabinet.

L'année vit se dérouler de grands évènemens. La république de Venise recueillit le fruit de sa pusillanimité ; elle fut rayée sans retour du rang des nations, par un trait de plume du vainqueur. C'est ainsi que finit le gouvernement le plus ancien de l'Europe. Je vis sa chute avec peine, malgré sa conduite à mon égard, en pensant à l'avantage qu'en retirerait l'Autriche. J'aurais voulu que la politique française n'eût pas à se reprocher une telle faute, dont la conséquence inévitable serait, dans le cas de revers possibles en Italie, de laisser au pouvoir de cette puissance tout le nord de la péninsule ; ce qui la dédommagérait amplement de la cession des Pays-Bas, provinces toujours à notre portée.

Cependant je fus un peu consolé de la paix de Campo-Formio, décidée par Buonaparte par la nouvelle rupture des négociations avec l'Angleterre que lord Malmersbury traitait une seconde fois, non plus à Paris, mais à Bruxelles ; les envoyés du Directoire, Maret, Trelhiard et Bornier d'Alco, ne désiraient pas plus la paix que le cabinet de Londres. On prétendait des deux côtés s'en imposer, et, graces à Dieu, les plénipotentiaires ne s'entendirent point, et la guerre continua.

La paix avec l'Autriche fut suivie d'une nouvelle alliance entre la France républicaine et la Sardaigne. Je ne sais pourquoi le Directoire ne se donna pas le plaisir d'écraser d'un seul coup le roi de Piémont, mon beau-frère, et pourquoi sa politique différa de confisquer ses états. Buonaparte vint au congrès de Rastadt, muni des pleins pouvoirs de ses commettans, mais il y resta peu.

Lorsque je vis le général vainqueur si près de moi, il me prit fantaisie de le faire sonder par une personne habile. J'avais à mon service un Français, homme d'esprit et de sens, qui habitait la Prusse sous un nom supposé, et passait pour un véritable enfant de la Teutonie, grâces à son habitude de la langue allemande; il était en correspondance avec moi, me contait une foule d'histoires, et réfutait tout rapport non authentique. J'avais, avec raison, toute confiance en sa sincérité.

M. de Haral, gentilhomme, né à Paris, joignait à des connaissances variées la souplesse gasconne, la finesse normande et l'apparente franchise de Picard. J'avais eu l'occasion de l'apprécier dès 1789, et depuis cette époque il me servait en secret. Je crus ne pouvoir choisir un meilleur émissaire pour l'envoyer à Rastadt, auprès du jeune vainqueur de l'Italie. Il partit muni des instructions, et je ne tardai pas à entendre parler de lui. Voici la lettre qu'il m'écrivit sur sa négociation avec Buonaparte.

« Sire,

« Je suis arrivé à Rastadt, où j'ai eu d'abord
« peine à trouver un logement : à tel point cette
« ville est pleine d'étrangers. On ne peut faire
« vingt pas sans rencontrer un prince souverain ou
« un comte de l'empire. Tous les grands de l'Al-
« lemagne, séculiers ou ecclésiastiques, se sont
« donné rendez-vous ici : leur sort va y être dé-
« cidé ; je ne sais si l'affaire se terminera à leur
« avantage. Les plus belliqueux sont ceux qui ont
« le plus à craindre ; les autres se montrent assez
« pacifiques, et voudraient s'accommoder à tout
« prix.

« Les plénipotentiaires français tiennent le haut
« bout ; ils veulent parler la langue de Buonaparte,
« mais elle semble ridicule dans leur bouche ; leur
« personne est à l'avenant : ils offrent la morgue
« des parvenus et l'orgueil féroce des républicains ;
« on ne sait par quel côté les prendre, ce sont de
« vrais fagots d'épines. Trelhiard est le plus impor-
« tant de la bande ; il a toute la mine d'un procu-
« reur endimanché, cependant il n'est pas sans
« mérite, et je le préfère à ses collègues.

« Quant à Buonaparte, c'est un de ces hommes
« qui vous éblouissent d'un regard. Quand il
« marche, on croit sentir le sol trembler ; quand
« il parle, il y a je ne sais quel accent de com-
« mandement dans sa voix. On cherche à sur-
« prendre son coup d'œil, ses gestes, sa pensée ;

« on se presse sur ses pas, on l'entoure, on l'en-
« veloppe. Il a pour cortége des princes ; j'ai vu
« des électeurs dans son antichambre, et cepen-
« dant ces honneurs glissent sur son ame de
« bronze et le trouvent impassible. Il est simple,
« grave, impénétrable; personne ne peut le de-
« viner.

« J'ai eu beaucoup de peine à arriver jusqu'à
« lui, et il est probable que je n'y serais pas par-
« venu, si le hasard ne m'eût fait loger sous le
« même toit qu'un de ses aides-de-camp, le citoyen
« Marmont. Celui-ci a autant d'habileté que de
« courage, autant d'amour pour les dames que de
« mépris pour l'argent. Je lui ai manifesté le vif
« désir d'approcher de son général ; il a eu com-
« passion de moi, pauvre hère, et s'est engagé à
« m'introduire. L'audience, il est vrai, était fixée à
« une heure un peu matinale ; mais, n'importe,
« je l'ai obtenue, et c'est l'essentiel.

« Le général Buonaparte est de petite taille ; il a
« le teint jaune, la bouche bien coupée, les yeux
« grands et pleins de feu, le front large, les
« cheveux sans poudre et tombant en mèches
« plates sur les tempes. J'ai peu vu de mains aussi
« blanches et aussi bien faites que les siennes. Sa
« mise m'a paru simple, mais d'une extrême pro-
« preté, et habituellement il semble mépriser
« cette recherche commune aux hommes de son
« âge et de sa position. Quant à son caractère,
« j'ai cru y découvrir autant de génie que de

« finesse, dans le peu de temps qu'il m'a été permis
« de l'étudier. C'est un Corse dans toute la force
« du terme ; et si la mort ne l'arrête pas en che-
« min., il ira loin... Son aide-de-camp lui avait
« déjà parlé de moi, et dès qu'il me vit, il me dit
« sans préambule :

— « Monsieur, que me voulez-vous ?

— « Général, ai-je répondu, j'ai faim et soif de
« la France ; je voudrais y rentrer.

— « Avez-vous porté les armes contre elle ?

— « J'ai fait la campagne de 1792, mais rien de
« plus.

— « Tant mieux ; c'est un crime de servir l'é-
« tranger au détriment de la patrie. Les émigrés
« qui persistent dans cette conduite méritent tous
« la mort.

« Ils voudraient sans doute trouver une autre voie
« pour rentrer en France, et les plus augustes d'en-
« tre eux combleraient de marques de gratitude
« ceux qui leur procureraient un retour honorable.

« A peine eus-je prononcé ces paroles que Buona-
« parte lança sur moi un coup d'œil d'aigle qui m'é-
« tourdit. Il garda quelques minutes de silence, puis
« d'un ton grave et presque austère :

— « Achevez, monsieur, me dit-il.

« Je dois avouer à Votre Majesté que ces simples
« paroles augmentèrent encore mon embarras.
« Cependant, prenant mon parti, je poursuivis :

— « Général, lui dis-je, vous pourriez faire le
« bonheur d'une famille qui a bien souffert. Je ne

« sais si sa réponse est d'un ambitieux ou d'un en-
« thousiaste ; la voici : Votre Majesté en jugera.

— « Monsieur, repartit Buonaparte, je conçois
« que vous ayez le désir de revoir la France. Je
« vous aiderai à y rentrer, ainsi que tous ceux que
« la république peut admettre sans danger au
« nombre de ses enfans. Mais quant aux personnes
« qu'une position exceptionnelle condamne à un
« éternel exil, elles solliciteront en vain mon con-
« cours. Ma règle de conduite est autre que celle
« de Pichegru, je ne suis pas de ces hommes qui
« se vendent ou qui se donnent. En un mot, je suis
« patriote avant tout. Or, je vous le répète, il est
« des familles que le destin condamne à un exil
« perpétuel. Que ceci vous suffise. Adieu, mon-
« sieur ; remettez-moi une note de votre demande
« personnelle, je tâcherai d'obtenir votre radia-
« tion.

« Le général me salua alors ; c'était me congé-
« dier. Je me retirai convaincu de l'inutilité de
« m'adresser à lui une seconde fois, car il est de
« ces hommes dont le refus est irrévocable.

« Je vis le même soir son aide-de-camp, auquel
« je confiai le secret de ma mission ; il me répon-
« dit :

— « Vous êtes le vingtième peut-être qui, avec
« ou sans mandat, avez essayé de changer les dis-
« positions du général ; sa réponse est toujours la
« même ; jamais il ne servira d'autre intérêt que
« le sien.

« J'en suis maintenant trop certain, et c'est
« avec une vive douleur, que je fais part à Votre
« Majesté de ma mésaventure. Je reste cependant
« à Rastadt, dans l'espoir d'être utile à votre cause
« de quelque autre manière, bien que je ne voie
« pas trop comment les autres ministres de la ré-
« publique sont encore moins faciles à aborder
« que Buonaparte.

« Je suis, Sire, etc., etc. »

Mon envoyé avait raison ; Buonaparte ne voulait ni se donner ni se vendre. Cependant il me fallut d'autres refus pour me convaincre que jamais il n'aiderait au rétablissement de la légitimité.

Il séjourna peu à Rastadt, empressé qu'il était d'aller à Paris jouir de ses triomphes. Mes émissaires dans cette ville me mandèrent son arrivée ; ils se flattaient tous de se l'attacher, et ce fut lui qui en gagna quelques-uns à sa cause.

L'année se termina par une catastrophe, par l'assassinat à Rome du général Duphot. Il eut pour suite la déclaration de guerre de la république au Saint-Siége, la conquête des états romains, et la chute du trône pontifical. Un sort semblable menaçait le roi de Naples. Je pus, sans être prophète, prédire que les Bourbons d'Italie partageraient les malheurs de la branche aînée de leur maison. Il me parut impossible que les meurtriers de mon frère et de mon neveu consentissent à laisser régner les membres de la même famille. Il y aura toujours incompatibilité entre les assassins et leurs victimes.

Je parlerai ici d'un personnage bien digne de mon affection, que j'appelai à Blanckembourg dès que j'y fus installé. C'était l'abbé Edgeworth de Firmont, le respectable confesseur de Louis XVI, qui, l'ayant accompagné jusqu'à l'échafaud, annonça le premier à la terre que ce roi-martyr était allé prendre place dans le ciel près de Saint-Louis. Il me tardait de le voir, et de trouver près de lui les consolations divines dont je commençais à sentir le besoin. Il était alors en Écosse ; voici en quels termes je le sollicitai de venir me rejoindre :

« Vous n'êtes pas un étranger pour moi, mon-
« sieur l'abbé : vous faites partie de ma famille.
« Mon malheureux frère vous a légué à ses parens,
« et c'est une portion de son héritage, que je me
« ferai toujours gloire de réclamer. Monsieur a
« joui de vos entretiens ; je veux à mon tour en
« profiter. Nous pleurerons, nous prierons en-
« semble ; hâtez-vous donc de venir me rejoindre ;
« c'est une autre infortune que vous aurez à con-
« soler. Venez, vous n'aurez jamais autant de plai-
« sir à me voir que j'en aurai à vous exprimer tout
« l'attachement que je vous porte, etc. »

Le digne ecclésiastique me témoigna par son empressement la joie que lui causait ma lettre. Je le reçus à bras ouverts ; il me charma par sa noble simplicité, sa grace parfaite, et sa piété aussi sincère que profonde. Il m'apprit que Louis XVI, jusqu'au moment de monter à l'échafaud, avait conservé l'espoir qu'il serait sauvé par le peuple. Des avis lui étaient venus de tous côtés, qu'il serait enlevé sur la route. Le dernier lui désignait la porte Saint-Denis, où devaient être rassemblés cinq à six mille royalistes, émigrés, gardes-du-corps, et militaires dévoués.

— Eh bien? dis-je à M. de Firmont en voyant qu'il s'arrêtait.

— Eh bien, sire! reprit-il, des clameurs se firent entendre à la porte Saint-Denis, mais c'étaient des cris de mort!

— Ah! m'écriai-je, mon malheureux frère!

CHAPITRE XIII.

Inquiétudes du roi sur le sort futur de l'armée de Condé. — Il la recommande à Paul Ier. — M. Alopéus vient annoncer le succès de cette demande. — Le prince Gorschakoff. — Avantages et conditions que fait le czar aux émigrés. — Adieux du duc de Berry à la noblesse. — Le prince de Condé à Blanckembourg. — Le czar accorde au roi un asile dans ses états. — Ses prévenances. — — Nécessité de quitter l'Allemagne. — Cléry à Blanckembourg. — Le roi se justifie de ses torts prétendus à son égard. — Détails de la réception qu'il lui fait. — Scène du cachet de Louis XVI. — Comment le roi donne à Cléry la croix de Saint-Louis. — Bon accueil fait au prince de Condé à Pétersbourg. — Ce que le roi lui mande relativement à la Suisse. — Il quitte Blanckembourg. — Politique de la Russie. — Faiblesse de la Saxe. — Le roi voyage lentement. — Citation. — Réception du roi à Mittau.

La paix venait d'être signée entre l'Autriche et la république. Il était à peu près certain que le résultat du congrès de Rastadt serait un désarmement de l'empire, et par conséquent les fidèles émigrés qui s'étaient attachés à la fortune de la monarchie, restaient exposés au plus affreux dénuement. Il m'était prouvé que l'empereur ne les garderait pas à sa solde ; que l'Angleterre ne voudrait pas se charger seule d'un entretien aussi dispendieux, ou que si elle le faisait ce serait à des conditions trop dures pour des cœurs français. Je voyais donc ces braves et dévoués serviteurs livrés à toutes les horreurs de la misère, et j'étais dans l'impossibilité de venir à leurs secours !

Cependant, à force de méditer sur cette situation pénible, de me la représenter sous toutes les faces, je songeai à l'empereur de Russie. Je me dis que ce prince, malgré les bizarreries de son caractère, était peut-être susceptible de quelques sentimens généreux, et qu'il pourrait ne pas refuser de prendre à sa solde les malheureux émigrés. Je me hâtai de communiquer cette idée au prince de Condé, qui, comme moi, était plongé dans un profond chagrin. Il la saisit avec ardeur, et en espéra d'autant plus de succès qu'il avait conservé des rapports avec l'empereur de Russie. Cette liaison du czar et du prince remontait à l'année 1791, à l'époque où Paul 1er était venu en France sous le titre de comte du Nord. Le prince de Condé l'avait accueilli à Chantilly avec autant de magnificence que de cordialité, et il en avait conservé une vive gratitude.

Je convins avec le prince de Condé que nous écririons directement à Paul 1er. Voici de quelle manière j'entamai cette négociation :

« Monsieur mon frère,

« Vous êtes un des rois les plus puissans de l'Eu-

« rope, entouré des peuples dont vous faites le bon-
« heur, et qui vous donnent tout leur amour. Moi,
« je suis roi dans l'exil, n'ayant conservé d'un
« beau royaume que le désir de le pacifier, et
« quelques sujets fidèles dont l'infortune fait mon
« désespoir. La paix de l'Europe va les priver de
« leurs dernières ressources ; ils n'auront plus
« d'asile ; ils manqueront de pain... C'est en faveur
« de ces généreuses victimes, de leur dévouement
« à ma cause, qui est celle de tous les rois,
« que je viens prier Votre Majesté de leur ouvrir
« un refuge en appelant leur phalange à combattre
« ou à servir dans les rangs de votre brave armée.
« Ces héros, modèles de dévouement et de fidélité,
« ont tout abandonné pour défendre ma cause, pour
« venger mes droits. Cette cause et ces droits sont
« les vôtres, ceux de tous les rois. Je me flatte
« donc que ces considérations seront toutes-puissan-
« tes près de vous, que vous éprouverez le besoin
« de récompenser tant de désintéressement et de
« loyauté. Les grandes ames sont faites pour ap-
« précier la vertu ; il y a pour elles bonheur et
« gloire à la fois dans le secours qu'elles accordent
« au malheur. C'est donc plein de confiance, je
« le répète, que j'attendrai la réponse de Votre
« Majesté.

« *Signé* Louis. »

Le prince de Condé tenta le même moyen, qui
eut un succès complet. Les premiers mouvemens

de Paul 1er étaient excellens, et il le prouva dans cette circonstance. M. Alopéus, qui était l'envoyé extraordinaire de l'empereur de Russie à la cour de Saxe, reçut l'ordre du czar d'aller trouver immédiatement le prince de Condé pour lui annoncer que Paul 1er, touché de la situation critique de l'armée française royale, la prenait sous sa protection spéciale, et ne l'abandonnerait pas à son mauvais destin.

Il eût été plus convenable, peut-être, de s'adresser à moi qu'au prince de Condé; mais, loin de me plaindre, je ne vis dans cette démarche que l'intention, sans m'arrêter à la forme ; d'ailleurs, ma susceptibilité avait été si souvent froissée depuis mon exil, que je m'étais habitué à lui imposer silence, pour effacer à propos le titre de roi quand il s'agissait de servir la cause royale. Afin donc de prévenir toute difficulté, j'avais à l'avance autorisé le prince de Condé à conclure toute espèce d'accord ou de traité qui pouvait être avantageux à la cause. Jamais je ne me serais pardonné le moindre acte qui aurait eu pour but de ménager mon amour-propre aux dépens du bien-être des braves émigrés.

Cette première démarche du souverain de toutes les Russies fut suivie d'une autre, plus positive encore. Le 4 septembre, le prince Gortschakoff, aide-de-camp de l'empereur, arriva au quartier général muni des pleins-pouvoirs de son souverain, qui accordait à ma vaillante noblesse et aux soldats français, un asile dans ses états, le libre exercice de leur culte, leurs grades, la composition de leurs divers corps militaires, leur solde, et la faculté de sortir de la Russie et de quitter le service selon leur gré. Jamais conditions ne furent plus avantageuses; il eût été seulement à désirer qu'elles eussent été transmises par un autre émissaire.

Le prince de Gortschakoff était un jeune homme d'une naissance peu relevée, vicieux, frivole, et peu susceptible de bons procédés. Arrêté à Rome, enfermé au château Saint-Ange, par suite d'un acte dégradant, il avait été renvoyé du service par Catherine II, et déchu de son rang de capitaine. Une basse flatterie lui valut la faveur du fils de cette auguste souveraine, qui le réintégra et le nomma lieutenant-colonel. Le prince Gortschakoff représenta indignement son souverain, qui, instruit plus tard de ses dilapidations et autres méfaits, le dépouilla de tout ce qu'il tenait de sa bonté, et l'exila en Sibérie, où il était encore en 1814, lors de ma rentrée en France.

Le prince de Condé eut beaucoup à souffrir des insolences de ce personnage, mais il ne s'en plaignit jamais au czar; on sut par cet envoyé que l'armée irait prendre ses quartiers dans la Volhynie, aux environs de Wladimir, contrée fertile et sous un ciel qui n'a pas l'âpreté de celui des autres parties de la Russie. Les divers régimens devaient être réunis sous le nom de *Corps de Condé*, et demeurer sous les ordres immédiats de Son Altesse Sérénissime. C'était le beau côté ; mais une condition moins favorable portait qu'il fallait prêter serment à l'empereur, suivre en tous points les réglemens de discipline russe, prendre l'uniforme et la cocarde de cette nation ; et ceux qui, plus tard, souhaiteraient se retirer de l'armée, pourraient sortir de l'empire ou aller habiter les terres que le souverain leur donnerait dans la nouvelle Russie.

La nécessité contraignit à accepter toutes ces conditions ; néanmoins il y eut beaucoup d'émigrés qui ne se sentirent pas la force d'aller chercher si loin de leur patrie un asile incertain. Je ne pus blâmer ceux-ci, et j'applaudis à la résignation des autres. Le corps de Condé fut à la solde de Russie à dater du Ier octobre, et il cessa d'être payé par l'Angleterre le 15 septembre. Ce furent deux rudes semaines à passer ; le prince de Condé y suppléa de sa bourse en faveur des simples soldats ; je donnai, moi aussi, jusqu'à mon dernier sou.

Le duc de Berry était alors près du prince de Condé ; on me fit demander s'il suivrait l'armée, mais je ne pus y consentir : il m'était trop pénible de voir un des héritiers présomptifs de la couronne de France passer à la solde directe d'un souverain étranger. Mon neveu, avant de venir me rejoindre à Blanckembourg, prit congé de l'armée dans les termes suivans :

« Après avoir été si long-temps au milieu et à la
« tête de la noblesse française, qui, toujours fidèle,

« toujours guidée par l'honneur, n'a pas cessé un
« instant de combattre pour le rétablissement du
« trône et de l'autel, il est douloureux pour mon
« cœur de me séparer d'elle, surtout dans un mo-
« ment où elle donne une nouvelle preuve d'atta-
« chement à la royauté, en préférant abandonner
« la patrie plutôt que de courber la tête sous le joug
« républicain.

« Cependant, au milieu des peines qui m'ac-
« cablent, j'éprouve une véritable consolation en
« voyant un souverain magnanime recueillir les
« débris précieux de cette noblesse malheureuse,
« en la laissant toujours sous la conduite du prince
« que l'Europe admire, que les bons Français
« chérissent, et qui m'a servi de guide et de père
« depuis trois ans que je combats sous ses ordres.

« Je vais rejoindre le roi; je ne lui parlerai pas
« du zèle et de l'attachement dont la noblesse fran-
« çaise a donné tant de preuves dans le cours de
« cette guerre : il connaît, comme moi, tout son
« mérite, et sait l'apprécier ; je me bornerai donc à
« lui manifester le vif désir que j'aurai toujours de
« me réunir à mes braves compagnons d'armes,
« et je le prierai d'être bien convaincu que, quelque
« distance qui me sépare d'eux, je serai sans cesse,
« en pensée, au milieu de leurs rangs, et je n'ou-
« blierai jamais les nombreux sacrifices qu'ils nous
« ont faits, et les vertus héroïques dont ils ont donné
« tant d'exemples.

« *Signé* Charles-Ferdinand. »

Le duc de Berry, que je revoyais toujours avec plaisir, bien qu'il fût un peu bruyant pour mes habitudes privées, devança de trois jours le prince de Condé, qui n'avait pas voulu partir pour Saint-Pétersbourg, où l'appelait Paul Ier, avant de m'avoir rendu ses hommages; ce dernier arriva le 22 octobre; je tâchai, par la cordialité de mon accueil, de lui témoigner toute la satisfaction que me causait sa présence; il agit de son côté avec une égale franchise, et les légers nuages que des rapports mensongers avaient pu élever entre nous depuis notre séparation se dissipèrent promptement.

Le prince séjourna à Blanckembourg jusqu'au 27; nous eûmes le temps de causer de mes affaires. Il se rendit directement auprès de Paul Ier, et moi, j'avais reçu l'invitation d'aller prendre dans ses états une retraite moins précaire que celle de Blanckembourg. Le czar avait mis à ma disposition le château du ci-devant duc de Courlande; situé à Mittau, capitale du duché. J'avais accepté, car je commençais à être fatigué de la vie aventureuse. Le czar avait voulu que cent gardes-du-corps, pris parmi ceux qui se trouvaient dans l'armée française, fissent leur service près de ma personne; le prince de Condé avait reçu l'ordre de les diriger sur Mittau. C'était un bon augure de la réception qui m'attendait, et on se livra assez naturellement autour de moi à des espérances qui ne devaient pas se réaliser.

Dans tous les cas, je ne pouvais plus habiter Blanckembourg, le Directoire exécutif ayant exigé du roi de Prusse que le duc de Brunswick cessât de m'accorder un asile dans ses états. J'en avais demandé un à l'électeur de Saxe, mon cousin, qui n'osa ou ne voulut pas m'accueillir. Il me répugnait d'aller en Angleterre par mille raisons, et je dus donc me trouver heureux de rencontrer un monarque moins pusillanime que les autres. Aussi en manifestai-je ma gratitude à Paul Ier. Je fis mes préparatifs de départ, me disposant à quitter immédiatement Blanckembourg : j'y étais encore, lorsque Cléry, l'héroïque Cléry, ce sublime serviteur du roi mon frère, quittant Vienne pour aller en Angleterre, vint me trouver appelé par le désir que j'avais de le voir.

Cléry aurait dû ne pas abandonner Madame Royale ; mais le cabinet de Vienne le voyait avec déplaisir à la suite de la fille du roi-martyr. Il lui attribuait une partie de la résistance de la princesse, et fit tant qu'il fut contraint de quitter Vienne. C'est alors que je lui fis savoir combien je serais charmé qu'il passât par Blanckembourg.

Je connais les calomnies qu'on a répandues contre moi relativement à Cléry. Je sais les reproches qu'on m'a faits, de ne pas l'avoir gardé à mon propre service, après le dévouement courageux qu'il avait montré à son malheureux maître. Ma justification sera bien simple : je lui ai offert une place auprès de ma personne, et il l'a refusée par des raisons que j'ai dû approuver. Il me demanda seulement la continuation de mes bontés, et poursuivit sa route vers Londres.

Ce fut pour moi une journée bien solennelle que celle où je reçus ce bon et fidèle serviteur! Mes yeux se remplirent de larmes, et mes jambes tremblèrent au point que je fus forcé de m'asseoir. Cependant je voulus entendre lire par Cléry même le manuscrit qu'il avait écrit sur la captivité de Louis XVI et de sa royale famille. Je ne pourrais jamais peindre les tortures que je ressentis pendant cette lecture, surtout à ce passage où Louis XVI, allant au supplice, avait dit à Cléry :

— Vous remettrez ce cachet à mon fils!

Ne pouvant plus maîtriser mon émotion, je me levai brusquement, et allant à mon secrétaire, je saisis le précieux bijou d'une main convulsive, puis revenant près de Cléry, je lui dis :

— Le voilà ce cachet... le reconnaissez-vous?
— Ah! sire! s'écria-t-il, c'est bien le même!
— Pour en être plus sûr, lisez ce billet.

Et je lui remis en même temps un papier qu'il reçut avec autant d'affliction que de respect. C'était l'écrit sacré que le roi mon neveu, la reine, madame Élisabeth et Madame Royale, avant leur affreuse séparation, m'avaient fait remettre avec le cachet, dépôt si cher à mon cœur; tout s'était réuni pour imprimer à cette scène un caractère particulier. Elle eut lieu le 21 janvier, avant la messe annuelle que je faisais célébrer depuis le crime commis sur la personne du vertueux Louis XVI. J'y fis assister Cléry à mes côtés. Ce bon Cléry! cet ami véritable! ah! qu'aurais-je pu lui refuser? Ma famille avait contracté envers lui une dette qu'il était de mon devoir d'acquitter. Cependant, vu la pénurie de mes finances, je ne savais comment y parvenir d'une manière digne de moi. Enfin, après avoir long-temps réfléchi à ce sujet, il me vint, pendant mon séjour à Mittau, une idée heureuse que je m'empressai de mettre à exécution. Elle fut l'objet de la lettre suivante :

Mittau, le 12 juillet 1798.

« Si quelque chose, mon cher Cléry, pouvait
« augmenter en moi les sentimens de reconnais-
« sance que je vous ai voués, votre ouvrage que
« je viens de recevoir me produirait cet effet.

« Il y a long-temps que je cherche, non les
« moyens de vous récompenser (des services comme
« les vôtres sont sans prix), mais celui de me satis-
« faire en vous donnant une marque de distinction
« qui puisse à la fois attester votre généreuse con-
« duite et mon éternelle gratitude. Je crois l'avoir
« trouvé dans la décoration de l'ordre de Saint-Louis.
« Elle n'a été instituée que pour récompenser la
« valeur militaire; mais n'avez-vous pas montré
« autant de courage dans la prison du temple, que
« le guerrier qui brave la mort sur un champ de
« bataille? En vous donnant le titre de chevalier de
« Saint-Louis, je ne blesse donc point l'esprit de

« cette noble institution ; et Louis XVI, du sé-
« jour où ses vertus l'ont placé, applaudira à un
« acte qui honore le fidèle serviteur qui lui a donné,
« jusqu'à ses derniers momens, des marques d'un
« dévouement à toute épreuve.

« Soyez bien persuadé, mon cher Cléry, de tous
« mes sentimens pour vous.

« *Signé* Louis. »

Certes je ne pouvais faire moins, et je souhaite que tous ceux auxquels, depuis 1814, j'ai conféré l'ordre de Saint-Louis, l'aient autant mérité que le vertueux et irréprochable serviteur de mon infortuné frère.

Le prince de Condé, arrivé à Saint-Pétersbourg, eut lieu d'être satisfait de l'accueil gracieux de l'empereur. Il m'écrivit à ce sujet une longue lettre dans laquelle il me renouvelait, de la part du czar, l'offre d'un asile dans ses états. Je me hâtai d'y répondre, et voici en quels termes :

« J'étais incertain sur ce que je ferais, mais la
« généreuse amitié de Paul 1er a fixé ma détermi-
« nation. Vous me connaissez assez pour être per-
« suadé de la reconnaissance avec laquelle j'accepte
« un refuge qui m'est offert avec tant de grace. Je
« pars le 10 du mois prochain pour la Russie. Si
« l'oppression sous laquelle gémit la Suisse en ce
« moment (elle venait d'être envahie par l'ordre du
« Directoire), si le souvenir de Guillaume Tell la
« portait à se soulever contre ses tyrans et à se réu-

« nir au panache de Henri IV pour sauver à la fois
« ma couronne et sa liberté, ce ne serait point à
« Mittau que j'irais, ce serait chez nos braves et
« anciens alliés. Mais j'ai bien peu d'espoir de ce
« côté. »

En effet, la Suisse, après quelque temps de résistance, courba son front sous le despotisme du Directoire, et aucun souverain en Europe ne se leva pour la soutenir.

Je quittai Blanckembourg avec regret. J'évitai de passer par Berlin, ne pouvant y être traité en roi par un roi allié de la république française. (Ah ! qu'eût dit l'ombre du grand Frédéric si j'eusse été assez faible pour me montrer à la cour de son petit-fils dans un incognito forcé !) Le nouveau souverain marchait sur les traces de son prédécesseur, c'est-à-dire qu'il craignait le gouvernement de Paris ; mais, d'un autre côté, il paraissait peu empressé de recommencer les fanfaronnades de cet Agamemnon de théâtre, auquel la royauté doit toutes les calamités dont elle a été accablée depuis 1792.

A Dresde non plus, on ne voulut me voir qu'à condition que je ne ferais aucun état de mon titre : je m'y refusai. L'électeur, honteux de sa conduite, me fit complimenter à Leipsick par le major Christiani, qui m'annonça l'envoi d'un subside de la part de son maître. Il est des plaies qu'on ne cicatrise pas avec de l'argent.

J'avais dans ma voiture, d'Avaray, qui ne me quittait plus. J'y admis aussi le comte de Schouvalof, aide-de-camp de l'empereur de Russie, qu'il m'avait envoyé pour m'accompagner à Mittau. C'était un seigneur de bonne mine, ayant de belles manières, et en tout digne de son père, l'un des hommes les plus aimables de la cour de Catherine II. Il me rendit mon voyage agréable, que je fis à petites journées, car je mis plus d'un mois pour arriver à ma destination.

J'étais suivi de peu de monde; le reste de ma maison prit la route de Berlin. La république française avait alors pour ambassadeur près de la cour de Prusse, Sieyès, qui avait trempé ses mains dans le sang de son roi. On m'avait dit de me méfier de lui en vertu de la maxime de Sénèque :

....*Scelere vitandum est scelus.*

(On ne cache un crime qu'en en commettant un autre.)

Je fis mon entrée à Mittau le 20 mars (triste anniversaire encore aujourd'hui). On m'avait préparé une sorte de réception royale. Les corps des arts et métiers de la ville, en costume de cérémonie, vinrent à ma rencontre; ils étaient précédés par les autorités militaires et civiles. Des troupes formaient la haie ou étaient rangées en bataille sur mon passage; le canon grondait; en un mot, je fus accueilli comme l'aurait été l'empereur. Ces égards, auxquels depuis long-temps je n'étais plus accoutumé, adoucirent mon infortune.

CHAPITRE XIV.

Description de Mittau et du palais des ducs de Courlande. — Les deux Biren. — Conduite de Paul Ier envers le roi. — Lésinerie russe. — L'empereur croyait toujours voir l'ombre de son père. — La cour du roi. — Pie VI chassé de Rome. — Le drapeau tricolore à Vienne. — Buonaparte en Égypte. — Débarquement des Français en Irlande. — Le général Mack. — Fuite de la famille royale de Naples en Sicile. — Le roi de Piémont chassé de ses états. — Cause des malheurs de Pichegru. — Faiblesse du comte d'Entraigues. — Fauche-Borel cherche à gagner Barras à la cause du roi. — Le marquis de La Maisonfort. — David Monnier agent de Barras. — Querelle. — Le duc de Fleury. — Il brouille les affaires. — Monnier écrit au roi.

Mittau, capitale des anciens duchés des souverains de Courlande et de Sémigale, est une ville de moyenne grandeur, peuplée d'environ douze à treize mille ames. Elle est arrosée par une petite rivière nommée Grosbach (Grand-Ruisseau). La plupart des maisons sont en bois, assez ornées, et commodes dans l'intérieur. On signale à l'attention des voyageurs les bâtiments en briques. La population offre un mélange de luthériens, de juifs et de catholiques. Les magistrats civils ne sont choisis que parmi ceux qui professent la première de ces trois religions. Les mœurs, à Mittau, offrent un mélange original de la bonhomie allemande et de la vivacité polonaise ; le climat y est tempéré, et la situation agréable.

Il y règne une tolérance parfaite; les catholiques ont une église particulière où ils jouissent du libre exercice de leur culte. Un ordre exprès de l'empereur mit à ma disposition la cathédrale de Mittau pendant tout le temps que je demeurerais dans cette ville.

Le château que je dus habiter est placé à une des extrémités de Mittau donnant sur la campagne. C'est un vaste édifice assez bien conservé dans la partie qui n'a pas souffert du dernier incendie. Il avait été nouvellement destiné à faire une caserne, ce qui en avait gâté la sombre magnificence. Là, naguère, habitait le duc de Biren, cette victime de tant de jeux de la fortune ! Élevé au faîte des honneurs par l'amour d'une impératrice de Russie, il avait été précipité du trône de Courlande dans les déserts de la Sibérie ; puis rappelé une seconde fois aux pompes de la souveraineté, il abdiqua la puissance pour rentrer dans la vie privée. Son fils, détrôné par ses propres sujets, vivait peut-être encore. Je ne l'ai jamais rencontré.

Paul Ier n'avait fait les choses qu'à demi ; mon appartement, celui de la reine et du duc d'Angoulême furent meublés avec magnificence, et on ne songea même pas à en préparer pour les seigneurs de ma suite et les personnes de ma maison. Nous ne trouvâmes dans cet immense château de forme carrée oblongue, avec une grande cour au centre, que les quatre murailles, et cela au pied de la lettre. Il fallut acheter tout ce qui est nécessaire à un premier établissement aux dépens de ma cassette. Plusieurs mois s'écoulèrent avant qu'on régularisât la solde de mes gardes-du-corps ; et, sans la noble hospitalité des habitans de Mittau, ils auraient été dans l'impossibilité de fournir à leur subsistance. On leur avait accordé une sorte d'hôtel, mais pas assez vaste pour les loger tous. Il était aussi entièrement dépouillé de meubles, de bois à brûler et de fourrage. Je dus pourvoir à tout, mais non sans épuiser mes dernières ressources.

Je voulais laisser ignorer à l'empereur ces détails de ménage, et nul de ses sujets n'aurait osé l'en instruire : tant était grande la terreur qu'il inspirait. Paul Ier ne tenait pas à être aimé ; être craint lui suffisait, et en cela on le servait à son gré, sinon au-delà de ses souhaits. Au demeurant, ce prince était plutôt à plaindre qu'à blâmer ; il n'avait pas l'entier usage de sa raison, une sorte de monomanie l'assiégeait constamment. Il croyait, comme Hamlet que notre poëte Ducis a emprunté à Shakspeare, voir le fantôme pâle et défiguré de l'empereur son père. Il causait avec lui, l'interrogeait, et s'imaginait en recevoir des réponses. Cette vision troublait ses facultés, et on avait grand soin d'en dérober la connaissance à ceux qui l'approchaient immédiatement.

C'est à cette hallucination qu'il faut attribuer les caprices et les bizarreries de ce malheureux prince; en lui étaient réunis les contrastes de la magnificence et de la mesquinerie, de la rudesse et de la générosité. Par exemple, il avait d'abord accueilli toutes mes demandes, puis il me laissait à l'écart, comme s'il eût oublié que j'étais son hôte et un roi malheureux. Depuis mon arrivée à Mittau, ses soins et ses prévenances avaient entièrement cessé. Je n'entendais même pas parler de lui. Le comte de Saint-Priest, que j'avais envoyé à sa cour pour le remercier, ne pouvait obtenir audience, et cela après avoir été traité, à son premier voyage à Saint-Pétersbourg, avec une distinction qui avait toute l'apparence de l'amitié. Cette conduite singulière frappait tous les yeux, et mon cœur n'en était pas dédommagé par les six cent mille livres de pension que l'empereur me faisait à cette époque.

Cependant il fallut prendre mon parti, en attendant que ce caprice passât. Je m'occupai à former mon établissement. J'avais alors près de moi le comte d'Avaray et de Guiche, pour capitaines des gardes; le comte de Cossé, le marquis de Jaucourt, ministres d'état sans portefeuille; le comte de La Chapelle, ministre de la guerre; le duc de Villequier, premier gentilhomme de la chambre; le marquis de Sourdis, le vicomte d'Agoult, les chevaliers de Montagnac et de Boisheul, écuyers; l'abbé Edgeworth de Firmont, faisant les fonctions d'aumônier sous le cardinal de Montmorency, grand-aumônier de France, et aussi en service près de ma personne ; M. de Guilhermy, ancien membre des états-généraux, et de Courvoisier, tous deux maîtres des requêtes. Il y avait en outre trois abbés chapelains servant au secrétariat du cabinet ; puis environ cinquante individus attachés plus particulièrement à ma personne et à celle des membres de ma famille. Je dois désigner aussi les ducs d'Aumont et de Fleury, premiers gentilshommes de la chambre ; le prince de Pienne, et quelques autres qui ne m'avaient pas abandonné.

Pendant mon voyage, la violence des révolutionnaires romains et les ordres du Directoire exécutif contraignirent le pape Pie VI à se retirer en Toscane. La Suisse tomba aussi sous le joug, et je dus prévoir que l'Europe ne s'opposerait pas à ces usurpations républicaines. Quelque temps après mon arrivée à Mittau, j'eus l'espoir que la guerre allait recommencer entre la république et l'Autriche. Le général Bernadotte ayant arboré sur son hôtel le pavillon tricolore, le peuple indigné l'arracha et le traîna dans la boue. Bernadotte, peu satisfait des légères excuses que lui fit le ministre autrichien, quitta Vienne sur-le-champ. Cette démarche attira l'attention de toute l'Europe. On crut que la querelle allait s'envenimer, mais il n'en fut pas ainsi ; la cour impériale chercha à se rapatrier avec la république, qui voulut bien ne pas se montrer trop susceptible.

Cette même année, Buonaparte, aventureux

comme un homme qui croyait à son étoile, s'embarqua pour faire la conquête d'Égypte. Il prit Malte au moyen d'une simple sommation; puis il alla, sur les rivages où saint Louis avait éprouvé tant de revers, faire briller, il faut le dire, le nom français d'un nouvel éclat.

Ces grandes victoires, remportées par des sujets que je ne pouvais m'empêcher de regarder comme rebelles, n'en étaient pas moins pour moi une suite de vives jouissances. J'étais heureux d'apprendre qu'après tant de siècles la captivité de saint Louis avait enfin été vengée; que les victoires des Pyramides et d'Aboukir avaient réparé glorieusement le désastre funeste de la Massoure. Mais je renfermais en moi-même ces sentimens, qui auraient trop déplu aux étrangers avec lesquels je vivais. C'était un grief qu'ils ne m'auraient jamais pardonné.

L'Europe, pendant l'année 1798, fut à peu près tranquille; la guerre continua seulement entre la république et l'Angleterre. Les Français, commandés par le général Humbert, firent une descente en Irlande, le 22 août. Ils étaient alors au nombre de onze cent cinquante hommes, et furent réduits à huit cents, lorsque le 28 septembre ils durent mettre bas les armes devant cinq mille hommes de troupes anglaises, sous les ordres de Cornwalis.

Cependant, vers le mois de novembre, de nouveaux symptômes de guerre se manifestèrent au fond de l'Italie. Le roi de Naples, poussé par les Russes et les Anglais, se détermina à commencer les hostilités le 21. Il avait à la tête de son armée le général autrichien Mack, dont la réputation militaire était complètement usurpée. Il débuta d'une manière brillante, s'empara de Rome sans coup férir, y appela Ferdinand III, auquel on rendit des honneurs extraordinaires. Mais le 4 décembre il fut complètement défait à Citta-Castellana.

Le général Championnet, qui commandait les Français, chassa devant lui les Napolitains jusque dans Naples. La famille royale, forcée de fuir en Sicile, eut à peine le temps d'emporter ses trésors. Une république parthénopéenne fut établie dans le royaume de Naples, et là encore commencèrent les horreurs de la révolution.

Le contre-coup atteignit mon beau-frère, le roi de Piémont. Investi de toutes parts, cerné dans sa capitale sans pouvoir se défendre, il reçut l'ordre du Directoire de descendre du trône et de se retirer dans la Sardaigne, qu'on daignait lui conserver. Là aussi je fus frappé dans une autre partie de ma famille. Je voyais de tous côtés tomber les couronnes des miens, et l'avenir ne m'offrait que des désastres.

Cependant je persistais à lutter contre ma funeste destinée; je négociais dans ce moment pour ressaisir le titre dont on me déniait le droit. J'ai dit comment la révolution du 18 fructidor avait brisé les liens qui m'attachaient à Pichegru. Ce digne général fut victime de la perfidie de Montgaillard et de l'étourderie du comte d'Entraigues. Ce dernier ne se méfiant pas assez de Buonaparte, et se reposant sur son titre litigieux de Russe naturalisé, se laissa surprendre et arrêter, lors de la chute de la république de Venise, près de laquelle il remplissait pour la Russie les fonctions d'ambassadeur. Conduit à Milan contre le droit des gens, la crainte de la mort et les douleurs de la torture lui firent avouer des secrets qu'il aurait dû taire. Il remit des papiers importans, et plus tard il essaya par des mensonges de justifier sa faiblesse ; mais il ne put me tromper.

Cette faute eut des suites incalculables. Elle compromit Pichegru ; le Directoire en tira un grand avantage, et en définitive ce fut moi qui en souffris. Cependant, tandis que les secrets les plus intimes de mon cabinet étaient trahis d'un côté par la perfidie, et de l'autre par la faiblesse, je trouvais des serviteurs plus fidèles, que rien n'écartait de la ligne de leurs devoirs, et qui travaillaient sans relâche à me mettre en pied sur le trône de mes pères.

Dans le nombre je dois signaler Fauche-Borel, dont, je le répète ici avec regret, je n'ai pas encore récompensé les services comme ils le méritent, parce qu'il a mis, par ses imprudences, une barrière entre lui et moi. J'ai souvent regretté qu'il y eut tant d'amour-propre avec tant de fidélité.

Fauche-Borel, auquel je devais le retour de Pichegru au gouvernement monarchique, avait suivi ce général à Paris, toujours dans l'intérêt de ma cause et pour l'engager à se déclarer aussitôt qu'il verrait jour à le faire avec succès. Le 18 fructidor le frappa comme tant d'autres royalistes ; il fut poursuivi et dut se cacher pour éviter la prison ou l'exil. La maison où il avait cherché un refuge était fréquentée par Botto, secrétaire particulier du directeur Barras. Ce dernier vit Fauche sans d'abord le reconnaître : il s'établit entre eux certaine intimité ; et mon agent, ayant sondé ses dispositions à mon égard, en fut satisfait et le chargea de propositions pour son maître.

Barras répondit à Botto à mots couverts, mais de manière cependant à donner de grandes espérances pour l'avenir. Fauche forma aussitôt le projet de nouer une intrigue de ce côté, et il demanda, sous le nom supposé de Bouilly, un passe-port qui lui permit de quitter la France sans péril. Il alla d'abord à Strasbourg, où il s'aboucha avec le président de Vizin, l'un de mes agens dans cette ville. Il se rendit ensuite à Berlin, mais il n'osa venir me joindre à Blanckembourg, ne croyant pas la négociation secrète assez avancée. En se dirigeant à Londres, où l'appelaient des intérêts importans, il s'arrêta à Hambourg.

Le marquis de La Maisonfort, l'un de mes dévoués, était alors dans cette ville. Une liaison amicale s'établit entre eux. Le premier, instruit par Borel des espérances qu'il fondait sur Barras, put recevoir David Monnier, qui vint, en octobre 1797, à Hambourg, avec l'intention d'y voir Borel, pour traiter avec lui, de la part du directeur. David

Monnier était l'ami chez lequel mon agent avait trouvé une retraite lors du 18 fructidor. Ne pouvant s'entendre avec ce dernier, qui était alors à Londres, en la compagnie de Pichegru, il se confia à La Maisonfort.

David Monnier, ecclésiastique de robe, ancien rédacteur et propriétaire du journal *le Courrier Universel*, avait été lié avec tous les députés de l'opposition royaliste; après le 18 il rédigea sous un faux nom *le Courrier de Paris*, où étaient manifestés les mêmes sentimens, mais avec plus de retenue et d'adresse. On ne saurait blâmer David d'avoir joué un rôle indigne de sa robe; comme tant d'autres, il avait compris qu'il fallait que l'église redevînt militante, dans la grande crise révolutionnaire qui menaçait l'ordre social et la religion. Opposant la presse à la presse, les *clercs* ne devaient pas avoir le scrupule de s'armer de la plume.

Il crut pouvoir compter sur La Maisonfort, comme sur Fauche, et en cela il avait raison; mais ce dernier, qui voulait diriger à lui seul ce complot, se plaignit vivement du marquis, en disant qu'il avait été sur ses brisées. Il prétendit me faire partager sa colère, et je lui répondis un jour qu'il revenait sur ce texte par un vers que Racine met dans la bouche de Joad :

Qu'importe de quel bras Dieu daigne se servir!

Monnier raconte que, mis par Botto en présence de Barras, ce dernier lui avait dit : — *Mes plans sont faits ; il est temps que tout cela finisse. Partez ; je m'expliquerai quand on se sera expliqué. Indemnité et sûreté, voilà ce que je demande.*

Dès que La Maisonfort fut dans le secret, il se hâta de m'en faire part, tandis que Fauche, par des motifs que je ne comprenais point, persistait à m'en faire un mystère. Il voulait sans doute tout terminer, afin d'acquérir un plus grand titre à ma reconnaissance, en me présentant l'affaire conclue. Je sentis toute l'importance de ce que me mandait La Maisonfort, et crus qu'une telle négociation valait la peine d'être suivie, sans intermédiaire, par moi. En conséquence j'envoyai, vers le milieu de novembre, à Hambourg le duc de Fleury, investi de mes pleins pouvoirs. Je me trompai dans ce choix.

Le duc de Fleury est plein d'attachement à ma personne ; il a autant d'honneur que de délicatesse. Mais tout l'effraie ; il hésite, tâtonne, et ne sait jamais prendre une détermination. D'Avaray me disait une fois en parlant de lui : Chaque fois que je vois le duc de Fleury s'approcher d'un verre d'eau, je tremble qu'il ne s'y noie.

J'avoue donc que j'eus la main malheureuse dans mon choix ; mais le duc avait tant d'affection pour ses maîtres, que je me laissai entraîner. David Monnier revint à Hambourg, ainsi que Borel. Ils entrèrent tous les deux en conférence avec le duc de Fleury et La Maisonfort. Ils ne s'entendirent pas d'abord ; les ambitions se croisèrent. Bref, les choses s'embrouillèrent à tel point, que le duc de Fleury déclara à Fauche et au marquis qu'il défendait à Thoveney, mon agent à Strasbourg, de délivrer un passeport pour Mittau à David Monnier. Ce dernier m'écrivit alors la lettre suivante :

« SIRE,

« Votre agent confidentiel, Louis Fauche-Borel,
« porteur d'un billet de Votre Majesté qui lui ser-
« vait de lettre de créance, m'a prié de me charger
« d'ouvertures pour le rétablissement de la monar-
« chie en France. La négociation a été suivie, elle
« a développé un plan d'une exécution facile ; il
« ne restait plus qu'à lier par écrit deux hommes
« dont on pouvait douter, lorsqu'un malentendu
« a changé la forme de vos ordres.

« J'avais demandé à Votre Majesté la confirma-
« tion des pouvoirs qui m'avaient été transmis. Au
« lieu de cela, ces mêmes pouvoirs ont été accor-
« dés à M. le duc de Fleury. Dès-lors, mon rôle
« était interverti, et je devenais l'agent de l'homme
« auquel je m'étais présenté au nom de Votre Ma-
« jesté. M. le duc et moi n'avons pu nous entendre.
« Je voulais avoir l'honneur de porter mes expres-
« sions devant Votre Majesté, mais on m'a refusé
« un passeport. Cependant on s'est trompé en
« croyant m'empêcher d'accuser à Votre Majesté
« la négociation que j'ai commencée, ou de tendre
« à son exécution ; le bonheur de votre empire,
« celui du peuple semblent attachés au retour en

« France de Votre Majesté. J'ai donc cru devoir
« confier cette affaire au général Pichegru, livrant
« ensuite, d'après son avis, la négociation à des
« hommes d'état, et à un prince magnanime (le
« prince de Condé), qui seuls en ce moment peu-
« vent vous transmettre nos vœux et nos pensées.
« Le temps presse ; il m'est difficile d'attendre
« d'autres temporisations : permettez donc, Sire,
« d'approcher de Votre Majesté le sujet fidèle
« (La Maisonfort) qui a déjà obtenu une fois votre
« bienveillance, et qui a partagé mes travaux. Il
« vous donnera des détails que je ne puis vous
« donner moi-même. Sa modestie l'a empêché de
« vous demander des pouvoirs que je vous supplie
« de lui accorder dans l'intérêt de Votre Majesté.
« Si vous consentez, Sire, que je travaille à la cause
« de la monarchie, faites que vos sages volontés
« me soient transmises par un homme avec lequel
« je puisse m'entendre. M. de La Maisonfort n'a
« comme moi d'autre désir que de mériter une
« place dans l'estime de Votre Majesté, etc. »

7 mars 1799.

CHAPITRE XV.

Un Russe et un Anglais. — Mémoires de David Monnier.
— Conditions de Barras. — Le roi reçoit Fauche-Borel et
le marquis de La Maisonfort. — Rupture et racommodement. — Fauche-Borel écrit à Barras. — M. Eyriez. —
Suite de la négociation. — M. Tropès de Guérin. — Sa
lettre de créance. — Le 18 brumaire détruit cet espoir.
— Autre voie de négociation avec Barras. — L'abbé de
Montesquiou en est l'intermédiaire. — Lettre du roi au
directeur. — Réponse. — Fouché va trouver Buonaparte.
— Récit de cette intrigue. — Fausse politique de l'abbé
de Montesquiou. — Il est des menées que le roi ne dévoile
pas. Le pape Pie VI et le cardinal Maury. — Le roi
écrit au Saint-Père. — Pourquoi il écrirait au Mufty. —
Mort de Frédéric-Guillaume.

La guerre civile, ainsi déclarée entre gens de
même bord, fut poursuivie, selon l'usage, avec
une véhémence dont mes intérêts eurent à souffrir.
Le duc de Fleury, de son côté, m'écrivit contre le
trio hostile. Ceux-ci allèrent à Berlin, conduisant
avec eux Pichegru, qui prenait l'affaire à cœur. Là,
ils en conférèrent avec le comte Panin, ambassadeur de Russie près le roi de Prusse, et le général
anglais Stamfort. Il fut décidé qu'on m'enverrait

un mémoire plus détaillé que les lettres qui m'avaient été adressées.

Le mémoire que je reçus, en effet, était un acte d'accusation contre le duc de Fleury, qui, je l'avoue, avait tenu, dans toute cette affaire, une pauvre conduite. Il m'avait d'autant plus fait de tort que, m'en rapportant à ce qu'il me mandait, j'avais d'abord blâmé la communication faite par les trois amis, à des ministres russes et anglais, puis défendu à Fauche, à La Maisonfort et à Monnier, de venir à Mittau, en les prévenant que je me réservais dorénavant de fixer le mode de mes relations et le choix des gens. Le mémoire qu'ils m'adressaient se terminait par une demande formelle de lettres-patentes que je ferais dresser, et par *lesquelles, en ménageant ma dignité de monarque, j'assurais à Barras sa sûreté, ses propriétés et ma bienveillance.*

A la lecture de cette pièce, je compris qu'il importait à ma cause que la négociation fût suivie. Je fis donc répondre en des termes favorables, et engageai Monnier à retourner pour demander à Barras des pleins-pouvoirs plus amples. Je permis en même temps à Fauche et au marquis le voyage à Mittau. Ils ne se le firent pas dire deux fois, et arrivèrent bientôt, non sur le même cheval comme les quatre fils Aymon, mais dans la même voiture.

Je les reçus en présence de d'Avaray et de Saint-Priest; et après avoir entendu la lecture d'un mémoire que me fit le marquis, je l'envoyai à Saint-

Pétersbourg, communiquer au czar la marche de cette affaire. De son côté, Fauche se rendit à Wesel afin de poursuivre la négociation avec le mandataire du directeur. Mais, au lieu de Monnier, qui avait promis de venir le joindre, il trouve une lettre détruisant toutes nos espérances. Barras paraissait abandonner ses projets, et je donnerai plus tard l'explication de cette conduite de sa part. Cependant une seconde lettre de Monnier vint bientôt ranimer notre espoir. Elle annonçait qu'il viendrait s'entendre avec mes agens, dès que Barras aurait terminé certaine affaire qui l'occupait alors.

Par malheur les jours s'écoulaient, et Monnier ne paraissait pas. Dans cette conjoncture, Fauche imagina de s'adresser directement à Barras; il lui écrivit, à cet effet, une lettre à double sens, et termina en le priant de lui envoyer Botto, son secrétaire. Quant à David Monnier, nous apprîmes bientôt qu'il avait été enfermé au Temple. Sieyès, ayant su quelque chose de ses démarches, avait voulu l'en punir; peut-être même espérait-il envelopper Barras dans la même proscription. Il est du moins certain que ce dernier laissa arrêter son agent sans paraître s'intéresser à lui; cependant il le fit sortir du Temple au bout de quelques mois.

Fauche avait signé sa lettre à Barras, du nom de Borelly : elle lui fut remise tandis qu'il était au conseil avec ses collègues et M. de Talleyrand Périgord, alors ministre des relations extérieures. Barras, voulant agir de ruse, donna connaissance au conseil des propositions du faux Borelly. M. de Talleyrand dit qu'il serait peut-être bon de connaître à fond ce que cet homme se vantait de savoir ; le Directoire exécutif accueillit cet avis, et Barras, ainsi autorisé officiellement, put suivre en particulier son intrigue. Il envoya alors M. Eyriez vers Fauche-Borel avec une lettre de créance. Fauche écrivit directement à Barras par l'intermédiaire de M. Eyriez, qui méritait toute son estime et appuya de ses propres sollicitations celles de Fauche auprès du directeur.

Celui-ci reçut cette dernière dépêche vers le mois de septembre 1799. Il résolut d'y répondre franchement, la situation des affaires lui faisant craindre la chute prochaine de la république, alors battue sur tous les points. Barras, feignant toujours de croire à la signature du faux Borelly, consulta deux de ses collègues, Moulin, Gohier, ainsi que le ministre de la guerre et Fouché ; tous décidèrent qu'il fallait poursuivre l'affaire. En conséquence, le directeur choisit pour agent M. Tropès de Guérin, qui reçut le titre d'*envoyé extraordinaire, et de ministre plénipotentiaire de la république française, sur la rive gauche du Rhin, à Brunswick.* Cette pièce est datée du 14 septembre.

M. Tropès de Guérin se mit aussitôt en route. Il s'aboucha d'abord à Clèves avec M. Eyriez, qu'il pria de l'accompagner à Wesel, pour lui servir de correspondant auprès de Fauche, auquel il remit une lettre de Barras, conçue en ces termes :

« Je reçois, monsieur, votre lettre, par l'inter-
« médiaire de M. Eyriez ; je l'ai communiquée au
« Directoire, qui a ordonné au ministre des rela-
« tions extérieures d'accorder un passeport au ci-
« toyen Guérin, porteur de la présente. Vous pou-
« vez avec confiance lui communiquer les pièces
« que vous m'annoncerez être d'un intérêt majeur
« pour la république *et pour moi en particulier.*
« Recevez mes félicitations.

« *Signé* P. BARRAS. »

Fauche s'entendit aisément avec le nouvel envoyé ; ils convinrent des dispositions préliminaires, et M. Guérin retourna à Paris pour recevoir du directeur son dernier mot. Tout allait se terminer dans mes intérêts, lorsque Buonaparte arriva d'Égypte, et changea, en quelques jours, la face des choses. Le Directoire fut renversé, la négociation rompue, et la colère du premier consul tomba sans ménagement sur tous ceux qui s'en étaient mêlés. Ainsi fut brisée sans retour une trame assez bien ourdie, et qui aurait pu réussir, si Moreau, sur lequel je comptais, s'était allié à Barras et à Pichegru.

La chute de Barras m'affligea doublement ; car, afin de me mieux assurer de ses dispositions, je l'avais fait attaquer par une autre voie que celle de mes agens ordinaires, qui aimaient trop à se faire valoir, et donnaient ainsi aux intéressés les moyens de déjouer mes projets. Je suis persuadé que leur indiscrétion avait beaucoup contribué à mettre Siéyès dans le secret, et que ce fut par ce méchant homme que Buonaparte en eut connaissance à son tour. Aussi ne me livrais-je qu'avec réserve à ces messieurs, non que je doutasse de leur fidélité, mais parce que je craignais leur imprudence.

J'avais à Paris, pour chef de tous mes agens, l'abbé de Montesquiou, politique sage et peu communicatif, et qui jamais ne compromit ma cause. Ce fut donc à lui que je m'adressai. Je l'engageai à se mettre en rapport avec Barras, mais de manière à ne pas lui laisser croire que je prenais l'initiative. L'abbé se conforma à mes instructions, il fit agir auprès de Barras plusieurs membres du corps législatif. Après quelques pourparlers, le directeur voulut avoir de moi une réponse positive à ses demandes, qui étaient toujours les mêmes : sûreté, indemnité, etc... Désirant, de mon côté, terminer cette affaire, je lui écrivis en ces termes :

« J'oublierai tout ce qui sera antérieur à ma ren-
« trée. Voilà, monsieur le vicomte, ce que je puis
« assurer à vous d'abord, et ensuite à tous les Fran-
« çais. Vous aurez assez de prudence pour vous te-
« nir à l'écart dans le premier moment. Un voyage
« d'un an en Italie et en Angleterre suffira, et cela
« autant dans vos intérêts que pour satisfaire aux
« convenances. Vous ne me verrez point, cela doit
« être ; mais vous n'en aurez pas moins droit à ma
« reconnaissance. Je ne vous dissimule point com-
« bien j'estime le service que vous voulez me ren-

« dre. J'admets toutes vos demandes ; mais je veux
« encore que votre famille ait à ma munificence des
« titres qui ne seront jamais contestés. Mon inten-
« tion, je vous le répète, est d'oublier le passé ; je
« ne le rappellerai que si on m'y force ; engagez
« donc tous ceux qui aiment la paix à se tenir tran-
« quilles. Mon projet est d'appeler à toutes les fonc-
« tions les hommes qui pendant la révolution ont
« fait preuve de talens remarquables. Tous les mi-
« litaires conserveront leurs grades, vous serez mon
« garant auprès d'eux, et cette lettre déposera con-
« tre moi, si je manque à aucuns des engagemens
« qu'elle renferme, etc., etc.
« *Signé* Louis. »

Barras, enchanté de cette lettre, me répondit à son tour de la manière suivante :

« Sire,

« Je mets aux pieds de Votre Majeté mon respect
« et ma gratitude. Je conviens que si je réussis dans
« ce que je vais tenter, j'aurai acquis des droits à
« votre clémence. Le passé doit être pénible pour
« tous, le mieux est donc de l'oublier ; je me re-
« pose en cela sur les vertus de Votre Majesté. Le
« plan de conduite future dont elle daigne me faire
« part ramènera infailliblement en France la con-
« corde et le bonheur. Je ne doute pas que tous ceux
« qui ont des reproches à se faire ne se tiennent en
« paix à l'écart. Quant à moi, je tâcherai de me

« perdre dans la foule, et la protection de Votre
« Majesté me secondera. Je le regarderai comme
« une faveur, et non comme une récompense. D'ici
« là, je chercherai le plus possible à faire connaî-
« tre vos intentions paternelles, lesquelles ne peu-
« vent manquer de vous attacher tous les cœurs;
« le mien et d'avance à Votre Majesté, etc.

« Barras. »

Je remarquai qu'il avait évité de prendre le titre de directeur, sa qualification de vicomte, et
surtout celle de sujet. C'était sans doute afin de ne
pas se mettre en entier dans ma dépendance jusqu'au moment venu.

Charmé de ces assurances, je m'occupai avec
plus de réserve de l'autre négociation, qui me parut beaucoup moins importante; je crus dès-lors
que Barras m'était acquis; ce fut aussi la pensée de
l'abbé de Montesquiou, qui me tenait au courant
de ses communications journalières avec lui. Barras
prétendait faire nommer au Directoire deux hommes à sa dévotion, au moyen desquels il se flattait
d'assurer la contre-révolution. Tout de ce côté marchait à merveille, lorsque l'abbé de Montesquiou
commit une grande faute, et qui eut des conséquences incalculables; voici comment :

Fauche avait manœuvré de manière à s'assurer
l'entière confiance de Barras, qui, emporté par sa
légèreté naturelle, lui avoua qu'il avait avec moi
des relations tendant à nous rapprocher. Fauche,

loin de le blâmer, exigea seulement d'être compris dans cette affaire. Voici ce qu'il m'a conté depuis à ce sujet, et ce dont l'abbé est convenu, en 1814. Je vais le laisser parler lui-même.

« Il me parut naturel que Barras, en homme d'esprit, craignît que la république n'eût un terme; or, dès qu'il croyait sa chute possible, il devait chercher à se mettre à couvert. Cette pensée était la mienne; nous nous étions beaucoup remués depuis 1789, pour, au résultat, nous enfoncer plus avant dans les ténèbres : les aveugles ne s'en apercevaient pas encore; mais moi, je voyais bien qu'on poursuivait le système d'alors : c'était arriver de convulsion en convulsion à une mort absolue ou à un despotisme qui pourrait s'appuyer par l'épée du premier général assez audacieux pour renverser la république. Dans cet état de choses, le mieux était de revenir à peu près au point d'où on était parti.

« Ceux qui tuent leur roi ne peuvent guère espérer le pardon d'un tel crime, qu'en rendant de grands services à son successeur. Vous ramener sur le trône de France, était, sire, s'assurer l'impunité du meurtre de votre auguste frère, et je me promis de m'y employer de tout mon pouvoir; j'entretins donc Barras dans ses bons sentimens et me mis en mesure de me faire adjoindre à lui par l'abbé de Montesquiou. Je croyais avoir affaire à un homme d'état, dégagé de toute passion et qui verrait avant tout l'intérêt de Votre Majesté; mais lorsqu'on parla de ma coopération au saint prélat, il se signa comme si on lui eût proposé de faire un pacte avec Satan, et ne voulut à aucun prix consentir à m'admettre dans la négociation ; il me fit même savoir que mon nom figurait sur la liste de ceux qui seraient proscrits à la rentrée de Votre Majesté.

« Peu charmé de cette perspective, et afin de l'éviter, je me rangeai sous une autre bannière, sous celle de Buonaparte, auquel je fis des propositions tandis qu'il était encore en Égypte. Ce fut ce refus maladroit de l'abbé de Montesquiou qui me fit appuyer de tous mes moyens la révolution du 18 brumaire, que j'aurais pu empêcher en ma qualité de ministre de la police ; il en advint le consulat, l'empire et un retard de quelques années de la rentrée de Votre Majesté. »

Tel fut l'aveu que me fit Fauche ; je n'eus pas le droit de m'en plaindre ; la faute était due entièrement à l'abbé de Montesquiou, qui ne comprit pas que là où il s'agissait du rétablissement de la monarchie, il fallait mettre de côté toute considération secondaire.

J'ai voulu rapporter en entier les détails de deux tentatives dont le but était le même, afin de prouver que je ne négligeais rien pour relever le trône de mes pères. Maintenant, je vais reprendre les choses de plus haut, et me reporter à la fin de 1798. Il est d'autres négociations sur lesquelles je pourrais m'étendre, et dont le comte de Puisaye était, à Londres, la cheville ouvrière ; mais il me répugne de citer des faits dans lesquels je jouerais le rôle d'accusateur envers des personnes investies de mon amitié, ou qui avaient embrassé ma cause de bonne foi.

Lorsque j'appris la conduite indigne du Directoire envers le pape, j'en fus vivement affligé, et je me crus dans la nécessité de lui exprimer mes sentimens de compassion d'une manière plus précise que par la bouche de mon agent. C'était alors le cardinal Maury, archevêque de Montefiassonne et de Cornetto,

Qui depuis... Rome alors estimait ses vertus.

J'ai dit Rome pour le vers, mais l'émigration française attendait aussi du cardinal un second aigle Meaux, ou un cardinal de Ximenès.

Où était-il lui-même en ce moment ?... en fuite comme la plupart des membres du sacré collége. Il s'était croisé, en sortant de Rome, avec le commissaire du Directoire, Faypoult, chargé de le faire arrêter. Il parvint à s'évader, alla en Allemagne, puis se rendit à Mittau. Je transcrirai la conversation que nous eûmes ensemble.

Il ne pouvait donc plus être mon interprète auprès de Pie VI. J'adressai à Sa Sainteté une lettre que l'abbé Faure se fit un plaisir de lui remettre. Ayant cousu ma missive dans la doublure de sa redingote, il se mit en route, persuadé qu'il accomplissait un devoir religieux qui lui obtiendrait les indulgences. Cette lettre s'exprimait ainsi :

« Très-saint Père,

« Permettez, au milieu de l'affliction qui vous
« frappe, que la voix d'un fils tendre et respec-
« tueux s'élève pour vous offrir les consolations de
« la sympathie, puisqu'il ne lui est pas permis de
« vous en donner d'une autre nature. Ma tristesse
« serait moins profonde, si l'attentat commis sur
« votre personne sacrée ne l'avait pas été par des
« Français. Mais, Très-Saint-Père, ce sont des en-
« fans égarés ; daignez leur pardonner, et surtout
« ne pas envelopper dans leur crime la France, qui
« sera toujours le royaume très-chrétien, comme
« Votre Sainteté ne cessera jamais d'être le succes-
« seur de saint Pierre. Les seuls coupables sont les
« tyrans qui abusent, ou qui plutôt compriment
« mon peuple. Votre Sainteté ne confondra pas les
« malfaiteurs avec leurs victimes, et ses prières,
« plus agréables à Dieu dans ces temps d'épreuve
« et de tribulation, seront, j'ose l'en conjurer, plus
« spécialement dirigées sur cette nation qui ressent
« d'une manière si terrible les effets de la colère
« céleste.

« Quant à moi, Très-Saint-Père, je renouvelle à
« Votre Sainteté les assurances de mon attachement
« inviolable au Saint-Siége, et de ma vénération
« pour votre personne sacrée, avec lesquels, etc.

« *Signé* Louis. »

Je croyais devoir employer envers le pape ces
formes respectueuses qu'un roi est tenu de prendre

envers les ministres de toutes les religions, quelle que soit d'ailleurs son opinion. Je traiterais le mufti de seigneur très-vénérable, si j'avais à lui écrire; et si je le savais homme de bien, je n'hésiterais pas à lui demander sa bénédiction. Une des choses qui m'ont le plus frappé dans Buonaparte, ce sont les égards qu'il a toujours eus pour les ecclésiastiques et la religion. Lorsque son ambition le porta à attaquer le pape comme souverain temporel, il essaya vainement de se séparer du pontife suprême; ce qui plaide encore en faveur de l'argument que j'avance.

Frédéric-le-Grand avait les mêmes sentimens. Je tiens du feld-maréchal de Kalschkreutz, qu'un prélat allemand s'étant un jour imaginé qu'il se rendrait agréable au roi en affectant un langage impie, Frédéric dit en se tournant vers M. de Kalschkreutz :

— Voilà un homme que je ferais sauter par la fenêtre, si je ne respectais son caractère sacerdotal. Je dois, quoique philosophe, paraître respecter le clergé, parce que si je le tourne publiquement en ridicule, le peuple à son tour se moquera de moi : tant rois et prêtres se tiennent.

CHAPITRE XVI.

État politique de l'Europe à la fin de 1798. — Pourquoi la Prusse et l'Autriche ne déclaraient pas la guerre à la république française. — Réflexions du roi. — Paul Ier, grand-maître de Malte. — Une seconde coalition se forme. — Quand le czar cessera-t-il de bouder le roi ? —Son caprice cesse. — Fragmens d'une de ses lettres. — Il traite bien M. d'Avaray. — Le roi envoie à Paul Ier le cordon de Saint-Lazare. — Il profite de la nouvelle bienveillance du czar. — Il le prie de réclamer à Vienne le départ de Madame Royale. — Réponse laconique de Paul Ier. — Il force l'Autriche à rendre la princesse au roi son oncle. — Arrivée de la reine. — Récit de l'entrevue du roi avec Madame Royale. — Ce qu'elle dit à l'abbé de Firmont.

A la fin de 1798, l'équilibre politique était rompu plus que jamais en Europe. Il y avait un pape, parce que l'église de saint Pierre ne peut manquer de chef ; mais il n'y avait plus d'état pontifical. Le trône de Naples était renversé ; le roi de Piémont venait d'être chassé de ses domaines de terre-ferme; le duc de Toscane était menacé du même sort ; le duché de Modène subissait la loi commune qui allait atteindre celui de Parme. L'état de Venise avait disparu, et à la place de tant de souverainetés antiques s'élevaient de jeunes républiques turbulentes, exemples plus dangereux pour tous les peuples disposés à se lancer dans le sentier glissant des révolutions.

Trois ans à peine avaient suffi pour amener des changemens qui bouleversaient l'œuvre des siècles; et, pour les maintenir, la république française se montrait de tous côtés armée et menaçante. Ce n'était pas assez d'avoir conquis les provinces rhénanes, la Belgique, la Hollande et la Suisse; elle avait encore fait trembler l'Espagne, forcé la Prusse à traiter, et bouleversé en entier l'Allemagne.

Tant de choses incompréhensibles étaient bien capables d'attirer l'attention inquiète des monarques, surtout en voyant cette république envahissante tourner les yeux vers une autre partie du monde, s'emparer de Malte autrefois le boulevard de la chrétienté, avoir fait en se jouant la conquête de l'Égypte, et portant déjà le drapeau tricolore dans les plus riches contrées de l'Asie.

Les souverains regardaient donc avec terreur le colosse de la démagogie toujours prêt à les dévorer; certes le moment était venu, ou jamais, de former une ligue formidable pour l'étouffer, ou s'opposer à ses dévastations. Mais des calculs d'intérêt arrêtaient encore les rois. Celui d'Espagne avait l'indigne faiblesse de flatter les assassins de sa famille; la Prusse avait vendu ses anciens principes argent comptant, elle avait d'ailleurs besoin de calme pour établir sa nouvelle puissance du côté de la Pologne;

un motif semblable retenait l'Autriche : elle craignait de perdre les états de Venise dont la possession ne lui était pas encore bien assurée.

La frayeur avait fait poser les armes au Portugal, au Danemarck et à tous les princes de l'Allemagne. L'Angleterre continuait à combattre, mais seule, ou n'ayant pour allié que le sultan de Constantinople ; le reste des puissances humiliées, vaincues ou achetées, voyaient tranquillement ce qui naguère les aurait fait prendre mille fois leurs armes ; néanmoins, toutes couraient les mêmes dangers, il s'agissait de leur existence, et elles persistaient à tendre la tête aux principes révolutionnaires prêts à les envelopper.

Je ne me lassais pas de présenter aux divers cabinets les périls de leur position ; je le leur montrais sous toutes les faces, mais ils ne m'écoutaient pas ; ce que mes sages avis, mes prières ne purent faire, une fantaisie d'enfant le détermina : la catastrophe de Malte amena en quelque sorte la dissolution de cet ordre chevaleresque. Hompech, son dernier grand-maître, qui, comme les d'Aubusson et les La Valette, n'avait pas su mourir avec honneur, venait récemment, pour complaire à l'empereur de Russie, d'abdiquer en sa faveur, et ceci sans droit et sans permission. Cet acte amena un schisme; le pape ne pouvait consentir qu'une dignité toute catholique passât à un prince qui ne comptait pas au nombre de ses enfans : néanmoins il se taisait par diverses considérations politiques ; la plupart des commanderies et des grands princes d'Allemagne ; et presque tous les chevaliers français, reconnurent Paul 1er pour grand-maître. Ce prince en éprouva tant de joie que, pour rétablir cet ordre, il imagina de déclarer la guerre à la France, et conclut une alliance intime avec les rois d'Angleterre, de Suède, de Piémont et de Naples, bien que ces deux derniers fussent chassés de la meilleure partie de leurs états.

Ce fut de cette manière que recommença la seconde coalition contre la république française. Elle se présentait avec des chances plus favorables que la première. On pouvait croire les troupes républicaines fatiguées de tant de combats ; on savait que l'élite était en Egypte, que la division existait entre les chefs de celles qui étaient restées en Europe, que le vaisseau de l'état était battu de toutes parts par la tempête; le royaume devait être épuisé d'hommes et d'argent ; on ne lui connaissait pas de commerce extérieur. Ses transactions mercantiles étaient gênées par l'embarras des finances, par les papiers-monnaie qui tendaient à sa ruine complète ; la Vendée, ainsi que la Bretagne, continuait à être un foyer de guerre civile; enfin on voyait pour gouvernement un Directoire sans mérite, parodie mesquine de la royauté, qui dans son despotisme ne possédait plus rien de la féroce énergie de la Convention nationale.

C'était donc le véritable moment de recommencer les hostilités ; cependant, on le retarda par une de ces causes imprévues qui annulent trop souvent les plus habiles calculs de la prudence humaine.

Pendant ce temps je languissais à Mitau abandonné du czar qui m'avait appelé avec tant de démonstrations d'amitié ; je voyais Paul Ier poursuivre le cours des folies qui devaient finir par le précipiter du trône, et j'en ressentais une peine extrême. Les nobles procédés de Catherine II envers moi et ma famille m'attachaient à son fils, par un sentiment de reconnaissance ; je me flattais d'ailleurs que ce prince changerait de conduite à mon égard lorsque son caprice serait passé, et qu'alors il m'accorderait des secours que je n'obtiendrais de nul autre souverain. Je me disais aussi que la politique russe ne pourrait jamais concevoir de plans contraires à ma rentrée, ni y mettre pour condition la cession de telle ou telle province de France. En un mot, je pensais qu'elle seule serait toujours désintéressée dans la haute question de mon rétablissement.

Je patientais donc et profitais de toutes les circonstances qui pouvaient me rappeler à l'esprit du czar, mais aucun signe de vie ne me venait de Saint-Pétersbourg.

L'année 1798 venait de commencer sous des auspices peu favorables ; je me désolais un beau matin, lorsqu'on m'annonça tout-à-coup l'un des aides-de-camp de l'empereur de Russie, le prince Galitoire ; il était chargé, par son maître, de m'apporter la grand'croix des ordres de Sainte-Anne et de Malte, avec plusieurs brevets en blanc, de décorations de commandeur, pour que je les fisse distribuer à ma volonté. Paul Ier avait seulement nommé commandeur mon cher d'Avaray, et fait accompagner cette distinction d'une lettre autographe, dans laquelle se trouvait cette phrase : *Je ne vous accorde cette faveur que pour honorer en vous votre fidèle attachement à votre maître.*

Le czar m'écrivit aussi une lettre fort gracieuse : il me disait, entre autres choses, que pour me prouver son désir d'établir entre nous une liaison intime, il me priait de lui envoyer, non l'ordre du Saint-Esprit, qui était l'ordre du roi de France, mais celui de Saint-Lazare, qu'il regardait comme ma propriété personnelle. Il ajoutait que l'avenir me ferait reconnaître la sincérité de ses paroles; que de ce jour il prenait l'engagement d'adoucir mon sort, et qu'il me conjurait de lui demander ce qui me serait le plus agréable, empressé qu'il était de me l'accorder.

Je m'empressai de satisfaire les désirs de l'empereur, et chargeai le comte de Cossé-Brissac, capitaine de Cent-Suisses, de lui porter la croix de Saint-Lazare. On rendit à mon envoyé de grands honneurs sur la route, et il reçut, à Saint-Pétersbourg, l'accueil le plus gracieux. Le czar le fit manger avec lui, l'invita aux fêtes les plus intimes, et affecta de dire devant lui, en montrant l'ordre de Saint-Lazare :

— Il me rappellera sans cesse l'ami malheureux auquel je le dois.

Cette conduite pouvait faire naître en moi de nouvelles espérances, et, en effet, elles ne furent pas déçues d'abord. J'appris, vers le même temps, que la Russie allait déclarer la guerre à la république française, que Paul Ier voulut me ramener en France, remettre sur le trône les rois de Naples et de Turin, faire rentrer à Rome le saint Père, et que l'invincible Suvarow serait chargé du commandement des armées. Le prince de Condé reçut aussi l'avis que son corps, cantonné en Volhynie, ferait partie de cette expédition, et que les troupes russes se rassembleraient sur les frontières de la Gallicie.

Le czar m'ayant dit qu'il m'accorderait la première demande que je lui ferais, je pensai aussitôt à ma chère et infortunée nièce, qui languissait dans une sorte de captivité à Vienne, et me décidai à conjurer Paul Ier de briser ses fers ; mais pour négocier avec succès cette affaire, il fallait en confier le soin à un agent particulier : mon choix tomba sur d'Avaray! Ayant l'intention de le mettre à la tête de mon cabinet, il me convenait de signaler son entrée en fonction par une mission de cette importance ; je pensais, d'ailleurs, que le czar le verrait avec plaisir, d'après la bienveillance qu'il venait de lui manifester ; en conséquence, je le fis partir, chargé d'une lettre autographe que des considérations particulières ne me permettent pas d'insérer dans mes Mémoires. Je fus dans une cruelle incertitude jusqu'au moment où je reçus la réponse suivante, qui m'arriva de Saint-Pétersbourg :

« Monsieur mon frère,

« Madame Royale vous sera rendue, ou je ne
« serai plus Paul Ier.

« Je suis, de Votre Majesté, etc. »

Ce laconisme d'autocrate me charma beaucoup plus que ne l'auraient fait des périodes bien arrondies. Dès-lors je me tins tranquille, ne doutant plus du succès. D'Avaray me manda en même temps que l'empereur avait paru touché de mes raisons, et que dès le lendemain, sans prendre avis de son conseil, il avait fait partir un envoyé extraordinaire, avec l'injonction de réclamer impérieusement ma noble nièce. Cette demande était faite en termes si énergiques, qu'un refus eût été une déclaration de guerre; ce qui n'était nullement dans les vues du cabinet de Vienne. C'était au moment même où l'Autriche s'alliait une seconde fois à la Russie, pour combattre la république française; il ne lui convenait donc pas de se brouiller avec elle; aussi la cour s'empressa-t-elle d'accorder au czar sa demande, bien qu'elle en éprouvât un profond dépit. Cependant elle se hâta moins de faire partir Madame Royale, espérant quelque secours du temps.

Je savais ce qui se passait en Autriche, et j'en instruisais Paul Ier; son amour-propre était en jeu dans cette affaire ; ce qui l'empêchait de se refroidir selon son habitude. Il fut même très-piqué qu'on tardât, par des mesures dilatoires, à le satisfaire ; et il récidiva sa demande de manière à prouver que sa volonté, sur ce point, était absolue. On ne chercha donc plus de nouveaux obstacles, et j'appris officiellement que la famille de Lorraine consentait à se séparer de Madame Royale.

Je reçus cette nouvelle avec une vive satisfaction, et je voulus bien officiellement aussi l'attribuer à un bon mouvement de François II ; en conséquence, je l'en fis remercier, et, dans notre correspondance réciproque, le nom du czar ne fut pas prononcé. L'arrivée de Madame Royale me tirait d'un grand embarras pour l'avenir, et mettait fin à des intrigues qui plus tard auraient peut-être compromis l'homogénéité du royaume de France. Dès que j'eus acquis la certitude de cette nouvelle, je fis appeler le duc d'Angoulême, et lui dis en l'embrassant :

— Mon neveu, vous allez voir bientôt Madame Royale, l'épouse qui vous est destinée. Elle vous apporte en dote la protection des saints martyrs ses augustes parens, et des vertus qui vous rallieront tous les cœurs. Espérons maintenant tout de l'avenir.

Le duc d'Angoulême parut vivement touché ; cependant il me dit qu'il ne serait certain d'être réuni à Madame Royale, que lorsqu'elle serait sur le territoire russe.

. Nous devions aussi revoir incessamment la reine, qui était restée loin de Mittau, où je n'avais voulu l'appeler que lorsque, plus sûr du lendemain, j'aurais enfin fixé pour un temps déterminé les dieux lares de ma royauté errante. Il me tardait de l'avoir près de moi, et je profitai de la venue de ma nièce pour engager la reine à nous rejoindre; le double voyage de ces princesses chéries fut combiné de manière à ce que la reine arriva la première, le 3 juin 1799. Elle était accompagnée par la duchesse de La Tour-d'Auvergne, sa fille, et la duchesse de Narbonne, fille aînée de madame de Serrent, qui de son côté suivait ma nièce à Mittau.

La reine me parut maigrie; elle était profondément affligée de nos infortunes et de celles de sa propre famille. La ruine du Piémont pesait autant sur son cœur, que la rébellion de la France. Je m'étais empressé d'aller à sa rencontre avec ma cour, voulant lui manifester toute la satisfaction que j'avais à la revoir.

Le lendemain, 4 juin, Madame Royale arriva à son tour; elle fut complimentée de ma part, et de celle de la reine, par le duc de Villequier, le comte de Cossé et le duc de Guiche, qui la rejoignirent à trois relais successifs. Elle avait déjà reçu, à six lieues de Mittau, le chevalier de Malden et de Turgy : le premier était l'un des trois gardes-du-corps qui avaient servi de courriers au feu roi son père, dans sa fuite à Verennes; le second était le valet de chambre de Louis XVI, dont il a parlé si honorablement.

La journée était belle, le ciel sans nuage, et la chaleur excessive ; nous cheminions au milieu de tourbillons de poussière, car la reine et moi avions voulu aller rejoindre notre nièce chérie au-delà des portes de Mittau. Madame Royale, de son côté, s'avançait avec une émotion facile à comprendre. Toutes ses douleurs allaient être renouvelées. D'aussi loin qu'elle nous aperçut, elle s'élança de sa voiture, et de mon côté j'en fis autant.

Je ne pus empêcher cet ange du malheur de se jeter à mes genoux en me tendant les bras ; puis elle s'écria, à travers les sanglots qui la suffoquaient : Mon père !... mon oncle !... pardonnez à mon désordre !... »

Je courus à elle assez à temps pour la recevoir dans mes bras, car elle allait tomber épuisée par la force de son émotion. Je la serrai à plusieurs reprises sur mon sein avec une tendresse toute paternelle, et mes pleurs se mêlèrent aux siens. Le duc d'Angoulême, aussi attendri que nous, s'était emparé d'une de ses mains, qu'il couvrait de baisers et de larmes. Enfin, nous retrouvâmes tous la parole, et je pus alors exprimer à l'intéressante orpheline toute la joie que me causait sa présence. Je lui présentai ensuite d'Avaray comme le premier auteur de notre réunion. Madame Royale lui exprima sa reconnaissance dans les termes les plus touchans ; elle accueillit aussi le duc d'Angoulême de manière à le satisfaire.

Nous allâmes rejoindre la reine dans ma voiture.

Ici se renouvela une autre scène d'attendrissement ; mais l'émotion de Madame Royale fut au comble, lorsque, arrivés à Mittau, je lui présentai l'abbé Edgewort de Firmont, précédé par le cardinal de Montmorency, grand-aumônier de France. Ma nièce le regarda fixement ; une pâleur mortelle couvrit son visage, puis elle dit :

— Monsieur a près de moi des titres bien sacrés à ma reconnaissance.

Elle nous conjura ensuite de la laisser un moment seule avec le digne prélat. Que de fois son cœur fut brisé dans cet entretien, qui lui rappela tant d'horribles souvenirs!

CHAPITRE XVII.

Quelques détails de famille. — Mariage du duc d'Angoulême avec Madame Royale. — Mariage du comte de Damas avec mademoiselle de Serrent. — Le roi récompense toujours de ses bonnes intentions. — Le cardinal Maury à Mittau. — Son portrait. — Son histoire depuis l'émigration. — Le roi cause avec lui. — Les Vénitiens. — Il veut convertir les Russes. — Un clou et un chapeau d'ambassadeur. — Le cardinal Maury voudrait rentrer en France. — Ce qu'il dit au roi de Buonaparte. — Sot propos d'un homme d'esprit. — Le roi finit par être sa dupe.

J'aurais ardemment souhaité que Monsieur, Madame et le duc de Berry complétassent notre fête de famille par leur présence ; mais la Providence voulait que nous fussions encore séparés : c'était un chagrin de plus auquel il fallait se soumettre. Madame Royale partagea mes regrets, et ressentit vivement l'absence de ces chers parens, surtout celle de Madame, qui allait devenir sa seconde mère. Elle trouva, à son arrivée, une lettre charmante que lui adressait cette princesse.

Le duc de Berry était en ce moment près du prince de Condé. Il avait pris, au nom du duc d'Angoulême, le commandement des chasseurs nobles, et il traversait les provinces autrichiennes pour aller se réunir à la grande armée austro-russe, destinée à faire la conquête de l'Italie. Monsieur habitait le château des Stuarts, à Édimbourg, d'où il dirigeait les agens que nous avions en France, sur toute la lisière de l'Océan. Il tâchait d'entretenir le feu sacré, quoiqu'à une assez grande distance du foyer principal.

J'étais donc à Mittau avec le seul duc d'Angoulême, lorsqu'arrivèrent la reine et Madame Royale. Nous avions arrêté à l'avance, entre nous, les conventions du mariage projeté, persuadés que l'intérêt de notre famille exigeait sa prompte conclusion. On pouvait craindre, tant que Madame Royale ne serait pas la femme du duc d'Angoulême, qu'il s'élevât quelque ambition qui nous susciterait des embarras dont nous aurions peut-être peine à nous affranchir.

Les noces devaient se faire immédiatement après notre réunion. Un motif particulier me les fit retarder jusqu'au 10 juin. Mais ce jour-là, je conduisis moi-même à l'autel les augustes fiancés. On essaya de donner un air de fête à cette cérémonie solennelle. La chapelle du château fut ornée de guirlandes de fleurs. Le grand-aumônier de France, assisté du curé catholique de Mittau, officia, et l'abbé de Firmont prononça le discours d'usage, car le cardinal de Montmorency ne possédait qu'imparfaitement le don de la parole. C'était le plus honnête homme du monde, mais le moins éloquent.

Madame Royale appela à son aide toute son énergie, pour dissimuler les amertumes de son cœur. Chaque acte public de sa vie lui rappelait les pertes cruelles qu'elle avait faites. Le duc d'Angoulême était ivre de bonheur, et sa raison se trouvait tellement troublée, qu'on dut lui détacher le comte de Cossé-Brissac pour le mettre au fait de l'étiquette de la journée. Le comte égaya la soirée de mon cercle intime par le récit qu'il nous fit de sa mission. Nous nous rappelâmes les circonstances du mariage de Louis XVI, et nous convînmes que mon neveu était digne en tout point d'être le gendre du feu roi mon frère.

J'espérais que Dieu bénirait cette union; il n'en a pas été ainsi. On attribue la stérilité de Madame Royale aux chagrins qui ont flétri sa jeunesse. Quoi qu'il en soit, je dois renoncer à avoir des successeurs de cette branche de ma famille.

Une noce en amène toujours une autre, dit je ne sais plus quel auteur de proverbes. A peine la messe des épousailles fut-elle terminée, qu'il fallut la recommencer pour la fille cadette de la duchesse de Serrent, qui se maria avec le comte Étienne de Damas. Celui-ci, né en 1753, n'a jamais eu de bonheur; fait prisonnier des Anglais, dans l'Inde, lors de la guerre que Louis XVI soutint contre cette puissance, à l'avantage des États-Unis, il tomba dans une embuscade, et n'eut pas même la gloire d'une défaite honorable. De colonel en second du régiment d'Aquitaine, il passa colonel en chef du régiment du Vexin. Lors de la révolution, il prit successivement du service à la solde de la Hollande et de l'Angleterre, et forma une légion moitié de cavalerie, et moitié d'infanterie, qui porta son nom. Cette légion fut détruite à Quiberon, où le comte Étienne eut la douleur de ne pas se trouver. Il alla ensuite avec les débris de ce corps servir dans l'armée de Condé; je le nommai maréchal-de-camp en 1795; il rejoignit en Russie mon neveu le duc d'Angoulême, puis nous suivit à Mittau, où il se maria; et en 1814, il accompagna mon neveu dans les provinces méridionales de la France; je l'en récompensai par la grand'croix de Saint-Louis et le grade de lieutenant-général. En 1815, il fut chargé d'être le chef militaire d'un gouvernement provisoire; mais le pauvre Damas n'avait pas la tête assez forte pour une telle responsabilité; il se laissa jouer par le général de La Borde avec une facilité désespérante. Cependant je ne lui tins pas moins compte de ses bonnes intentions en le créant duc. C'est, au résultat, un homme d'une bonté et d'une loyauté parfaites.

La duchesse de Damas-Crux, sa femme, est digne par ses vertus de l'affection que lui porte la duchesse d'Angoulême; les princes seraient heureux si tous les courtisans ressemblaient à ce couple estimable.

Le mariage de mon neveu et de ma nièce fut célébré par une véritable fête de famille. Je tins à y réunir des Français des trois classes de la nation, que je choisis parmi les membres des états-généraux qui avaient émigré. Au milieu du repas simple que je leur donnai, je leur dis :

— C'est ici une fête française : mon bonheur serait complet si j'avais pu y réunir tous ceux qui, comme vous, se sont signalés par une fidélité courageuse envers le roi mon frère.

J'aurais souhaité, pour satisfaire ces excellens serviteurs, que ma nièce eût pu oublier, pendant quelques instans, les malheurs qui avaient brisé son ame ; mais son vif désir de me complaire fut vaincu par tant de souvenirs douloureux.

Je communiquai ce mariage à la cour de Vienne et à toutes les cours de l'Europe. Je chargeai le prince de Condé d'en faire part à son armée, et j'en transmis également la nouvelle à mes agens afin qu'ils la répandissent dans le royaume. Je leur disais :

« Cette alliance me comble de joie ; mais j'en
« jouis bien moins pour moi que pour mes fidèles
« sujets. Ils verront avec attendrissement l'unique
« rejeton du roi-martyr que nous pleurons, fixé à
« jamais près du trône ; et lorsque la mort m'em-
« pêchera de travailler à leur bonheur, je leur aurai
« du moins donné une mère qui ne pourra oublier
« ses propres infortunes, qu'en rendant heureux
« ses enfans. »

J'avoue que je tenais extrêmement à ce mariage. J'aurais vu avec une peine véritable Madame

Royale unie à tout autre qu'à l'héritier présomptif de la couronne : à tel point j'avais à cœur de conserver au trône tous ses avantages ; c'était ajouter à la légitimité de notre dynastie une légitimité de plus, celle du martyre.

Avant de passer au récit des évènemens politiques de cette année si féconde, je veux placer ici quelques anecdotes qui me sont personnelles. La première concerne un homme, cardinal célèbre; la seconde a rapport à l'histoire d'un prince de mon sang.

J'étais depuis peu à Mittau, assez chagrin de mon avenir, lorsqu'un jour j'entendis dans les appartemens du château une rumeur peu commune.

— Qu'est-ce ? demandai-je au duc de Villequier en service près de moi en ce moment.

Il se hâta d'aller s'en informer, et revint peu de de temps après, accompagné de d'Avaray; puis tous les deux s'écrièrent à la fois :

— Sire, il est arrivé.

— Qui ? répondis-je.

— Le cardinal Maury.

— Dans ce cas, je ne m'étonne plus du tumulte qui remplit les salles du château du duc de Courlande. Et où est donc le dévot personnage ?

— Il a d'abord visité tous vos serviteurs, et maintenant il attend l'honneur d'être présenté à Votre Majesté.

— Miséricorde ! m'écriai-je ; pouvez-vous faire attendre un cardinal de la sainte église romaine. Il vous a peut-être déjà excommunié. Qu'on fasse donc entrer sans retard M. le cardinal.

Le duc de Villequier prit ce soin, et je vis arriver Son Éminence, toute rouge, gaillarde, émerillonnée, aux manières brusques, à la tournure d'un vrai sergent aux gardes, mais qu'on ne pouvait mieux dépeindre qu'en lui appliquant ce vers de Clément Marot :

> Au demeurant, le meilleur fils du monde.

Je dois dire, pour l'acquit de ma conscience, que jamais le cardinal Maury ne fut placé très-haut dans mon estime. Je rendais justice à son talent oratoire, mais je n'allais pas au-delà. Je le savais dévoré d'ambition et capable, pour la satisfaire, de franchir toutes les barrières qui y auraient mis obstacle. Cependant sa conduite, à l'époque de l'Assemblée constituante, ne donna lieu à aucun reproche, et lui mérita au contraire les éloges de son ordre, de la noblesse et de la famille royale. Je dus donc garder pour moi mon opinion fort arrêtée sur son compte. Il fallut émigrer ; je vins à Coblentz, où parut aussi l'abbé Maury. Je crois que de toutes les dissimulations qu'on peut excuser chez un prince, la plus innocente est celle qui lui fait faire le sacrifice de ses antipathies personnelles à la cause de tous. Nous fîmes donc au futur cardinal, moi comme les autres membres de la famille, un accueil dont tout homme de son rang eût pu être flatté ; mais lui, nous accusant d'ingratitude, prétendit faire partie de notre conseil secret, le dominer même. Ensuite il parla d'une manière inconvenante de mesdames de Balby et de Polastron, brouilla des serviteurs que nous aimions avec d'autres que nous devions ménager; bref, je conçus le désir de m'en débarrasser, sans lui fournir de nouveaux sujets de plainte. A cet effet, j'imaginai de lui proposer d'être mon agent secret à Rome.

Maury ne demanda pas mieux; il s'était facilement aperçu qu'il ne jouerait près de moi qu'un rôle secondaire; d'ailleurs, comme la plupart de ses confrères, il était saisi de la *rabia* du chapeau rouge, et toutes les chances de l'obtenir lui étaient favorables si j'y joignais ma protection. En conséquence il accepta ma proposition et partit enchanté de moi.

Le pape, qui le jugeait sur sa réputation, était fort impatient de le voir. Son entrée dans la capitale de la chrétienté eut toute l'apparence d'un triomphe. Les princes romains, le corps de la prélature, des moines et de tous les ordres, les émigrés français et les *faquini*, accoururent en foule au-devant de lui, ou se rangèrent sur son passage : je crois même qu'on le harangua. Ledit seigneur accepta tout, répondit à tout, se signala par son aisance, et s'en alla droit au souverain pontife, qui ne pouvait se lasser de le remercier de tout ce qu'il avait fait pour l'église.

— Et de ce que je compte faire encore, répliqua modestement le digne prélat. Tenez pour assuré, Très-Saint-Père, que si je ne ramène pas la Russie et l'Allemagne schismatique ou héritique dans le giron de votre béatitude, je n'ai jamais mérité les indulgences plénières.

Mesdames de France, mes chères et respectables tantes, habitaient Rome à cette époque; elles avaient une idée sublime de l'abbé Maury, et le regardaient comme la pierre angulaire du clergé français. Il s'aperçut aisément de leur engouement, et le voilà impatronisé dans leur maison qu'il met sens dessus dessous, et où il règne en souverain. Cependant il s'agit de le récompenser, et, sans me demander mon assentiment en ma qualité de régent, on le nomme archevêque de Nicée *in partibus*. Mes vénérables tantes assistèrent en grande pompe à la cérémonie, qui fut faite par le cardinal Zelada, secrétaire d'état, lequel était assisté de deux évêques français dont le nom m'échappe.

La fortune réservait encore d'autres faveurs à l'abbé Maury; il sollicita et obtint la mission de la nonciature auprès de la diète impériale qui avait lieu à Francfort pour procéder à l'élection régulière du nouvel empereur François II, aujourd'hui régnant. Maury ne put ici conserver son avantage de position; ses formes triviales, sa loquacité et son étourderie en firent un triste ministre plénipotentiaire. Mais le pape, toujours mu par l'idée des obligations que l'église devait au nouvel archevêque de Nicée, le revêtit, en 1794, de la pourpre romaine, et cela de *proprio motu*, car je ne fus encore nullement consulté dans cette affaire.

Cependant le cardinal Maury, dès son entrée au sacré collége, m'écrivit une lettre pleine d'esprit et de soumission. Ceci me raccommoda quelque peu avec lui, sans néanmoins me faire revenir de mes préventions. Le riche archevêché de Monte-Fiascone, joint à celui de Cornetto, aida Maury à soutenir sa dignité. Il ne sortit plus de Rome jusqu'au moment où la révolution vint à éclater dans cette cité; il craignit alors avec raison de tomber entre les mains des Français, et alla rejoindre le pape à Sienne. Le Directoire, instruit de son séjour dans cette ville, donna à Championnet l'ordre de le faire arrêter. Ce général français le fit loyalement avertir en secret; et le cardinal, sous le déguisement d'un *voiturini*, se sauva à Venise, où la protection autrichienne lui permit de demeurer en repos. Mais ce repos lui étant insupportable, il imagina de passer en Russie, afin de travailler au projet dont il s'était vanté à Sa Sainteté, celui de faire rentrer le czar et ses sujets dans l'obédience de la chaire de saint Pierre. Muni d'un trésor d'indulgences papales, et surtout n'ayant guère moins foi en lui-même qu'en Dieu, il ne balança pas à se présenter à Paul Ier. Ce fut dans le cours de ce voyage qu'il se crut obligé de venir à Mittau me rendre ses hommages.

J'avais été un peu blessé de sa conduite plus que légère à mon égard; il n'aurait pas dû accepter les bienfaits du pape sans m'en prévenir et me demander mon consentement. C'étaient des griefs patens, et néanmoins, quand il se présenta devant moi, je ne me plaignis point, je le reçus même assez bien, et selon toute la rigueur de l'étiquette. Lui ne se relâcha pas non plus d'aucun de ses droits; il se montra d'abord tout entier le membre du sacré collége, s'assit, se couvrit, lorsque je fus assis et couvert; mais immédiatement après il jeta son chapeau par terre, et même sa calotte rouge, puis se précipita plutôt qu'il ne se mit à mes genoux avec une physionomie à la fois riante et respectueuse.

— Sire, me dit-il, je désire que Votre Majesté me pardonne mes étourderies, si j'en ai commis à son égard. Je suis un pauvre prêtre qui n'entend rien aux usages mondains, et surtout à ceux des cours. Veuillez donc excuser mon inexpérience.

Après cette petite scène de comédie, sans se relever, malgré mes efforts pour le faire changer de posture, il me présenta sa calotte rouge, afin, me dit-il, de la recevoir de ma main, comme le doit désirer tout bon cardinal français.

Je ne dissimulerai pas que cette fois je fus complètement dupe de cette jonglerie, qu'elle me désarma, et que je me contentai de réprimander légèrement M. le cardinal. Quant à lui, il reprit tranquillement son siége, il commença à me raconter tout ce qu'il savait, sans oublier ce qu'il ne savait pas. Je vais transcrire ici les principaux détails de notre conversation.

— Ah! sire, que les nobles Pantalons sont

21.

cruellement punis de leur insolence envers Votre Majesté! Les Autrichiens ont courbé leurs têtes superbes jusqu'au niveau des talons, et dans cet abaissement, ils osent à peine jeter un regard de haine à leur persécuteur : tant il est vrai que le plus faible doit toujours se soumettre, sans murmurer, au plus fort.

— Avez-vous passé par Vienne? lui demandai-je.

— Oui, sire, j'ai été rendre mes hommages à l'auguste prisonnière. Mais comme nous étions entourés d'Argus, je ne me suis permis aucun grave sujet d'entretien. On veut la marier au prince Charles, qui a confisqué à son profit, par avance, quatre ou cinq de vos meilleures provinces, et on lui donnera Madame Royale par-dessus le marché.

Je souris; cela mit mon cardinal en verve, et il poursuivit :

— Mais votre noble nièce a un de ces caractères qu'on ne mène pas à volonté ; elle est capable de leur tenir tête à tous. Il est vrai qu'elle ne sait faire de la politique qu'avec ses larmes, mais c'est un moyen comme un autre. Quant à moi, on voulait m'acheter, mesquinement, je dois le dire ; ces Lorrains sont les gens les plus ladres du monde : aussi me suis-je hâté de décamper.

— Et où allez-vous de ce pas?

— En Russie, mettre au sac l'archevêque de Novogorod, les archimandrites, les papas, et toute la sainte séquelle demi-grecque, demi-tartare. Je les convertirai jusqu'au dernier, à moins que l'empereur ne soit dans une de ses lubies.... On dit qu'il y est sujet.

— Monsieur le cardinal, répliquai-je, l'empereur de Russie a un tel ascendant sur ses peuples, qu'ils se croient obligés de lui répéter jusqu'au plus léger propos qu'on tient sur son compte. Et si ce propos est de nature à résonner désagréablement à ses oreilles, celui qui en est l'auteur ne tarde pas à cheminer sur la route de la Sibérie.

— Jésus Marie! je pense qu'il y regarderait à deux fois, avant d'agir avec si peu de cérémonie à l'égard d'un membre du sacré collége.

— Est-ce un Basile ou un Iwan, parmi ses prédécesseurs, qui fit clouer un chapeau sur la tête d'un ambassadeur anglais?

— C'est dans tous les cas un trait qui n'honore pas l'histoire de Russie, répondit Maury avec un léger tressaillement.

— Il n'en est pas moins vrai qu'il pourrait se renouveler. Ainsi je vous conseille de l'écrire sur vos tablettes, afin de ne pas l'oublier.

— Je ne puis croire que, dans un pays civilisé, on n'ait pas son franc-parler.

— Songez au chapeau de l'ambassadeur anglais, si vous voulez qu'on respecte celui du cardinal de la sainte Église romaine.

Maury poursuivit sur le même ton, mais je dois dire qu'à travers ses boutades peu séantes il me fit un tableau aussi net que précis de la position de l'Italie. Il entremêla même son discours de mots si heureux que je retrouvai enfin en lui l'orateur de l'Assemblée constituante ; et je compris que, sous cette écorce rude, il y avait de l'esprit et du sens. Lui aussi, comme tous les émigrés, soupirait après la terre promise : il espérait notre prochain retour ; Paris avait pour lui un attrait invincible, empressé qu'il était d'y déployer la splendeur de sa nouvelle dignité. Nous parlâmes ensuite des hommes marquans de l'époque. Buonaparte occupait surtout une place fort élevée dans son estime.

— C'est un compère, me dit-il, dont on ne doit pas dédaigner l'appui. Si j'étais à la place de Votre Majesté, je lui céderais la moitié de l'Italie, à condition qu'il me rendrait la France.

— Ce serait, malgré sa valeur, l'acheter un peu cher, répliquai-je.

— Mais vous ne songez pas, sire, que ce petit homme a un appétit de Gargantua, et qu'il ne se contentera jamais des miettes de la table la mieux servie. C'est un habile homme ; vous ne tarderez pas à m'en dire des nouvelles.

— J'ai aussi, comme vous, une grande opinion de sa valeur, mais je crois qu'il doit une partie de sa réputation à sa bonne fortune. Dans tous les cas, il ne faut pas se presser de lui jeter les états à la tête. Ce qui est bon à prendre est aussi bon à garder.

J'amenai ensuite le cardinal Maury sur les affaires intérieures de la France. Il me peignit, en observateur profond, le Directoire, les ministres et les deux conseils.

— Qu'adviendra-t-il de leur conflit? lui demandai-je.

— Que Votre Majesté rentrera en croupe de quelques généraux.

— Je connais assez l'équitation pour me tenir seul à cheval.

— Ah! sire, Dieu me garde d'en douter! mais la dignité de votre rang exige qu'on vous tienne au moins la bride.

— Je souffrirai seulement qu'on me fasse faire place, monsieur, et rien de plus.

La conversation se termina ici. Maury alla rejoindre ensuite mes serviteurs, avec lesquels il reprit toute la dignité de la pourpre romaine. Il resta peu de temps à Mittau, et nous laissa une assez haute idée de son adresse et de son habileté. C'est à cette visite qu'il dut le titre que je lui conférai plus tard de mon ambassadeur près du Saint-Siége. Il en remplit les fonctions jusqu'au moment où le désir de rentrer en France le jeta dans cette série de fausses démarches et d'imprudences qui continuaient encore lors de mon retour à Paris.

CHAPITRE XVIII.

Sort du duc d'Orléans Égalité. — Ses enfans. — Le duc de Chartres veut rentrer dans les bonnes graces du roi. — Sa mère sollicite en son nom. — Le roi cède. — Le duc de Chartres à Mittau. — Son voyage. — Surprise du duc de Villequier. — Le roi admet en sa présence le jeune prince. — Particularités de l'audience qu'il lui accorde. — Son repentir. — Ce que lui dit le roi. — Ses réponses. — Le roi lui rend le titre de duc d'Orléans. — Engagemens sacrés qu'il prend envers Sa Majesté et envers la branche ainée. — Le roi ne lui permet pas de voir madame duchesse d'Angoulême. — Le duc de Chartres quitte Mittau. — La cour du roi est intriguée. — La comtesse de Marsan. — Madame duchesse d'Angoulême. — Le roi écrit à Paul Ier et au duc d'Harcourt.

La maison de Bourbon a toujours eu des princes de son sang qui se sont révoltés contre elle. Cependant jusqu'à la révolution de 1789 les membres de cette famille qui s'étaient déclarés contre leur roi avaient du moins gardé une apparence de formes respectueuses. Le duc d'Orléans, Louis-Philippe-Joseph, est le premier qui se soit fait peuple pour se dispenser de toute cérémonie dans son inimitié. Pour fournir jusqu'au bout sa carrière de rébellion, il n'a pas reculé devant un odieux régicide. Meurtrier de son roi, il termina sur un échafaud sa vie, qu'il avait à jamais souillée d'une tache infâme.

Tous les torts furent de son côté; Louis XVI et Marie-Antoinette essayèrent plusieurs fois par leurs prévenances de le rapprocher du trône. Ils décidèrent, contre mon avis, le mariage du duc d'Angoulême avec mademoiselle d'Orléans; ils consentirent, pour rétablir l'ordre dans ses affaires, de lui acheter Saint-Cloud; mais rien ne put le toucher. Il crut que l'acquisition de la couronne était seule capable de le soustraire à ses créanciers, et toutes ses intrigues tendirent à ce but. Il prit pour prétexte de son mécontentement le refus qu'on lui avait fait de la charge de grand-amiral, à laquelle il n'avait d'autre titre que sa conduite peu honorable au combat d'Ouessant, où, au lieu de se couvrir de lauriers, il s'était couvert de ridicules. Il y aurait donc eu de l'inconvenance à le récompenser d'une victoire qui à peu près par sa faute était restée incertaine.

Le duc d'Orléans se montra toujours l'ennemi de la reine. C'était chez lui que se composaient tous les écrits dirigés contre cette princesse. Nous avions en outre d'autres graves reproches à lui faire : il avait cherché à circonvenir le comte d'Artois, et à l'entraîner dans des débauches aussi préjudiciables à sa santé qu'à la dignité de son rang. Enfin, lorsque les parlemens se furent brouillés avec Louis XVI, le duc d'Orléans les appuya dans leur révolte; plus tard il prit part à des complots que je ne signalerai pas, car ils sont trop connus.

Les enfans de ce prince avaient été élevés dans les principes révolutionnaires, à l'exception du duc de Beaujolais. Nous avions vu avec chagrin le duc de Chartres se laisser entraîner dans tous les actes démagogiques de l'époque. Je m'en étais expliqué avec lui dès 1790, et à partir de ce moment je ne lui adressai plus la parole lorsqu'il venait chez le roi.

Après sa fuite avec Dumouriez, il commença à réfléchir sur sa position et sur le rôle qu'il avait à jouer; l'expérience fit naître le repentir, il essaya de se rapprocher de moi. Mon silence lui prouva mon mécontentement, mais je dois dire qu'il ne se rebuta pas, et que, dès que la Providence m'eut appelé à porter une couronne d'épines, il m'adressa de nouveau l'expression de ses regrets et de ses hommages. Je me tus encore; il était convenable que je m'assurasse de sa sincérité.

Ce fut alors que la duchesse d'Orléans, sa mère, l'une des plus vertueuses princesses qui aient honoré la famille royale de France, crut devoir intervenir, et joindre ses supplications à celles de son fils. J'avais pour la duchesse d'Orléans autant de vénération que d'attachement; je savais combien elle avait souffert de la conduite de son mari à notre égard: il me fut donc impossible de résister à ses prières. Je me laissai aller au besoin de la consoler de ses infortunes, et je lui écrivis pour lui annoncer que je recevais son fils en grace, et que je consentais même à le voir. C'était certes tout ce qu'il pouvait attendre de moi.

Je profitai de cette circonstance pour faire une galanterie à Paul Ier. On insinua à madame la duchesse d'Orléans de me faire demander la grace de son fils par l'empereur de Russie; cette bonne princesse comprit mes raisons, et se conforma à ce qu'on demandait d'elle. Je parus donc céder au désir du czar, qui fut très-flatté de cette démarche. Il envoya au jeune prince des passeports sous un nom supposé, et donna des ordres à M. Driesen, gouverneur de la Courlande, pour la sûreté et la promptitude de son voyage depuis la Pologne jusqu'à Mittau.

L'empereur avait exigé qu'on me cachât l'arrivée du duc, mais madame la duchesse d'Orléans m'en fit prévenir. Je lui sus gré de cette attention, qui m'évitait une surprise désagréable, et préparait au jeune prince un meilleur accueil. Je l'attendais donc en m'efforçant de refouler au fond de mon ame les sentimens qui débordaient malgré moi. J'eus besoin, pour y parvenir, de me répéter souvent que le bien de la France me prescrivait l'oubli du passé.

Le prince arriva à Mittau à neuf heures du soir. Arrêté aux portes par la garde, il demanda à être conduit près du gouverneur. L'officier commandant du poste, ayant visité son passeport écrit en entier de la main de l'empereur, s'empressa de déférer aux désirs du *sieur Koffmann*, nom sous lequel il voyageait. De son côté, M. Driesen avait reçu de Saint-Pétersbourg une note ainsi conçue :

« Dès l'arrivée à Mittau du négociant Koffmann,
« vous le conduirez au château, au comte d'Avaray,
« et suivrez ensuite les instructions que celui-ci
« vous transmettra. »

Le gouverneur, en conséquence, se conforma à la volonté expresse du czar; il monta dans sa voiture avec le prince, et alla trouver au château le comte d'Avaray. Ce dernier reconnut au premier coup d'œil le compagnon de M. Driesen, mais il n'en fit rien voir. Après le départ du gouverneur, d'Avaray, respectant toujours l'incognito du prince, se mit à m'écrire. Je reçus son billet tandis que j'étais à faire mon wisk, avec ma nièce, madame de Serrent et le duc de Fleury ; il ne contenait que ces mots : « *Sire, il est arrivé.* »

Je n'eus pas besoin d'autre explication; et me levant de table sans rien dire à personne, je me dirigeai vers l'escalier qui conduisait à l'appartement de d'Avaray, situé au-dessous du mien. Le duc de Villequier, ce digne premier gentilhomme de la chambre, se mit aussitôt à me suivre avec un bougeoir; mais, me retournant, je lui dis avec une vivacité que je me reprochai plus tard :

— Monsieur, je veux être seul.

Le duc, consterné, retourna dans le salon, où il répandit la grande nouvelle que j'allais voir quelqu'un et voulais être seul. D'Avaray vint me recevoir à la porte de son appartement, et il resta à faire la garde, tandis que j'entrais seul chez lui. La vaste pièce, naturellement sombre, était éclairée par quelques bougies. Le prince, aussitôt qu'il m'aperçut, vint à moi, et se mit à genoux en me priant de lui pardonner. Je ne l'avais pas fait venir d'aussi loin pour lui refuser sa prière, et je m'exécutai de mon mieux. Je fus d'ailleurs touché par les larmes qu'il répandit en m'expliquant sa conduite. Il voulut même se donner des airs de bon fils, en n'accusant pas trop la mémoire de son père, comme si ses opinions de jeune homme ne lui avaient pas été dictées par l'exemple paternel. Prenant la parole à mon tour, je crus devoir lui répondre en roi et en chef de sa famille :

— Monsieur, lui dis-je d'un ton grave, vous avez beaucoup à faire pour réparer les torts de votre père. Je les ai oubliés, sans doute ; mais ma nièce, mais ma famille, mais la France, mais l'Europe en perdront plus difficilement le souvenir. Votre devoir, monsieur, consiste désormais à vous tenir à l'écart et à repousser toute pensée ambitieuse. Je me flatte que vous saurez éloigner les révolutionnaires, les jacobins et les mécontens. Montrez-vous enfin satisfait du rang que je consens à vous rendre ; la place que vous occuperez sera assez belle si vous savez la rendre respectable. Le passé vous impose de grandes obligations pour l'avenir. En acceptant le nom d'Égalité, vous êtes sorti de plein gré de la maison de Bourbon ; je consens néanmoins à vous y rappeler ; mais, en revanche, j'attends de vous autant de sincérité que de soumission.

Le prince me répondit qu'il ne se flattait pas de pouvoir se justifier du passé ; car, pour y parvenir, il lui faudrait accuser une personne que la nature lui ordonnait de chérir et de respecter, quels que fussent ses torts ; mais qu'il espérait, par sa conduite future, me prouver son regret sincère des erreurs de sa jeunesse ; que désormais il se laisserait entièrement guider par mes conseils ; que, le cœur plein de mes bontés, il consacrerait sa vie entière à me témoigner sa gratitude ; qu'il détestait les factieux. Il ajouta que, sujet attaché, respectueux et fidèle, on le verrait toujours prêt à soutenir le trône, et qu'il prenait Dieu à témoin de la sincérité de ses paroles.

Je ne pus me permettre de douter plus long-temps d'un repentir exprimé en ces termes ; et alors, tendant au prince une main qu'il saisit dans la sienne en la baisant à plusieurs reprises,

— Duc d'Orléans, lui dis-je, tout est fini ; nous commençons aujourd'hui seulement à nous connaître.

A ces mots, à ce titre que je lui donnais pour la première fois, il fit de nouveau un mouvement pour se jeter à mes pieds ; mais je m'y opposai, et l'invitai à s'asseoir, ce que je n'avais pas encore fait. Je lui demandai alors des nouvelles de sa vénérable mère, de mademoiselle sa sœur et de ses frères. Il me répondit qu'ils l'avaient chargé d'être l'interprète de leur respectueuse affection pour le chef des Bourbons, et que si les trois derniers avaient pu me déplaire, je devais plutôt en accuser leur âge que leur cœur.

—Quant au comte de Beaujolais, repris-je, je n'ai jamais douté de ses bons sentimens. Néanmoins, quelle qu'ait été la conduite des autres, vous pouvez tous les assurer que désormais je ne leur demanderai compte que de leurs actions à venir.

M. le duc d'Orléans parut désirer que je ne fusse pas le seul à lui donner cette assurance. J'aurais voulu lui complaire en cela, mais j'en connaissais l'impossibilité. Ayant à l'avance sondé les intentions de madame la duchesse d'Angoulême à à cet égard, elle m'avait conjuré, les larmes aux yeux, de ne pas tant exiger de son courage ; ajoutant qu'elle aurait besoin encore de plusieurs années ; non pour pardonner au duc d'Orléans, ce qu'elle ferait de grand cœur, mais pour se décider à le revoir. J'enveloppai mon refus des formes les plus propres à l'adoucir ; et M. le duc d'Orléans, avec son tact exquis, m'ayant compris, n'insista pas davantage.

En résultat, je fus très-satisfait de sa personne, de son langage et de ses manières. Il y avait dans sa figure et dans toute sa personne une espèce de gravité qui ne manquait pas de noblesse. Il me parut entièrement revenu de ses idées démocratiques. Je lui trouvai du sens et de l'esprit ; et quand je le comparais aux princes mes neveux, j'avoue que la comparaison était en sa faveur.

Je me levai enfin, en prétextant qu'il devait avoir besoin de repos. Il m'accompagna jusqu'à l'extérieur de l'appartement, me baisa encore la main, et nous nous quittâmes fort bons amis. Je rentrai ensuite dans le salon, où mon absence prolongée inspirait un million de conjectures. La duchesse d'Angoulême ayant deviné ce qui se passait, n'avait pu maîtriser les agitations de son ame, et s'était retirée chez elle, où j'allai la consoler et lui raconter ce que je viens d'écrire. D'Avaray me remplaça auprès de M. le duc d'Orléans; il en fut traité avec une extrême politesse. On savait que lui témoigner de la bienveillance, c'était me satisfaire; il était juste que ce fidèle serviteur fût récompensé des sacrifices qu'il m'avait faits.

D'Avaray offrit au prince quelques rafraîchissemens. Pendant ce temps, mon capitaine des gardes écrivit au gouverneur de la ville pour qu'il eût à revenir sans retard. M. Driesen arriva presque aussitôt dans sa voiture, et reprit avec lui le négociant Koffmann qu'il conduisit à son propre hôtel. De là le voyageur, qui ne couchait pas à Mittau, se mit en route à minuit environ, et se dirigea sur Varsovie.

Tout se sait à la cour d'un roi, comme dans une petite ville. Le bruit de cette visite extraordinaire se répandit dès la même nuit, et chacun se lança dans le vaste champ des conjectures. Je ne dis la vérité qu'à ma nièce et au duc d'Angoulême; le reste de ma maison demeura long-temps dans une ignorance complète, à l'exception toutefois de d'Avaray. Si la comtesse de Marsan eût été avec moi, je l'aurais mise dans le secret à cause de ma vieille amitié pour elle; mais nous étions séparés depuis ma sortie de Blanckembourg, des considérations particulières ne lui ayant pas permis de me suivre à Mittau. Elle se retira à Ratisbonne, où on la laissa tranquille.

Le secret gardé sur cette visite fut un hommage indirect que je me plus à rendre à ma nièce. Je pouvais, en roi et en chef suprême de ma famille, pardonner à un jeune homme égaré et repentant, tandis que madame duchesse d'Angoulême avait le droit de tenir éloigné d'elle le fils d'un des assassins de son père. Le revoir plus tard, ainsi que plusieurs autres, fut pour elle un sacrifice énorme offert aux circonstances. Que n'a-t-elle pas fait depuis pour me rendre plus facile l'exercice de la royauté!

J'avais promis au duc d'Orléans, dans notre conversation, d'instruire mes sujets et les cours de l'Europe que j'avais usé de clémence envers lui : il avait particulièrement insisté sur ce point; et pour me conformer à son désir, voici ce que j'écrivis d'abord à l'empereur de Russie :

« Monsieur mon frère,

« Votre ame généreuse a voulu que j'oubliasse

« le passé, que je rendisse à M. le duc d'Orléans
« mes bonnes graces, que je l'admise au pardon
« de ses fautes. Il m'en a coûté beaucoup, non que
« lui personnellement fût essentiellement coupable
« envers moi, mais à cause de son père, qui doit
« rester à jamais..... pour ma famille. Je n'ai pu
« vous refuser; votre protection est toute-puissante,
« et plus encore ce que vous faites pour moi et pour
« les miens. J'ai vu ce prince, j'ai reçu ses excuses,
« et il m'a quitté satisfait. Ma nièce n'a pas voulu
« l'admettre en sa présence ; vous en comprendrez
« les motifs sans que j'aie besoin de les expliquer à
« Votre Majesté. Quant à moi, je ne me suis jamais
« fait violence avec plus de joie, puisqu'il s'agissait
« de vous prouver ma gratitude. Le passé est main-
« tenant oublié : le duc d'Orléans reprendra près
« de ma personne son rang dans toutes les circon-
« stances ; j'espère que dans aucune il ne me don-
« nera lieu de me repentir de ce que j'ai fait à votre
« seule considération.

« Je suis, etc. « *Signé* Louis. »

17 juin 1799.

Ma lettre au duc d'Harcourt, datée du même
jour, disait :

« Je m'empresse, monsieur le duc, de vous faire
« part de la satisfaction que j'éprouve d'avoir pu
« commencer l'exécution du legs de clémence que
« nous a fait mon frère en faveur de M. le duc
« d'Orléans mon cousin. Sa respectable mère s'est

« montrée trop grande dans ses malheurs pour re-
« cevoir de moi une nouvelle atteinte qui aurait
« porté le désespoir dans son cœur ; elle a été l'in-
« termédiaire entre le roi et son fils ; j'ai accueilli
« avec sensibilité les larmes de la mère, et la sou-
« mission d'un jeune prince que son inexpérience
« avait livré aux suggestions d'un père criminel.
« Cette détermination a été prise de l'aveu de mon
« conseil, qui a prononcé d'une voix unanime les
« mots de clémence et de pardon.

« Outre l'obligation où je suis de prévenir mes
« ministres de cet heureux évènement, je vous dois
« encore quelques observations particulières.

« Vous êtes au milieu d'une nation hospitalière,
« auprès d'un roi magnanime, d'un gouvernement
« loyal et généreux, qui accueillent avec humanité
« tous les malheureux Français bannis, *par le crime*,
« de leur patrie. Mais parmi ces fugitifs, il peut
« s'en trouver qui ne soient pas sans reproche par
« leurs projets de vengeance. La persécution et le
« malheur les ont aigris ; néanmoins celui qui a
« abandonné son pays pour le rétablissement du
« pacte social et pour éviter la mort, doit souffrir,
« se taire et pardonner. Vous ferez connaître mes
« intentions aux Français de toutes les classes qui
« habitent le même royaume et la même ville que
« vous. Je saurai récompenser ceux d'entre eux qui
« auront mérité ou qui mériteront ma bienveillance
« par leur conduite ultérieure, dégagée de toute
« idée de vengeance et de réaction ; mais je saurai

« également contenir les ambitieux et les turbulens
« dans les bornes du devoir ; tous les Français du
« dehors et du dedans auront une part égale à mon
« affection paternelle, et il en est parmi ces der-
« niers dont je me plairai à faire un des appuis de
« mon trône, leur valeur guerrière... Ah combien
« de larmes de douleur et d'admiration ne m'a-t-elle
« pas fait verser ! En pensant à l'égarement de mon
« peuple à l'audace de ses corrupteurs et de ses ty-
« rans, je finissais par comprendre ou plutôt par
« espérer que l'empire du crime aurait son terme,
« puisque les grands coupables éprouvaient chaque
« jour la juste punition de leurs forfaits.

« Je suis surtout profondément affligé des meur-
« tres partiels qui se commettent dans l'Ouest et
« dans le Midi. Non-seulement je désapprouve tous
« ceux qui ne s'enrôlent pas dans l'armée royale
« pour combattre sous le drapeau de l'honneur, et
« qui osent commettre des brigandages en mon
« nom, mais encore je ne puis voir dans ces atten-
« tats, trop souvent multipliés, qu'une manœuvre
« odieuse de quelques scélérats, pour fournir aux
« usurpateurs de mes droits un prétexte toujours re-
« naissant de calomnier mes intentions et mes pro-
« jets de clémence : que puis-je espérer de mes vues
« paternelles et bienfaisantes pour tous, si quel-
« ques hordes de bandits se permettent de comman-
« der le crime au nom de leur roi légitime ? Vous
« savez, monsieur le duc, quels sont mes projets
« pour les provinces où j'ai reconnu mes plus fidèles

« sujets ; vous savez que j'ai cherché à y former
« une armée redoutable, qui recevra bientôt de
« puissans secours ; mais c'est moins pour conqué-
« rir mon peuple que pour éviter l'effusion du sang
« et mettre de toutes parts la faction rebelle hors
« d'état de nuire à la masse de mes sujets, soit dans
« leurs personnes, soit dans leurs propriétés. Ainsi
« donc, je vous ordonne de faire prévenir les chefs
« qui peuvent être à leur poste, que chacun dans
« sa division est responsable des crimes qui pour-
« raient être commis dans la suite. Obligé de re-
« construire la grande machine du gouvernement
« français, auquel ma cruelle destinée m'appelle,
« je dois d'abord réprimer les forfaits, et surtout
« m'efforcer de donner à mon peuple le soulage-
« ment dont il a besoin, après avoir subi si long-
« temps le joug sanguinaire des tyrans. C'est sur
« ce point que toutes mes affections se fixent.

« C'est mon cœur seul qui a dicté la proclama-
« tion qui va être adressée aux Français, lors de
« ma rentrée dans le royaume. Une amnistie géné-
« rale, et sans restriction, en fera le premier arti-
« cle ; tous les autres seront conformes aux désirs
« du peuple, au redressement des droits civils et
« politiques de la nation. En un mot, leur roi ne
« négligera rien pour convaincre les Français que,
« s'il désire arracher le trône de ses pères des mains
« des usurpateurs, il veut plus encore conquérir
« leur affection et régner sur leur cœur....

« *Signé* Louis. »

CHAPITRE II.

Illusions. — Conseils funestes donnés au roi. — Sa Charte d'alors. — Suvarow. — Sa visite à Louis XVIII. — Sa manière de vivre. — Le roi envoie au czar, par l'abbé de Firmont, l'ordre du Saint-Esprit. — Conversation de l'empereur et de l'abbé. — Pronostics de Paul Ier. — Il prête au roi le château de Wistehaw. — La duchesse d'Angoulême ne peut voir les hommes dont sa famille a à se plaindre. — L'abbé Georgel. — Le roi appelle Dumouriez près de lui. — Il en prévient Madame. — Récit de l'arrivée de Dumouriez. — Il va à Saint-Pétersbourg. — Voit l'empereur. — Il revient à Mittau. — Le roi décide sa nièce à se trouver avec lui. — Scène touchante à sa table.

La dernière phrase de ma lettre, ou plutôt de mon manifeste de clémence au duc d'Harcourt, annonçait les espérances flatteuses auxquelles je me livrais en ce moment. La nouvelle coalition, renforcée de la puissance de l'empereur de Russie, me faisait croire que les barrières qui m'interdisaient l'entrée dans mon royaume allaient bientôt tomber devant moi. Je me berçais de cette illusion, et je préparais les élémens de ce qui, depuis, est devenu ma charte. Je n'étais à-peu-près secondé par personne pour la détermination que je croyais devoir prendre relativement à la manière dont je régirais le trône de mes pères.

Tous les souverains me faisaient dire positivement que je devais rétablir les choses sur l'ancien pied, d'après le système de 1789. Mon conseil, hors un seul membre (d'Avaray), penchait vers cette manière de voir. Mais moi qui tenais à consolider le trône de mes pères, à l'assurer aux héritiers de Louis XVI, je recevais ces avis avec impatience. Mon plan était à peu près semblable à celui qui a été mis à exécution en 1814. Il en différait seulement par le rétablissement de la magistrature parlementaire et des sénéchaussées; je croyais aussi à la nécessité de faire restituer les biens nationaux rendus au prix que fixerait une estimation faite à l'amiable entre les légitimes propriétaires et les nouveaux acquéreurs, leur laissant néanmoins la faculté de les conserver s'ils aimaient mieux en solder la plus-value. Ceci était encore faisable à cette époque, parce que les dépouilles des émigrés étaient en partie dans les mains des premiers acquéreurs, tandis que, quatorze ans plus tard, la chose était devenue impossible à cause de la multiplicité des transactions qui avaient eu lieu. Je laissais donc dire les exagérés, et me maintenais dans une ferme résolution dont rien ne m'aurait fait départir.

J'étais appuyé dans mes espérances par le nombreux passage des troupes russes qui, depuis sept mois environ, avait lieu par Mittau. Il me revenait que l'Autriche faisait de son côté des préparatifs extraordinaires. L'assassinat des ministres français à Rastadt, dont on accusait injustement le Directoire et le cabinet de Vienne, acheva de me convaincre qu'on ne poserait pas les armes de sitôt. Je savais Buonaparte en Égypte avec les meilleurs troupes de la république. Je n'ignorais pas non plus les divisions intestines qui déchiraient cette dernière; il me paraissait dès-lors naturel que le peuple, excité par le désespoir et sa malheureuse situation, soupirât pour le règne plus doux des princes de la maison des Bourbons.

Une circonstance vint encore donner couleur à ces chimères ; ce fut la visite que me fit en passant le feld-maréchal Suvarow. Ce héros à demi barbare joignait à ses formes rudes des bizarreries qui auraient passé pour de la folie si elles n'avaient pris leur source dans les calculs d'un esprit fin et rusé. C'était un homme de petite taille, maigre, chétif, mal bâti, ayant une physionomie de singe, des yeux vifs et pleins de malice, et des manières si étranges, si ridicules, qu'il fallait en rire où l'en plaindre. Suvarow cachait sous cette enveloppe singulière un grand génie militaire, une capacité vaste et profonde ; il savait se faire adorer et craindre des soldats. C'était l'épée de la Russie, l'effroi des Turcs, l'horreur des Polonais. Cruel par caprice, intrépide par nature, il voyait sans émotion le sang couler à flots, les villes en flammes et les campagnes dévastées. Véritable copie d'Attila, superstitieux comme lui, croyant à la magie, aux présages, aux astrologues, il avait toutes les faiblesses de sa nation, et le grand caractère des héros.

Lorsqu'il se présenta devant moi pour me rendre ses hommages, il était vêtu d'un méchant habit; couvert de décorations, la poitrine nue et la tête rase. Cependant on prétendait que pour me faire honneur il avait déployé toute sa magnificence. Mais je m'attachai peu à ces misères, et j'étudiai seulement le caractère de cet homme surprenant qui allait lutter avec les plus habiles généraux de la république, et osait dire :

— Dieu, pour me punir de mes péchés, a envoyé Buonaparte en Égypte, afin de m'ôter la gloire de le vaincre.

Dès que je sus l'arrivée de Suvarow, je résolus de m'assurer son amitié et de le traiter avec une distinction particulière. Lorsqu'on me l'annonça, je sortis de mon cabinet et allai à sa rencontre. Suvarow, de son côté, se prosterna presque jusqu'à terre pour me saluer, puis me baisa les mains et le pan de mon habit, à la manière russe ; il répéta cette formule de respect avec le duc d'Angoulême, qui venait après moi.

Je le complimentai sur ses exploits, puis j'ajoutai que je regrettais vivement de ne pouvoir partager les dangers d'un triomphe dont j'étais certain.

— Je ne doute de rien, me répondit-il, avec l'aide de saint Nicolas et la protection de Dieu.

— Monsieur le maréchal, repris-je, votre épée est l'instrument dont la Providence se sert pour châtier les ennemis de vos souverains.

— J'espère, sire, ne pas brûler beaucoup de poudre pour les chasser de l'Italie, et je prie Votre Majesté de me permettre de lui donner rendez-vous en Allemagne l'année prochaine.

Avouerai-je que la confiance de Suvarow me fit quelque peine? Mon cœur souffrit de cette présomption qui lui faisait regarder comme certaine la défaite des Français. Chaque circonstance de mon exil aggravait l'amertume de ma position. Néanmoins je me gardai de manifester cette pensée au maréchal, et le louai de nouveau sur la gloire qu'il avait acquise. Il soutint la conversation en courtisan consommé, et me quitta au bout d'une heure qui s'était écoulée pour moi avec une extrême rapidité. En traversant la salle de mes gardes-du-corps, il parla encore de sa prochaine entrée en France, et dit à ce sujet :

— Aux fidèles serviteurs du roi, honneur et protection. Aux jacobins, point de quartier !

Arrivé au bas de l'escalier, l'abbé de Tressan, l'un de mes aumôniers, lui présenta un ouvrage de sa composition. Suvarow accepta ce présent avec la politesse laudative d'un ancien habitué de Versailles ; il remercia le bon abbé, baisa le volume, qu'il mit dans son sein, puis retourna à son hôtel. Là il ôta tous ses vêtemens jusqu'au dernier ; on lui jeta sur le corps le contenu de plusieurs vases remplis d'eau froide ; puis, après cette ablution, il se couvrit d'une pelisse fourrée, et alla devant une table ronde sans nappe. On servit sur cette table un plat de millet, un de harengs, dont il mangea copieusement, en la compagnie de ses quatre aides-de-camp debout comme lui : ce service frugal fut remplacé par un bowl du punch d'une dimension respectable, auquel le maréchal fit honneur comme aux mets. Les serviteurs de ma maison qui avaient assisté à ce repas, m'en rendirent compte dans tous ses détails ; ils me signalèrent entre autres choses l'absence de serviettes, dont nul des convives ne s'inquiéta. Ce récit m'amusa beaucoup.

Dès que je vis l'empereur se déclarer pour ma cause, je m'efforçai par tous les moyens possibles de le maintenir dans ses bonnes dispositions. Par exemple, ayant appris qu'il aimait comme le célèbre prince Menzickoff, favori de Pierre-le-Grand, à se parer d'une multitude d'ordres de chevalerie, je lui envoyai le cordon du Saint-Esprit par l'abbé de Firmont. Tout m'assurait que ce digne ecclésiastique serait bien traité à Saint-Pétersbourg, et je ne me trompais pas. Paul Ier, charmé de mon présent, accueillit le messager d'une manière distinguée, le félicita sur l'héroïsme de sa conduite envers Louis XVI, et le pria à plusieurs reprises, de lui raconter les derniers momens de ce malheureux roi. Un jour, où pour la quatrième fois il lui faisait faire ce récit, il l'interrompit tout-à-coup et lui dit :

— Père, avez-vous demandé à Dieu de quelle mort il me frappera ?

L'abbé de Firmont s'étant récrié sur cette étrange question, l'empereur reprit :

— Voulez-vous, moi, que je vous le dise? Il existe un bon moine qui ne m'en a pas fait mystère.

Le czar s'arrêta un moment, regarda autour de lui avec des yeux égarés ; puis, baissant la voix, il dit à l'oreille de l'abbé en se rapprochant de lui :

— *Ils m'assassineront comme ils ont assassiné mon père!*

On comprendra facilement quel fut l'embarras de l'abbé, qui voyait la chose possible d'après le despotisme que ce malheureux souverain exerçait sur ses sujets. Il pâlit, et ne répondit que par monosyllabes. L'empereur, revenant à lui, continua la conversation sur un sujet différent.

Dans une autre circonstance, il dit à M. de Firmont :

— Père, choisissez parmi mes ordres celui qui vous conviendra le mieux.

— Sire, répliqua l'abbé, mon caractère sacerdotal ne me permet point de porter d'autres insignes que ceux de mon ministère sacré ; je supplie donc Votre Majesté de ne pas prendre mon refus en mauvaise part.

Paul Ier tirant alors de sa poche une tabatière d'or, sur laquelle était son portrait entouré d'un cercle en gros brillans, la lui fit accepter ; puis, mettant la main sur la garde de son épée, il s'écria avec une expression de douleur mêlée de colère :

— Cette épée était destinée à ramener le roi

de France sur le trône dont l'a éloigné la rébellion ; mais mes alliés m'ayant trahi, je ne sais plus que me venger.

Ces paroles furent proférées au moment des désastres survenus à l'armée de la coalition, après la campagne si brillante d'Italie. J'étais loin de prévoir alors la conduite qu'il tiendrait plus tard envers moi, surtout lorsqu'il me comblait de marques d'attachement ; par exemple, il venait de mettre à ma disposition le château impérial de Wittehaw, situé à trois lieues de Mittau. Nous y passâmes l'été : la reine, Madame duchesse d'Angoulême, mesdames de Serrent, de Guiche et de Choisy ; d'Avaray ; les ducs de Villequier, de Guiche, et le vicomte d'Hardouineau, l'un de mes plus dévoués serviteurs.

Depuis long-temps un homme qui avait joué un rôle important au commencement de la révolution, et dont la réputation militaire jetait encore un grand éclat, Dumouriez, cherchait à se rapprocher de moi ; il était du nombre de ceux auxquels les royalistes adressaient de vifs reproches, qui ne pouvaient atténuer sa dernière tentative pour arracher la France au joug tyrannique de la Convention. Je crois néanmoins qu'on lui imputait plus de torts qu'il n'en avait réellement. Si Dumouriez n'avait pas sauvé Louis XVI, on ne pouvait du moins nier qu'il n'eût formé le projet de le venger ; son succès aurait fait pardonner ses fautes, et sa non-réussite laissa le droit de l'accabler.

Quant à moi, dont les idées parcouraient un cercle moins rétréci, et qui comprenais l'importance de gagner à ma cause un homme d'un génie non contesté, je m'étais, depuis plusieurs années, déterminé à lui accorder le pardon qu'il sollicitait. Mais, malgré mon caractère royal, et bien que je dusse décider seul tout ce qui se rattachait aux affaires de la France, les préventions souvent injustes de mes alentours m'empêchaient dans certaines circonstances d'agir comme je l'aurais souhaité. On ne savait pas qu'en politique la vertu doit céder le pas au talent, et personne ne consentait à user d'indulgence envers Dumouriez.

J'avais aussi à vaincre des répugnances dans ma propre famille. Madame la duchesse d'Angoulême ne voulait rien entendre chaque fois qu'il s'agissait d'un homme dont ses parens infortunés avaient eu à se plaindre. Je l'avais vue inflexible envers l'abbé Georgel, dont le seul tort était d'avoir rempli les fonctions de grand-vicaire près le cardinal de Rohan. Ce pauvre abbé, passant à Mittau avec les commissaires de l'ordre de Malte qui allaient reconnaître Paul Ier en qualité de grand-maître, osa paraître devant ma nièce. La princesse, lorsqu'on l'eût nommé, lui jeta un regard sévère, et exigea de moi que l'abbé Georgel, que j'avais invité à dîner, ne fût pas admis à cet honneur.

Si madame la duchesse d'Agoulême agissait ainsi envers un personnage de si mince importance, que ne devait-elle pas faire à l'égard de Dumouriez? Je connaissais sa manière de penser, et ma tendre affection m'interdisait tout acte tendant à la désobliger. Cependant, à l'époque où la seconde coalition attaquait la révolution avec tant de vigueur, je crus devoir, dans l'intérêt commun, m'affranchir de toute considération secondaire. Dailleurs, Paul Ier, auquel on avait beaucoup vanté la science militaire de Dumouriez, désirait vivement le connaître et me l'avait fait savoir. Je chargeai donc le duc d'Harcourt de prévenir le général que je lui ordonnais de venir à Mittau, d'où il se dirigerait vers Saint-Pétersbourg.

Cette détermination fixée, je pris les mesures convenables pour la mettre à exécution. Par exemple, un soir où toute ma cour était rassemblée autour de moi, Madame exceptée, je dis à haute voix, sans m'adresser à personne :

— Le général Dumouriez va arriver à Mittau par mon ordre exprès ; je crois inutile de recommander qu'on le reçoive d'une manière convenable ; je prendrais pour moi tous les désagrémens qu'on se permettrait de lui faire essuyer, et j'en préviens tout le monde, afin que nul ne s'excuse sur son ignorance.

Je fis, en outre, mettre à l'ordre du jour à peu près la même phrase, et toutes les personnes de mon service militaire ou civil dûrent se tenir pour averties ; la précaution était bonne, je m'en aperçus au mécontentement qu'elle inspira.

Dumouriez arriva vers le milieu du mois d'octobre. Ce fut le vicomte d'Hardouineau, l'un de ceux qui lui en voulait le plus, qui le reçut le premier. Il le reconnut aux deux chaises de poste, escortées par des soldats, qu'il vit passer se dirigeant vers le château. Elles allèrent remiser à l'hôtel de Saint-Pétersbourg. D'Hardouineau, surmontant sa répugnance par soumission à ma volonté, s'avança vers l'un des voyageurs, qui n'était autre que Dumouriez, ainsi qu'il l'avait présumé. Celui-ci, le reconnaissant pour un officier de ma garde, lui dit :

— Monsieur, je suis Dumouriez : je viens ici par ordre de l'empereur de Russie, et avec l'agrément du roi ; serez-vous assez bon pour m'indiquer les moyens de faire savoir mon arrivée à M. le comte de Saint-Priest, auquel j'ai de l'argent à remettre ?

D'Hardouineau ayant répondu qu'il se chargeait de la commission, détacha aussitôt un garde au comte de Saint-Priest. Celui-ci, de son côté, se hâta de venir m'annoncer l'arrivée du général. Je lui enjoignis de le recevoir, de concert avec d'Avaray, et de lui annoncer que je l'admettrais ensuite en ma présence.

Dumouriez eut avec mes deux ministres une longue conférence, dans laquelle il développa de grandes connaissances stratégiques. Il leur communiqua une partie de ses plans, et eut la franchise de leur dire qu'il se réservait de me les révéler en entier ; on le conduisit ensuite dans mon cabinet, où je le reçus seul. Il s'avança d'un air respectueux, sans embarras, et s'inclina profondément.

— Bonjour, général, lui dis-je ; votre voyage a-t-il été heureux ?

— Qu'il me soit permis, répondit-il, de me féliciter d'abord d'avoir pu arriver devant Votre Majesté, que je conjure d'excuser les erreurs que j'ai pu commettre, car jamais mon cœur n'a été coupable.

— Vous n'êtes pas le seul qui ayez été trompé, général, repris-je ; et je me flatte que l'avenir réparera le passé.

Nous entrâmes ensuite en matière : je fus frappé de la clarté avec laquelle le général m'expliqua ses plans de campagne, sa politique et sa diplomatie. Il me fit parcourir rapidement par la pensée les diverses parties de l'Europe où on pouvait faire la guerre ; il me déroula avec facilité une matière ardue, immense ; enfin, je dois le dire, pour la première fois depuis mon émigration, je me trouvai en présence d'un véritable homme de guerre. Je reconnus sans peine sa supériorité sur les prétendus généraux qui ne cessaient de me fatiguer de leurs projets absurdes.

— Général, lui dis-je, vous me faites à la fois plaisir et peine : vous êtes trop habile pour qu'on vous emploie ; mais moi, je vous retiens à l'avance pour me servir après ma rentrée.

— Je la hâterais, j'ose le présumer, répondit Dumouriez, s'il y avait de par le monde une puissance qui la désirât sincèrement.

— L'empereur de Russie la souhaite de tout son cœur.

— Aussi cherchera-t-on à le faire changer d'avis; j'ai entendu dire que déjà ses généraux s'y opposent, circonvenus qu'ils sont par l'Autriche. On essaie sous main de les lasser. La situation géographique de la Russie ne lui permet des expéditions éloignées que comme auxiliaire. Elle jouera toujours un rôle secondaire, malgré son poids dans la balance politique, lorsque ses armées s'écarteront des frontières. Sire, l'Autriche est encore plus l'ennemie de Votre Majesté que de la république française.

Je ne répondis pas à ce propos de Dumouriez, ma position me prescrivant une réserve dont je connaissais l'importance. Je lui donnai toutes les instructions nécessaires pour qu'il ne se fourvoyât pas à Saint-Pétersbourg; puis je le congédiai, lui content de mon accueil, et moi charmé de pouvoir désormais attacher à ma cause un aussi habile tacticien. Il alla donc trouver le czar, qui le reçut d'une manière fort gracieuse, et le combla de marques de sa munificence. Paul 1er le laissa parler tant qu'il voulut, mais au résultat il ne tomba d'accord avec lui sur aucun point. Déjà des sentimens contraires à mes intérêts s'élevaient dans le cœur de l'empereur de Russie. Enchanté des grands succès de Suvarow, il ignorait encore les revers qui avaient lieu dans ce moment, et qu'on lui cacha aussi long-temps que possible ; il me renvoya donc Dumouriez.

Comme ce dernier devait rester une semaine à Mittau, Madame Royale ne pouvait se dispenser de se trouver avec lui ; mais ce ne fut pas sans peine qu'elle s'y décida. Elle me conjura même d'abord de lui permettre de demeurer tout ce temps dans son appartement, sous prétexte d'une indisposition.

— Ma chère fille, lui répondis-je, c'est l'occasion d'essayer les forces qui vous seront nécessaires lors de notre retour en France, car nous ne pourrons éloigner de notre personne tous ceux qui auront pris une part active à la funeste révolution. L'intérêt de notre cause et du peuple s'y opposerait; faites donc sur vous un effort digne de l'énergie de votre ame. Songez que Dumouriez n'est pas un homme ordinaire, qu'il peut me rendre de grands services, et qu'il sera peut-être, à ma rentrée en France, le seul général sur lequel je pourrai compter. Je vous prie donc de l'accueillir de manière à ce qu'il ne nous quitte pas mécontent.

La soumission de Madame Royale est sans égale : elle n'a jamais hésité à sacrifier ses propres sentimens à ses devoirs; aussi me promit-elle, dans cette circonstance, de se conformer à mes désirs. Je la prévins que Dumouriez serait admis chaque jour à notre dîner : elle s'y résigna ; mais la première fois qu'elle se trouva en sa présence, une sueur glaciale inonda son front, et la pâleur mortelle de ses traits me fit craindre qu'elle ne perdît complètement l'usage de ses sens.

De mon côté, j'étais au supplice, redoutant toujours un éclat que Dumouriez n'aurait point pardonné; devinant la cause de l'émotion de Madame, il se maintenait dans une réserve respectueuse, et évitait de se tourner vers elle. Cependant, tout-à-coup une vive rougeur couvrit les joues de la princesse, ses yeux s'animèrent; et s'adressant au général :

— Monsieur, lui dit-elle, rendez mon oncle à ses sujets : vous acquerrez par là des droits à ma reconnaissance; le ciel fera le reste... Elle s'arrêta.

Dumouriez mit la main sur son cœur :

— Ah, Madame! s'écria-t-il, je n'ai pu sauver le roi votre père, et la Providence ne m'a pas permis de le venger.

Depuis ce moment, ma nièce fut plus calme, et moi plus satisfait.

CHAPITRE XX.

Tableau de l'Europe en 1799. — Situation des Français en Italie et en Allemagne. — Défaite de Jourdan. — Caricature. — Suvarow en Italie. — Moreau lui est opposé. — Bataille de Cassano, — de Bassignano. — Moreau recule. — Les Russes s'emparent de l'Italie. — Bataille de Novi; mort de Joubert. — Masséna résiste à la coalition. — Il refuse de servir le roi. — Suite de la guerre. — Victoires de Masséna à Zurich. — Il arrête les alliés. — Insurrection royaliste dans la Haute-Garonne. — Général Rougé et comte de Paulo. — Conduite avide des Autrichiens. — Ils se brouillent avec les Russes. — Paul Ier rappelle son armée. — Réponse de Suvarow à un aide-de-camp du prince Charles. — Il reçoit le duc de Berry et le prince de Condé. — Son costume. — Comment il assiste à la messe.

L'année 1799 fut sans contredit l'une des années de la révolution la plus fertile en évènemens politiques et militaires. Tour à tour triomphante et abaissée, la république finit par retrouver toute sa confiance en obtenant de solides victoires. Enfin, la révolution du 18 brumaire, imprimant une violente secousse au gouvernement, retrempa son énergie, et recula de plus de quinze ans mon retour en

France, qui, à cette époque, paraissait si prochain.

Le général Championnet avait conquis rapidement le royaume de Naples; on lui devait une récompense, et ce fut la captivité qui lui en tint lieu. C'était un homme de probité; il s'était refusé aux dilapidations ordonnées par le Directoire, et ce dernier, afin qu'on n'ignorât pas le motif de sa disgrace, le remplaça par le ministre de la guerre Scherer, dont les concussions et les rapines avaient désorganisé les divers corps disséminés dans toute l'Italie. Le brigandage fut si patent, que plusieurs de mes émissaires me mandèrent qu'on leur avait proposé de leur vendre une partie des approvisionnemens. Scherer d'ailleurs, officier de peu de mérite, devait ses diverses fonctions au directeur Rewbell, avec lequel il partageait sans doute le pillage des alliés de la France.

Le général Jourdan, alors républicain déterminé, et officier malheureux, quoique habile et brave, eut le commandement de l'armée d'Allemagne, qu'il ne devait pas conserver long-temps. Le 3 mars, le prince Charles, général en chef des troupes de l'empereur et de l'empire, commença ses mouvemens hostiles, qui décidèrent, le 12 du même mois, la république française à déclarer la guerre à François II et au corps germanique. Ce début fut heureux pour la cause des souverains; Jourdan, battu sur tous les points, opéra sa retraite en très-bon ordre. Cependant elle lui valut, une caricature plaisante où on le représentait à cheval sur une écrevisse. Au bas du dessin était écrit le verset suivant :

Et tu, Jordanus, quia conversus es retrorsum?

Le Directoire attribua au chef les désastres de cette armée. On le rappela, et Masséna eut l'ordre d'aller prendre le commandement de celle du Danube.

Tandis que de ce côté la campagne commençait sous ces auspices funestes à la république, la fortune lui était également contraire en Italie. Scherer était incapable de réparer ses désordres par des actions d'éclat. Attaqué par les Allemands, le 5 avril, à Magnano, il éprouva un échec considérable, et dès le premier moment il mit au grand jour son incurie.

A la même époque environ, le 30 mars, Suvarow et ses Russes étaient arrivés à Trieste, précédés d'une immense réputation. A l'approche du vainqueur des Turcs et des Polonais, la terreur et le découragement se répandirent dans les troupes républicaines. On savait qu'en vertu d'un accord entre le czar et l'empereur, le feld-maréchal aurait la suprématie sur tous les autres généraux de la coalition, et certes ce n'était pas Scherer qui pouvait l'arrêter dans sa course victorieuse. Mille voix d'ailleurs s'élevèrent contre ce concussionnaire avide, et le Directoire fut contraint de le mettre à l'écart.

Il y avait à Paris un homme de guerre habile, mais dont on se méfiait avec raison. Moreau, qui d'une manière détournée s'était rattaché au plan de la contre-révolution de Pichegru, était depuis le 18 brumaire l'objet de l'inquiétude des républicains. Il fallut cependant recourir à lui dans la présente conjoncture. On lui proposa de l'envoyer en Italie, et il accepta avec transport, se flattant d'y jouer le rôle de Buonaparte. Jamais nomination ne me causa plus de joie.

Moreau croyait débuter par une victoire, mais ce fut Suvarow qui la remporta, le 27 avril, à Cassano. Le 12 mai, Moreau prit momentanément sa revanche à Bassignano, où il repoussa une forte division d'Austro-Russes. Entre ces deux faits d'armes eut lieu l'assassinat des plénipotentiaires français au congrès de Rastadt. Le congrès fut aussitôt dissous. L'adhésion du roi de Suède et de l'électeur de Bavière à la nouvelle coalition, suivit de près cet évènement. Suvarow poursuivit, malgré les efforts de Moreau, sa marche triomphale; Milan et sa citadelle tombèrent en son pouvoir, le 23 de ce mois. Les Français, vigoureusement pressés, abandonnèrent bientôt une partie de la haute Italie, et le 25 mai Suvarow coucha dans Turin. Le 19 juin, eut lieu la sanglante bataille de la Trébie, qui détermina le Directoire à essayer d'un autre général. On retira donc le commandement à Moreau accusé de s'être laissé vaincre par calcul, et Joubert alla prendre sa place.

Ce nouveau chef n'empêcha pas la reddition de la place importante de Mantoue, qui ouvrit ses portes aux Autrichiens le 28 juillet, et enfin, le 15 août, la bataille décisive de Novi, où Joubert trouva la mort après des prodiges de valeur. Bientôt après, la prise du mont Saint-Gothard ouvrit à la coalition les portes de mon royaume, et jamais je ne me crus plus près d'y rentrer.

Masséna, dans le principe, luttait avec désavantage du côté de l'Allemagne. Il vainquit à Winthersthu le prince Charles, le 23 mai; mais les succès rapides des Russes en Italie le forcèrent à évacuer Zurich le 5 juin. Néanmoins, loin de se laisser abattre, il essaya de prolonger une résistance qui m'était bien funeste, et n'y réussit que trop.

Vainement un ami de Dàndré, mon agent, parvint jusqu'à lui, et chercha à l'éblouir par des propositions brillantes. On lui offrit six millions, un gouvernement de province, un duché et le bâton de maréchal de France; mais il joua le désintéressement de Fabricius, encore à la mode dans les états-majors républicains, et répondit :

— Masséna se donne et ne se vend pas ; il sert la république, et méprise les traîtres.

Des succès mêlés de défaite eurent lieu vers la Hollande, où les Anglo-Russes, après s'être emparés, dans le Texel, de la flotte hollandaise, qui se rendit sans brûler une amorce, furent battus à Berghem le 19 septembre, par le général Brune. Championnet, qu'on tira de prison, alla remplacer Joubert à l'armée d'Italie, découragée par une longue suite de revers. Déjà Suvarow, dédaignant de la combattre, l'avait abandonnée avec l'élite de ses troupes, et s'était porté dans la Suisse, où Masséna lui paraissait digne de lui être opposé. Mais ici les affaires prirent une nouvelle face. Masséna, par des efforts incroyables et la réunion de tout ce qui constitue un grand capitaine, parvint à arrêter la marche des Russes. Attaqué aux environs de Zurich, la bataille, a-t-il dit dans son rapport, qui, je dois l'avouer, est un modèle de modestie et de clarté, dura pendant quinze jours sur une ligne de soixante lieues, contre trois armées combinées, conduites par des généraux expérimentés, occupant des positions inexpugnables. Masséna battit et dispersa ces trois armées, fit vingt mille prisonniers, tua plus de dix mille hommes, s'empara de cent pièces de canon, de trente drapeaux, de tous les bagages, tua ou prit neuf généraux, et arrêta sans retour la marche rapide et victorieuse de Suvarow.

Il était temps pour la république, qui venait également de perdre le royaume de Naples, tous les états du pape avec le reste de l'Italie, Gênes étant la seule ville importante qu'elle eût encore par-delà les monts.

L'intérieur devait aussi inspirer au gouvernement révolutionnaire des craintes sérieuses. J'avais formé un plan vaste, dont l'exécution aurait fait lever à la fois tous les royalistes de la Guyenne, du Roussillon, du Languedoc et de la Provence ; treize départemens donnant l'exemple au reste de ces contrées et du royaume. J'avais confié ce soin à deux agens successifs : les sieurs de Launay et Dubourg de la Porquerie. Le premier n'était pas seulement à ma solde, le gouvernement l'avait gagné par l'intermédiaire de l'abbé de Montgaillard, frère du comte de Montgaillard dont j'ai déjà parlé. Il alla s'établir à Toulouse, sous prétexte d'occuper une place qu'on lui avait donnée dans un hôpital militaire; il s'insinua dans le comité royaliste, en connut les opérations, et les vendit au Directoire, qui adopta des mesures propres à les faire échouer.

La ville de Toulouse devait prendre l'initiative. L'instant d'agir venu, les chefs de la conspiration eurent peur selon l'usage, et leurs soldats les voyant manquer à l'appel se retirèrent ; il n'en fut pas de même dans la campagne où le brave général leva l'étendard de l'insurrection dans la nuit du 4 au 5 août. Le comte de Paulo se joignit à lui ; mais il manqua de tête, et fit, malgré sa valeur, des fautes que le général Rougé ne put complètement réparer. Les républicains s'étant avancés avec des forces supérieures, mes partisans furent vaincus après une vigoureuse résistance.

Ce mouvement, circonscrit au seul département de Haute-Garonne et à quelques communes de ceux de l'Arriège et du Gers, ne trouva pas plus loin les secours qu'on lui avait promis ; néanmoins cette insurrection, tout incomplète qu'elle fut, ne laissa pas que d'inquiéter le Directoire et d'ajouter à ses périls. Il craignit qu'elle ne se combinât avec un autre soulèvement dans la Vendée, qui devait également avoir lieu, et il hésita sur les moyens à prendre pour l'étouffer sans retour.

Malgré les victoires successives de Masséna, la coalition avait encore des chances immenses de succès, lorsque la discorde vint au secours de la république. Suvarow, enivré de ses triomphes, prétendait agir en maître, et principalement dans mes intérêts. Les Autrichiens, jaloux de sa gloire, s'affligeaient d'y contribuer, et travaillaient en même temps pour s'assurer la meilleure part de la victoire. Ils manœuvrèrent en conséquence, soit pour s'emparer de tout ce qu'ils trouvaient à leur convenance, soit pour affaiblir les Russes de manière à ce qu'ils ne pussent se maintenir sans eux. L'impérieux Suvarow devinant le motif de leurs menées, s'en plaignit amèrement et le manda à son souverain. Dès-lors la bonne intelligence cessa de régner parmi les Austro-Russes; et bientôt même les premiers, sur un ordre de Vienne, se séparèrent des seconds. Les deux armées s'isolèrent réciproquement, et chacune, affaiblie par tant de combats, ne se trouva plus en état d'atteindre à aucun résultat décisif.

L'orgueil de Paul Ier s'irrita de la conduite fallacieuse de l'Autriche; en conséquence un ukase parvint à Suvarow pour qu'il eût à rentrer en Russie. C'était accabler ce grand capitaine qui soutenait noblement la dignité de son maître; car au moment où Masséna l'avait contraint de se retirer de la Suisse, l'archiduc Charles lui ayant envoyé à Landau un de ses aides-de-camp pour l'inviter à venir conférer avec lui sur les moyens collectifs d'une défense devenue nécessaire, Suvarow répondit :

— Dites à monseigneur l'archiduc que je ne sais qu'attaquer; qu'à Vienne je serai à ses pieds, mais qu'ici je suis au moins son égal, et que je marcherai en avant quand bon me semblera. Il est jeune, je suis vieux; j'ai acquis de l'expérience par mes victoires, je n'ai donc besoin des conseils de personne, et je n'en prends que de Dieu et de mon épée.

C'était assez manifester son mécontentement. Suvarow ne le cacha pas au prince de Condé, qui arrivait avec son corps pour le rejoindre. Ces deux héros se trouvèrent ensemble à Lindau, le 25 octobre. Le prince, impatient de voir le feld-maréchal, vint à lui sans aucune forme de décorum. Leur entrevue fut tout amicale. Suvarow témoigna à mon cousin autant de respect que d'estime, et il lui confia toutes les instructions et les dépêches de son souverain, disant qu'il ne voulait avoir aucun secret pour lui.

Le lendemain ils eurent ensemble une conférence plus complète; le prince de Condé apprit par Suvarow toutes les causes qui avaient amené la désunion entre les deux armées. Les Autrichiens ne donnaient aux Russes aucune des facilités qu'ils étaient en droit d'attendre de leurs alliés. Ils les laissaient manquer de vivres, au point que Suvarow avait été forcé de prendre la position inactive qu'il occupait alors, et de disposer ses quartiers d'hiver, où il venait d'envoyer la plus grande partie de sa cavalerie.

La cour de Vienne, fidèle à ses principes d'envahissement, n'avait pas permis le rétablissement des souverains dont Suvarow venait de soustraire les états au joug républicain. En un mot, l'Autriche ne cachait pas son projet de profiter seule des conquêtes dues à la valeur des Russes.

Le duc de Berry, qui avait accompagné le prince de Condé, alla dîner, le 26 octobre, chez Suvarow. Il le trouva dans son costume journalier, consistant en une veste et culotte blanche, un pied chaussé d'une botte et l'autre d'une pantoufle. Il ne portait ni décorations ni marques distinctives de son grade militaire. Sa bizarrerie ne l'empêcha pas de traiter mon neveu avec la cérémonie la plus gracieuse.

L'ordre de se retirer arriva comme je l'ai dit. Le prince de Condé en éprouva une vive douleur, et il envoya M. d'Ecquevilly chez Suvarow, pour prendre des renseignemens sur cette détermination. Ils ne laissaient aucun espoir; M. d'Ecquevilly en donna connaissance à d'Avaray. J'ai conservé un fragment de sa lettre, qui complètera le portrait que je me suis plu à tracer du général russe. M. d'Ecquevilly s'exprimait ainsi :

« Je me rendis, le 18 novembre, à Augsbourg, où on attendait, de Vienne, la réponse relative aux griefs dont Suvarow demandait le redressement. Le maréchal paraissait disposé à différer son départ, dans le cas où cette réponse contiendrait des dispositions qui pussent convenir à son souverain. Il n'en faisait pas moins tous ses préparatifs, et la marche de l'armée russe fut déterminée sur deux colonnes, la première partant le 26, et se dirigeant sur le Bug, par Prague et Cracovie, et la seconde traversant Brunn, Olmutz, Zamovck pour se rendre à Wolodimir. Il fut décidé aussi que le corps de Condé formerait une colonne particulière qui se porterait sur Dubno, par Munich, Lintz, Olmutz et Lemberg.

« Le 19 étant un jour de fête, j'assistai à la messe du maréchal, qui, revêtu du grand uniforme de feld-maréchal autrichien (titre que lui avait accordé la cour de Vienne), était décoré de tous ses ordres, enrichis de superbes diamans ainsi que d'un portrait de l'empereur suspendu à son col. Mais ne sortant jamais de son caractère d'originalité, il chantait tantôt seul, tantôt avec des espèces d'enfans de chœur qu'il se plaisait à diriger ; puis il feuilletait trois ou quatre gros livres de prières, faisant en outre des génuflexions sans nombre, et des signes de croix. Je dînai ensuite avec lui chez le prince Gorschakoff (cousin de celui qui s'était si mal conduit à l'armée du prince de Condé), alors à Augsbourg. Placé à table vis-à-vis du maréchal, je fus surpris de le voir me regarder fixement, et porter sur sa tête un verre plein de vin qu'il tenait de ses deux mains ; il me fit dire par son valet qu'il buvait à la santé du roi. »

CHAPITRE XXI.

Comment l'Autriche a peur du roi dans cette circonstance. —18 brumaire. — Les royalistes mettent leur espoir en Buonaparte. — Il les trompe. — Il pacifie la Vendée, — donne une bonne administration à la France, — forme une armée, — passe les Alpes, — triomphe à Marengo. — Paix de Lunéville. — Récit du départ du du roi de Mittau. — Le comte de Caraman est renvoyé de Saint-Pétersbourg. — M. de Fersen signifie au roi l'ordre de son renvoi. — Réponse du monarque. — Madame la duchesse d'Angoulême veut le suivre. — Le roi écrit à ses gardes-du-corps. — Détails de finance. — Note à ce sujet. — Itinéraire du voyage. — Incident et accident jusqu'à la sortie du roi de l'empire russe.

La mésintelligence survenue entre les cours de Russie et d'Autriche, la résistance inespérée de Masséna, et l'avidité de ceux qui ne voulaient faire la guerre qu'avec les vues étroites de l'égoïsme, annoncèrent la dissolution de cette coalition dont le commencement avait inspiré de si grandes espérances. Je m'y étais laissé aller comme les autres, bien que je dusse connaître à fond la politique de Vienne ; mais pouvais-je me persuader, dans la circonstance présente, que l'expérience de la première guerre serait entièrement perdue, que l'Autriche se flattait de tout confisquer à son profit!

Mes illusions ne tardèrent pas à s'évanouir, lorsque je m'aperçus de la crainte que mes moindres mouvemens causaient à l'Autriche. On m'entoura d'une surveillance occulte, il est vrai; mais qui n'en était pas moins vigilante. On osa même me faire déclarer que si je quittais Mittau sans l'agrément de François II, on ferait aussitôt la paix avec la république française. Ceci me tourmentait peu; mon plan était arrêté d'aller rejoindre les Russes dès qu'ils auraient mis le pied sur le territoire, bien certain que les efforts de l'Autriche, pour s'y opposer et en paralyser les effets, seraient impuissans.

Mais nous ne nous trouvâmes point en position de lutter ensemble : les Russes se retirèrent ; la coalition par le fait fut dissoute, bien qu'en apparence elle se maintînt toujours ; et le retour de Buonaparte, que suivit peu après la révolution du 18 brumaire, amena de nouvelles chances que la prévision humaine ne pouvait deviner. Buonaparte trompa tous les calculs; les royalistes, se flattant que son intention était de me rappeler au trône de mes ancêtres, le soutinrent de tout leur pouvoir; les jacobins seuls lui furent contraires : aussi les comprima-t-il de tout le poids de sa puissance.

Mais dès le moment où cette puissance lui fut adjugée, il en profita pour briser le fil de la conspiration dont Barras était le chef. On arrêta les agens de ce dernier, qui lui-même ressentit les effets de la colère de Buonaparte ; et moi, me fiant sur ce qu'on me mandait de Paris, je persistai à croire que Buonaparte continuerait l'ouvrage de l'ex-directeur, et je fis plus tard près de lui des démarches dont je ne retirai aucun fruit.

Je peindrais mal le chagrin qui m'accabla lorsque je vis tout-à-coup s'évanouir mes dernières espérances. Je souffris d'autant plus que je m'efforçai de n'en laisser rien paraître au dehors, soit pour ne pas augmenter l'affliction de mes amis, soit pour ne pas donner trop de joie à mes ennemis. Cependant je ne murmurai point contre la Providence ; et, le front serein tandis que mon cœur était brisé, je consolai la reine et madame la duchesse d'Angoulême, dont la douleur était extrême. J'avais aussi à soutenir le courage de l'émigration tout entière ; je la voyais condamnée comme moi à un exil sans terme. Néanmoins, au milieu de mes inquiétudes, le ciel permettait que l'avenir ne s'offrît à mes yeux que d'une manière vague et confuse. Si je l'eusse connu dans toute son étendue, rien n'aurait pu dissiper mon désespoir.

La première démarche de Buonaparte fut une lettre au roi d'Angleterre pour lui proposer la paix. J'eus un instant la crainte qu'il ne fît des concessions telles au cabinet de Saint-James ; que celui-ci s'empresserait de les accepter : mais il n'en fut rien. Buonaparte était trop avide, et il n'était pas encore dans l'intérêt de l'Angleterre de s'accommoder avec lui.

La pacification définitive de la Vendée devint le second acte de ce nouveau gouvernement. Mes partisans dans cette portion du royaume cherchèrent en vain à rallumer la guerre; l'ascendant de Buonaparte triompha. La plupart des chefs se soumirent, les autres s'évadèrent, et l'habitant des campagnes se tint tranquille. Ceci m'inquiéta plus que tout le reste. Les mesures du premier consul avaient une énergie qui les rendait redoutables : mes agens en furent effrayés et n'agirent plus qu'avec mollesse.

Une forme nouvelle et toute monarchique fut donnée à la France. Les administrations départementales, de district et de communes disparurent; des préfets, des sous-préfets et des maires prirent leur place; on fit également des changemens dans les finances, dont le système fut amélioré. Cette organisation n'arrêta pas les préparatifs militaires : la guerre, au printemps, recommença avec vigueur. Masséna, renfermé dans Gênes, dut capituler; mais Moreau, envoyé à l'armée du Rhin, reprit l'offensive, et la fortune revint sous ses drapeaux. Ceci n'était que le prélude d'actes plus éclatans. Buonaparte, ayant rassemblé une armée aux environs de Lyon, passa, le 10 mai, les Alpes au mont Saint-Bernard, par des chemins réputés impraticables; transporta en Italie son artillerie, ses munitions, son armée; alla à la rencontre des Autrichiens que commandait le général Mélas, le battit à Montebello le 9 juin, et le 14 remporta le victoire de Marengo, qui fut décisive. Moreau, en même temps, entra dans Munich. La guerre continua toute cette année, et Buonaparte, par une suite de combats rapides, conquit la haute Italie; l'Autriche, envahie fort avant dans ses provinces, fut punie de son ingratitude et de son avidité, et contrainte à demander enfin la paix, qu'on signa à Lunéville le 9 févier 1801.

Je n'ai prétendu qu'esquisser à larges traits le tableau des évènemens qui se passèrent depuis le 18 brumaire (10 novembre 1799) jusqu'au moment où l'Autriche fut réduite à poser les armes. Afin qu'on puisse comprendre plus facilement les faits qui me sont personnels, j'ai dit que dès le retour de Buonaparte en Europe les Russes avaient cessé de combattre de concert avec les Autrichiens, et que la rupture, devenue complète, amena, en novembre 1800, un traité d'alliance de neutralité armée entre les cours de Saint-Pétersbourg, de Stockholm et de Copenhague.

Tandis que tant d'évènemens divers se succédaient en Europe, j'étais à Mittau déplorant le malheur attaché à ma cause, mais ne me doutant pas que je me trouvais au moment de recommencer mes courses pénibles. Le comte de Caraman, mon ambassadeur extraordinaire à Saint-Pétersbourg, m'entretenait, dans sa correspondance, des bonnes intentions de l'empereur à mon égard; il ignorait que déjà des agens secrets de Buonaparte étaient venus en Russie, et, profitant du dépit que la conduite de l'Autriche avait inspiré au czar, étaient parvenus à donner une nouvelle direction à l'esprit versatile de ce prince.

Le 19 janvier 1801, d'Avaray entra précipitamment dans mon cabinet avec un visage bouleversé :

— Sire, me dit-il, le comte de Caraman arrive à l'instant même, l'empereur lui ayant intimé l'ordre de sortir de Saint-Pétersbourg dans les vingt-quatre heures.

— Qu'a-t-il fait, demandai-je, pour mériter cette rigueur et m'attirer cet affront ?

— Il l'ignore ; d'ailleurs, si Votre Majesté désire le voir, il est près d'ici.

S'étant présenté devant moi, M. de Caraman m'assura que sa disgrace était aussi imprévue que peu motivée ; il m'exprima ensuite ses craintes pour ma tranquillité à venir ; nous cherchions à nous expliquer les causes de cette conduite si singulière du czar, lorsque le duc de Villequier entra pour me prévenir que le général Fersen, au service de la Russie, et commandant militaire de Courlande, venait de se présenter au château, et qu'il demandait à parler au comte d'Avaray. Cet incident augmenta encore mon anxiété. D'Avaray eut une assez longue conférence avec M. de Fersen, puis tous les deux vinrent me trouver dans mon appartement. M. de Fersen m'annonça, avec une vive émotion, que Paul Ier, mettant un terme à l'hospitalité qu'il m'avait accordée, exigeait qu'à mon tour je quittasse Mittau le jour qui suivrait celui de la notification.

Je me contins, voulant conserver, par ma dignité personnelle, la majesté du roi de France ; et tandis que le comte de Fersen, atterré, cherchait à me faire ses excuses, je donnais déjà les ordres pour mon départ. Le comte continuant toujours sur le même ton, en employant les qualifications royales,

— Monsieur, lui répondis-je, il n'y a plus ici qu'un émigré français, le comte de Lille. Veuillez en prévenir votre maître.

Fersen sortit. Je voulus prendre la plume pour écrire à Paul Ier, mais elle échappa de mes mains. Je dis alors au comte de Caraman de se charger de cette tâche, ajoutant que je craignais, en la remplissant moi-même, de laisser trop paraître mon juste ressentiment. Je voulais partir le surlendemain, mais d'Avaray me rappela que ce serait le 21 janvier... Je ne pus donc céder à mon premier mouvement, et je fixai mon voyage au 22.

J'envoyai aussitôt chercher l'abbé de Firmont, et lui dis que, ne me sentant pas le courage d'apprendre cette funeste nouvelle à ma nièce, je lui en donnais la mission. Cela fait, je passai ensuite chez la reine, qui était malade et hors d'état de se mettre en route. M. Dresen avait reçu l'ordre de me délivrer douze passeports seulement. Il n'y en avait point pour la duchesse d'Angoulême ; mais elle déclara que rien au monde ne la retiendrait à Mittau après mon départ, et qu'elle était décidée à me suivre.

Cependant il se présentait un grand embarras ; ma bourse était vide, et il fallut la remplir au moyen d'un emprunt que des négocians consentirent à me faire sur la foi de ma parole royale. Avant de quitter mes fidèles gardes-du-corps, je crus devoir leur écrire une lettre datée du jour de mon départ de Mittau ; elle disait :

« Une des peines les plus sensibles que j'éprouve « en partant, c'est de me séparer de mes chers et « respectables gardes-du-corps. Je n'ai pas besoin « de leur recommander de me conserver une fidé-« lité gravée dans leur cœur, et si bien prouvée « par toute leur conduite. Mais que la juste dou-« leur dont nous sommes pénétrés ne leur fasse « pas oublier ce qu'ils doivent au monarque qui « me donna un asile, qui forma l'union de mes « enfans, et dont les bienfaits assurent mon exis-« tence et celle de mes fidèles serviteurs. »

Cette recommandation était nécessaire pour contenir les plaintes de mes gardes. Je ne voulais pas aigrir Paul Ier, ni me brouiller sans retour avec lui, pensant le voir revenir à moi dès que ce nouveau caprice serait passé (1).

---

(1) Pour suppléer à quelques détails que le roi supprime en cet endroit, voici ce qu'on trouve au sujet de la décision précipitée de l'empereur, dans l'ouvrage de M. d'Hardouineau :

« Paul Ier, en intimant l'ordre de départ, n'avait pas « même songé aux moyens de finance pour l'exécuter. « Celles du roi étaient épuisées ; le duc de Villequier alla,

Le 22 janvier, nous commençâmes notre pénible voyage, madame la duchesse d'Angoulême n'ayant pas voulu m'abandonner; la reine, comme je l'ai dit, ne put nous accompagner. Je montai en voiture à trois heures et demie de l'après-midi. Il faisait un temps affreux, un froid piquant, et la terre était couverte de neige; j'allai coucher chez le baron de Hage, qui s'empressa de me faire les honneurs de son château, où il me reçut très-convenablement, quoique je l'eusse pris en quelque sorte à l'improviste. Ce fut là que me rejoignit le courrier du général Fersen, chargé de me remettre les passeports nécessaires à moi et à ma suite. Je donnai ordre à d'Avaray d'en accuser réception.

Le lendemain, le gîte du soir ne fut plus un château, mais une auberge infâme, comme celle qu'on trouve en général dans un pays peu civilisé.

« de la part de ce prince, trouver M. Arseniew, vice-
« gouverneur, et en cette qualité président de la chambre
« de finance de Courlande, pour lui faire connaître la
« situation du roi. M. Arseniew répondit que la régence
« pouvait sans inconvénient payer au roi les cent mille
« roubles des six mois de traitement qui étaient échus,
« mais que dans le moment le trésor manquait de fonds.
« Pour remédier à cette difficulté, il proposa de donner
« une obligation des cent mille roubles, qu'on négocierait.
« Le roi remit sa procuration à cet effet au duc de Ville-
« quier, qui expédia un courrier à Riga, où des banquiers
« acceptèrent la traite, et fournirent provisoirement au
« roi trois mille six cent quatre ducats, à compte sur les
« cent mille roubles.

(Note de l'éditeur.)

C'était le lieu où s'arrêtait la poste de Franenbourg. Nous trouvâmes environ soixante paysans entassés dans le stubca qui servait de cuisine ou salle commune. Cette pièce était à peu près la seule de la maison ; j'ai conservé le souvenir de l'odeur infecte qu'exhalaient les vapeurs du tabac et de l'eau-de-vie dont les bonnes gens se régalaient. On me coucha où l'on put ; la duchesse d'Angoulême eut pour chambre une espèce de poulailler. Dieu sait la nuit qu'elle y passa ! Le lendemain elle en était toute pâle, s'étant figurée que nous avions choisi pour asile un repaire de bandits.

Le 24, je fis à pied une partie de la route, ayant de la neige jusqu'à mi-jambe ; je donnais le bras à d'Avaray, et ma nièce était appuyée sur celui de l'abbé de Firmont, car elle n'avait pas voulu rester dans la voiture. Madame de Serrent était sous la protection de l'excellent Hardouineau. Les équipages et le reste de ma suite suivirent la grande route et s'en trouvèrent mieux que nous. Je devais coucher à Drogen ; mais Trusewick, capitaine des grenadiers d'Essen, et élève des cadets de Stubs, instruit de ma venue et de celle de Madame Royale, ne voulut pas nous céder l'appartement que je devais occuper. Il n'y eut pas moyen de lui faire comprendre que nous méritions quelques égards par notre rang ; l'honnête capitaine tint bon à son poste ; il voulut nous mener devant le juge pour faire reconnaître son droit de premier occupant ; force fut donc à nous de passer outre, et nous allâmes à Imagen.

Les jours se suivent et ne se ressemblent pas ; grâce à cette aventureuse vie, nul mieux que moi n'a vérifié l'exactitude de ce proverbe. Le 25 janvier je m'arrêtai pour déjeûner à Hadeyken, chez le baron de Sass, où je fus accueilli comme le roi de France aurait pu l'être, avant 1789, dans un château aux environs de Versailles. Le baron de Sass avait fait plusieurs fois le voyage de Mittau pour venir me présenter ses hommages, et dans cette circonstance il ne se démentit pas. Il voulut me retenir le reste de la journée, mais je ne pus accepter son invitation, mon gîte étant marqué. J'allais monter en voiture lorsqu'arriva, en grande hâte, le fils aîné du baron, qui habitait Imagen, où j'avais passé la nuit précédente ; étant à la chasse lors de mon arrivée chez son père, il n'avait pu s'y trouver, mais à son retour il s'empressa de venir me faire ses excuses, et persista à nous accompagner jusqu'aux limites de l'empire russe, pensant que sa présence pourrait nous être utile. Je fus beaucoup plus sensible à ce bon procédé que je n'avais été peiné de la conduite du capitaine Trusewick.

De Thadegeycken, nous allâmes à Oberbarteau ; aucun incident remarquable ne signala cette journée. Le lendemain, à Rulzaw, où je m'arrêtai pour déjeûner, je reçus la visite de M. de Grandidier, gentilhomme du pays, qui était venu de Libau, sa demeure, pour me présenter ses respects. Je l'accueillis avec les égards que méritait sa politesse, qui pouvait n'être pas sans danger pour lui, selon que le czar l'envisagerait dans son caprice.

Nous atteignîmes la frontière à Polangen, vers quatre heures et demie du soir. Ici nous fûmes en proie à une nouvelle inquiétude : le caractère de Paul Ier m'était connu ; on m'avait refusé, par son ordre, un passeport à Mittau pour ma nièce, et il était à craindre qu'à la frontière on ne s'opposât à sa sortie. Voulant savoir à quoi m'en tenir à cet égard, je dis au duc de Fleury de prendre les devans avec les passeports, et de les présenter à l'officier du poste. J'ajoutai : — Si les choses se passent comme nous le désirons, vous vous mettrez à la portière de mon côté, et dans le cas contraire, vous irez à celle de ma nièce.

La Providence ne nous accabla pas cette fois, et mon envoyé revint nous annoncer que notre sortie n'éprouverait aucun obstacle. Nous fûmes délivrés d'un grand poids ; la conduite des douaniers et de la troupe ne nous laissa rien à désirer ; nos bagages restèrent intacts ; on nous rendit tous les honneurs militaires ; et lorsque le jeune baron de Sass prit congé de moi, je le remerciai avec sensibilité de son obligeance. Cela fait, nous franchîmes la barrière qui nous séparait de la Pologne prussienne.

CHAPITRE XXII.

Détails. — Lettre de Louis XVIII au roi de Prusse. — Arrivée à Memel. — Incognito. — Conduite parfaite de MM. de Thumen et de Lork. — Paul Ier chasse les gardes-du-corps du roi. — Ils viennent rejoindre ce prince. — Ce qu'il leur dit. — Il les envoie à Hambourg. — Le denier de la veuve. — La duchesse d'Angoulême vend ses diamans. — Le roi part pour Varsovie. — La voiture versée. — Accueil que le roi reçoit à Varsovie. — Mort tragique de Paul Ier. — Tendresse de l'impératrice. — Le roi disculpe les Anglais. — Il va à la campagne. — Maladie de M. d'Avaray. — Soins que lui donne le roi. — Il part pour l'Italie. — Instructions du roi à M. d'Hardouineau qui l'accompagne.

Je n'ai pas voulu interrompre mon récit depuis le moment où m'advint l'ordre de renvoi de Paul Ier, jusqu'à ma sortie de ses états, pour retracer les réflexions qui m'assaillirent en foule. Elles furent quelquefois bien amères... mais je les tairai encore ; ceux qui comprennent quelle devait être ma position, apprécieront le motif de mon silence.

La promptitude avec laquelle on m'avait *mis à la porte*, m'interdit de m'assurer à l'avance une autre retraite. Je me dirigeai donc à tout hasard vers le royaume le plus voisin, sans savoir si on voudrait m'y recevoir. Je m'empressai cependant d'en donner connaissance non au cabinet de Berlin, mais au roi lui-même, par une lettre ainsi conçue :

« Monsieur mon frère,

« Le comte de Lille est dans la nécessité impé-
« rieuse de quitter Mittau avec sa famille et ses ser-
« viteurs, dans les vingt-quatre heures. J'espère
« que vous ne leur refuserez pas une retraite tem-
« poraire. Ils sont au nombre de ceux qui ne sa-
« vent où reposer leur tête. Votre Majesté aura
« égard à leur position, et ne les forcera pas à
« poursuivre leur triste pélerinage pendant un hi-
« ver aussi rigoureux. Vos vertus, sire, m'en sont
« un sûr garant. Il est des infortunes qu'on respec-
« terait dans des souverains ennemis ; je me flatte
« donc que celles du comte de Lille ne seront pas
« son premier titre à votre obligeance.

« Je suis, etc.

« *Signé* Louis. »

Ce fut en me confiant au succès de cette lettre, que je me déterminai à me diriger vers Varsovie. Je dirai plus tard ce qui m'advint.

Je comptais aller coucher à Memel, le 26 mai, lorsqu'il s'éleva un orage épouvantable dans la soirée. Le vent siffla avec violence, en entraînant des tourbillons de neige qui rendaient les routes dangereuses. Je me déterminai donc, sollicité par mes gens, à passer la nuit à la première poste prussienne, appelée Nimmusats, située à un demi-mille de Polangen.

Le 27 vers le soir, et, comme le dirait un poète, lorsque la nuit jetait son voile sur la voûte du firmament, je fis mon entrée à Memel sous un sévère incognito. Je ne fus plus que le comte de Lille, et la duchesse d'Angoulême devint la marquise de La Meilleraye. J'ôtai même mes décorations, incertain de la conduite que le roi de Prusse tiendrait à mon égard ; et comme je le savais trembleur, je ne voulais pas être pour lui un sujet d'inquiétude.

Sa détermination se ressentit de son caractère indécis : il lui répugna de me refuser un asile *par le temps qu'il faisait;* et d'un autre côté, n'osant me l'accorder ouvertement, il prit le parti de ne pas me savoir dans ses états. Aucun ordre apparent ne fut donc donné relativement à ma personne. Il n'eut à me rendre ni à me dénier les honneurs dus à mon rang. On laissa le cas à régler aux autorités du lieu, sauf plus tard à les blâmer ou à les approuver, selon la tournure que prendraient les évènemens.

Le commandant militaire de la ville, instruit de mon arrivée, s'empressa de venir me visiter. Ce brave homme, plein de respect pour un monarque malheureux, prétendait me fournir une garde et me traiter en souverain.

— Je ne me mêle pas de la politique, me dit-il ; mais je sais ce que je dois à un roi de France.

— Il n'y a ici que le comte de Lille, monsieur, lui répondis-je ; il ne peut y avoir que lui.

— Soit, sire, repartit M. de Thumen, puisque c'est le bon plaisir de Votre Majesté ; mais du moins on ne me contestera pas que madame la marquise de La Meilleraye ne soit Altesse Royale ; et à ce titre elle a droit à un factionnaire.

Le duc de Fleury dit alors qu'il acceptait, au nom de madame la marquise, à condition toutefois que le factionnaire serait sans armes. Le commandant eut quelque peine à nous concéder cette diminution d'honneur.

Mon logement avait été retenu chez une dame Klein, où vint me visiter presqu'à mon débotté M. Lork, consul de Danemark. Il s'offrit avec une obligeance qui ne se démentit pas tant que je demeurai à Memel, de me rendre une foule de petits services, toujours d'un grand prix quand on est étranger dans une ville. Je l'invitai à dîner le 3 février.

Paul Ier, dans son caprice extravagant, ne m'avait pas frappé seul. Immédiatement après mon départ, l'ordre survint de faire sortir de Mittau tous les Français, sans excepter mes gardes-du-corps. On poussa la rigueur envers ceux-ci jusqu'à défendre, à leur entrée en Prusse, à tout sujet russe de les retenir chez eux plus d'un jour. J'ordonnai qu'on me présentât, le 9 février, les cinq gardes-du-corps arrivés de la veille ; et lorsqu'ils furent devant moi :

— Messieurs, leur dis-je, je ressens un grand

plaisir à vous voir, mais il est mêlé d'une bien douloureuse amertume. La Providence m'éprouve depuis bien long-temps ; cette épreuve n'est pas la moins cruelle.

Je m'arrêtai pour essuyer mes larmes que je ne pouvais retenir. En effet, mon cœur était brisé en pensant au traitement indigne que j'avais reçu, ainsi que les miens, en Russie, et à l'abandon dans lequel la cour de Berlin me laissait. Cependant, reprenant un peu de force, je continuai :

— La Providence, je l'espère, se lassera de me poursuivre, et viendra enfin à mon secours. Si je manquais de courage, le vôtre, messieurs, me soutiendrait. Sans royaume, sans puissance, je n'ai plus que des conseils à vous donner. Je vous engage donc à vous diriger sur Kœnigsberg, afin de ne point porter ombrage ici à la cour de Berlin. Je viens d'ordonner des mesures pour faciliter votre arrivée à Hambourg, où chacun pourra prendre plus aisément un parti ultérieur.

Tous les autres gardes-du-corps furent également admis en ma présence, et reçus de la même manière ; tous me témoignèrent autant d'attachement que de regret de me quitter. Je tâchai d'alléger leur position, sans trop m'inquiéter de la mienne, et j'approuvai en outre un travail que me soumit Hardouineau, par lequel j'accordais une pension de six cents livres à chaque vieillard parmi mes gardes. Je chargeai aussi le vicomte d'Agoult d'aller à Kœnigsberg pour y fréter, à mes frais, un bâtiment qui transporterait à Hambourg ces restes vénérables de ma maison militaire.

Cette dépense, jointe à celles que nous avions encore à faire, nous laissait dans une fâcheuse nécessité. L'arrivée des fonds que nous attendions était incertaine. Ma nièce, dans cet embarras, me proposa de nous servir de ses diamans. Elle y mit tant d'instance, que j'acceptai. Il fut donc décidé qu'ils seraient vendus, et M. de Lork voulut bien consentir à nous avancer, sur ce que nous en retirerions, la somme de deux mille ducats qui nous était absolument nécessaire.

Je demeurai à Memel jusqu'au 23 février, jour où je me mis en route pour Kœnigsberg. J'y arrivai le lendemain ; nous en partîmes le 27, et le 6 mars j'entrai à Varsovie. Pendant ce voyage, je courus une sorte de danger ; le 2 mai, sur les cinq heures du soir, à une lieue envrion de Pulstuk, où nous devions coucher, le postillon qui nous conduisait, voulant se ranger d'une voiture cheminant sur la même route en sens contraire, prit trop sur le côté; la roue tomba dans un fossé caché sous la neige, et nous versâmes. La glace de notre portière fut brisée, mais nous sortîmes heureusement sains et saufs de cet accident. Ce qu'il y eut de plus fâcheux, fut d'attendre sur la place, pendant deux grandes heures, la voiture du duc de Fleury qui n'arrivait pas.

Je logeai à Varsovie dans la maison Wassiliewitch, située dans le faubourg de Cracovie, que l'abbé de La Mare, l'un des miens, avait louée à l'avance. J'avais naguère avec moi un autre abbé, nommé Marie, excellent homme, plein d'esprit et de dévouement, auquel j'étais fort attaché. J'eus le malheur de le perdre le lendemain de mon départ de Memel, où il était resté en arrière. Il se suicida dans le transport d'une fièvre chaude. Madame Royale et moi ressentîmes une vive douleur de cette fin tragique : presque chacune de mes journées devait être marquée par un nouveau malheur.

J'eus lieu d'être satisfait de la manière dont on me reçut à Varsovie. Le général Keller, instruit de ma venue, m'attendait dans mon hôtel, où toute la noblesse polonaise vint me faire sa cour malgré mon incognito. Il est peu de familles distinguées de ce pays, qui ne m'aient donné des marques de respect et de bienveillance ; c'était à qui me ferait oublier mes malheurs, ou du moins chercherait à en adoucir l'amertume. La mémoire des Polonais et de la Pologne me sera toujours chère. J'espère que mes successeurs acquitteront un jour la dette d'honneur que j'ai contractée envers eux. Ma famille n'était pas étrangère à Varsovie, où on se rappelait encore le règne d'un des descendans de saint Louis, et celui de mon bisaïeul Stanislas, toujours cher aux Polonais par le souvenir de ses grandes vertus.

J'appris bientôt une nouvelle qui me frappa de stupeur : ce fut la mort de Paul Ier, arrivée le 24 mars 1801. Il avait terminé ses jours par une apoplexie foudroyante... une de ces apoplexies dont meurent souvent les souverains de ces contrées.... Je n'exprimerai jamais ce qui se passa en moi à la connaissance de ce régicide d'intérieur, commis par les grands de l'empire. J'oubliai les torts de Paul Ier à mon égard, et je ne songeai plus qu'au coup infâme qui l'avait privé de la vie.

Je sus aussi que l'impératrice sa femme, en apprenant le crime, avait dit :

— Eh bien ! c'est moi qui règne maintenant.

Voilà les seuls regrets qu'elle donna à son mari ; mais comme les assassins de l'empereur attendaient une meilleure composition d'Alexandre que de sa mère, on lui dénia l'héritage qu'elle prétendait recueillir, et on l'enferma dans son appartement jusqu'à l'inauguration du nouveau czar. Je ne sais sur cet évènement aucune particularité secrète. On fit courir le bruit que l'Angleterre avait été complice de ce meurtre, mais il n'en est rien : il n'eut d'autre cause que la haine que Paul Ier s'était attirée de la part de ses sujets et des magnats, qui avaient sans cesse la crainte d'une disgrace terrible. On l'attribuait au cabinet de Saint-James à cause de ses intrigues et de l'amitié qui paraissait s'établir entre Paul Ier et Buonaparte. Les conséquences de ce rapprochement paraissaient inquiéter l'Angleterre, et on prétendit que, pour l'éviter, on avait décidé la mort du czar. Je le répète, l'Angleterre n'y fut pour rien ; la Russie seule doit porter le poids de ce forfait. A Dieu ne plaise que la vengeance céleste n'en punisse à son tour l'empereur Alexandre, qui a consenti à vivre au milieu des assassins de son père ! Tout me porte à croire qu'il ne les a jamais connus.

Au mois de mai, on mit à ma disposition le château de plaisance de Lasinska, situé à un quart de lieue de Varsovie. Je m'y retirai avec le duc et la duchesse d'Angoulême ; le premier était venu nous rejoindre depuis peu. Ce fut pour moi un séjour agréable ; mais, selon l'usage, le malheur vint encore m'y visiter. Le 26 juin, nous étions à table, lorsque tout-à-coup d'Avaray fut pris d'un vomissement de sang qui nous causa à tous une grande frayeur ; ma douleur surpassa toutes les autres. Il fallut arracher ce cher ami de mes bras, et on l'emporta dans sa chambre, où sur les onze heures du soir l'accident recommença avec une nouvelle violence. Deux jours se passèrent sans améliorations dans son état, et il devint d'une faiblesse qui rendit sa convalescence extrêmement longue.

Dès-lors, toute application lui fut interdite. Je ne pus même plus causer avec lui de mes affaires, et je dus, jusqu'à nouvel ordre, lui en retirer la direction. Je n'abandonnai pas pour cela le cher malade : je passais toutes mes soirées auprès de lui, je lui faisais des lectures à haute voix ; et lorsque j'étais fatigué, Hardoineau et un autre de mes fidèles lisaient à leur tour. A sept heures, le duc d'Angoulême et Madame Royale venaient nous rejoindre, ainsi que les ducs de Guiche et de Fleury, le prince Poniatowski, sa sœur, mesdames de Serent, de Choisy, de Vauban, la comtesse de Egttekwitch et le reste de ma suite.

Enfin, les médicins décidèrent que d'Avaray ne se rétablirait complètement que sous le ciel plus doux de l'Italie. Il fallut donc que je me décidasse à me séparer de mon seul ami. Ce fut pour moi un véritable sacrifice.

Hardouineau voulut accompagner d'Avaray. Je lui en marquai ma reconnaissance, et au moment du départ, le 26 septembre 1801, je lui remis une instruction écrite de ma main. Elle portait :

« D'après les soins affectueux que M. d'Har-
« douineau à donnés à mon ami d'Avaray, je n'ai
« rien à lui recommander à cet égard ; mais il est
« quelques détails dans lesquels je crois nécessaire
« d'entrer. Le passage subit d'une grande occupa-
« tion à une complète inaction est difficile et même
« pénible pour un esprit comme celui de mon ami.
« M. d'Hardouineau tâchera donc, lorsqu'il sera
« seul avec lui, de l'entretenir d'objets assez inté-
« ressans pour captiver son attention.

« M. d'Hardouineau l'empêchera aussi d'écrire,
« non à ses amis, mais à cette foule de gens oisifs
« qui ne manqueront pas de lui demander des dé-
« tails sur son voyage. S'il faut absolument leur
« répondre, je prie M. d'Hardouineau de s'en
« charger.

« En chemin, M. d'Hardouineau marquera cha-

« que jour à M. de Thoveny l'état du malade. Il
« faudrait que ces bulletins pussent être montrés
« à M. Lefèvre (notre médecin). Si M. d'Har-
« douineau a quelque chose de particulier à man-
« der, il le ferait sur une feuille séparée. Arrivé à
« Cracovie, M. d'Hardouineau s'informera s'il y a
« à la poste quelque lettre pour M. d'Avaray; il est
« possible qu'il s'en trouve une de moi, si je juge
« qu'elle puisse arriver à temps.

« A Vienne, M. d'Hardouineau priera M. le mar-
« quis de Bonnay de le mettre en rapport avec
« M. Franck, afin de pouvoir adresser, dans la suite
« du voyage, des bulletins à ce médecin.

« Je n'ai pas besoin de recommander à M. d'Har-
« douineau de dire la vérité toute entière dans les
« bulletins, de quelque nature qu'elle soit. »

FIN DU TOME SEPTIÈME.

TABLE DES MATIÈRES

CONTENUES

DANS LE TOME SEPTIÈME.

Pages

Chap. I.—Premiers instans de la royauté de Monsieur.—Hommages empressés de ses fidèles.—Il annonce son avènement aux souverains.—Il répond au prince de Condé.— Il écrit à Madame Royale. — Autres actes royaux. — D'Avaray, un nouveau blason, une devise. — M. de Cazalès. — Le cabinet de Vienne élude de reconnaître Monsieur.—Conversation à ce sujet entre le comte de Saint-Priest et le baron de Thugut. — Monsieur s'adresse infructueusement au roi de Prusse. — On lui détache un agent adroit.—A Venise on le reconnaît et on ne le reconnaît pas.—Les Bourbons d'Italie.—Détails sur la vie intérieure de Monsieur. — Vérone. — Comte d'Entraigue. — MM. de Damas et de Montagnad.—Moncenigo.—L'incognito et les souliers crottés d'un noble Vénitien. 1

Chap. II. — Ce qu'on mande au roi de la Vendée.— Affaire de Quiberon.—Préparatifs en Angleterre.—Propos obscurs de Pitt. — Le comte d'Hervilly et première division de l'armée royale. — Comte de Sombreuil et première division.—Le roi communique ses pressentimens à d'Avaray.—L'évêque de Dôle. — Débarquement à Carnac de la première division. — Fautes du comte d'Hervilly. — Prise d'Auvray et du fort Penthièvre.—Mesure habile de

Hoche. — Succès des chouans. — Les émigrés repoussés dans le fort Penthièvre. — La deuxième division arrive et débarque trop tard. — Les républicains emportent Quiberon. — Paroles de sang de Tollier. — Exécution des émigrés prisonniers. — Accusation terrible de l'un d'entre eux contre la politique anglaise. — Le roi écrit à Charette. — Sa joie. — Ce qui la motive. — Compliment du Doge. — Désespoir du roi à la nouvelle du désastre du Quiberon. — Lettre du comte d'Artois. 21

Chap. III. — Justification de Monsieur comte d'Artois. — Louis XVIII accuse qui de droit. — Lettre qu'il écrit à son frère prêt à partir pour l'île Dieu. — Détails sur le non-succès de cette entreprise. — Arrivée à l'île Dieu. — Les Vendéens sont trompés par l'Angleterre. — Désespoir de Charette. — Chute de la Vendée. — Mort tragique de Stofflet et de quelques chefs. — Derniers instans de Charette. — Fin du règne de la Convention. — Projet contre-révolutionnaire. — Le général Danican. — Journée du 13 vendémiaire. — Conséquences de cette journée. — Mauvaise humeur du roi. 36

Chap. IV. — Lettre en forme de manifeste que le roi écrit au comte d'Harcourt. — La Constitution de l'an III est établie. — Barras. — Carnot. — Rewbell. — La Réveillère. — Letourneur. — Le directoire au Luxembourg. — Fin du royaume de Pologne. — Récit et réflexions. — Le roi proteste. — Un noble Vénitien notaire officiel. — Lettre curieuse de Catherine. — Mépris du roi pour Poniatowsky. — Craintes qu'on lui donne sur le sort de sa nièce. — Il veut l'arracher à sa prison. — Boissy-d'Anglas le rassure. — L'Autriche paraît d'abord s'y intéresser peu. — Offres généreuses de la légation américaine. — L'Autriche empressée de délivrer Madame Royale. — Pourquoi. — Propos du roi à ce sujet. 49

DES MATIÈRES. 309

CHAP. V. — Les conventionnels et les négociateurs échangés contre Madame Royale. — Détails sur une mission confiée en 1793 à MM. Maret et Semonville. — Elle manque par la volonté de l'Autriche. — Propos de Barras. — Détails sur la sortie de France de Madame Royale. — L'Autriche la retient dans une autre captivité. — Elle veut la marier au prince Charles. — La famille impériale assemblée. — Harangue du baron de Thugut. — Ce qu'on veut que Madame Royale réclame. — Sa réponse. — L'impératrice la frappe. — On met en prison un peintre qui la peignait pour le roi. — Ce prince veut traiter avec la révolution. — A qui il s'adresse. — Avances de Cambacérès. — Tallien fait parler au roi par sa femme. — Portrait de ces deux personnages. — Mémoire contenant les intentions du roi pour l'avenir. — Ce qu'il voulait qu'on lui demandât. — Pichegru. — Les propositions du roi déplaisent aux révolutionnaires. — Ce que leur dit Cambacérès. — Leurs prétentions. — Faux propos qu'ils prêtent au roi. — Réponse de Fouché. — Les révolutionnaires démasqués par un abbé. 63

CHAP. VI. — Le roi espère en Pichegru. — Montgaillard en scène. — L'abbé Montet. — Lettre de M. de Guilhermy sur Montgaillard. — Mort tragique de Le Maitre. — Le comte de Precy à Vérone. — Le directoire demande l'éloignement du roi de la seigneurie de Venise. — La peur l'accorde. — Le marquis de Carlotti signifie au roi son départ. — Réponse de ce prince. — Il met en jeu un livre d'or et une armure. — Le sénat se refuse à sa demande. — Détails sur la suite de cette affaire. — Réfutation d'un mensonge historique. — Le roi écrit à l'empereur. — Il quitte Vérone. — Il arrive à l'armée du prince de Condé. — Accueil qu'il reçoit. — Diner en produits de la France. — Assaut d'érudition et de politesses. 77

27.

Chap. VII. — Le roi fait une adresse à l'armée. — Il la visite à ses quartiers. — Service en l'honneur de Charette. — Le roi prévient le maréchal Wurmser de son arrivée. — Le duc d'Enghien. — Douloureuse anticipation de l'avenir. — Le roi se montre aux soldats républicains. — Suite de cette anecdote. — Propos de Moreau. — Le voyage du roi déplait à Vienne. — Ce que lui raconte le duc de Grammont. — Mot spirituel de Madame Royale. — Premiers succès de Buonaparte. — Le roi tient conseil. — Motifs de sa conduite. 90

Chap. VIII. — Le roi négocie avec Pichegru. — Il reçoit Montgaillard et Fauche-Borel. — Récit mensonger du premier. — Le roi rétablit les faits. — Sa dernière lettre à Pichegru. — Il s'adresse au prince Charles pour ne pas quitter l'armée. — Ses raisons. — Il obtient un répit. — Conversation hostile entre le comte de Saint-Priest et le baron de Thugut. — Particularités curieuses quelle fait connaître. Caractère du prince Charles. — Le roi réfute encore Montgaillard. — L'armistice est rompu. — Propos charmant du duc de Berry. — Comparaison de position entre Louis XVI et Louis XVIII, à propos d'un lit de château. 104

Chap. IX. — Illusions. — Il faut fuir ! — Le roi écrit à Pichegru. — Il passe en revue l'armée royale. — Déroute des Autrichiens et des émigrés. — Retraite forcée. — Valeur du duc d'Enghien. — Le prince de Condé. — Il conjure instamment le roi de partir. — L'Autriche lui en intime l'ordre. — Comment il cède à sa mauvaise fortune. — Ses adieux aux émigrés. — Détails sur une tentative d'assassinat contre la personne du roi. — Mot heureux qui lui échappe. — Le peuple effrayé se soulève. — Le roi justifie le Directoire. — Il ne sait où se réfugier. — Colloque sur ce texte avec d'Avaray. — Conduite embarrassée de

l'électeur de Trèves. — Le roi refuse d'aller habiter
Iver. — Il accepte l'asile offert à Blanckembourg. . 117

Chap. X. — Description de Blanckembourg. — Détails
sur l'établissement du roi, donnés à Madame Royale.
— Logement. — Manière de vivre. — Société. —
Madame de Marsan, etc. — Mort du roi de Piémont. — Son successeur. — Ce que la princesse
Clotilde mande au roi son frère. — Prévisions sur
Buonaparte. — Mort de Catherine II. — Le fantôme
dans la salle du trône. — Détails sur les agens de
France. — Ordre que leur donne au nom du roi le
duc de La Vauguyon. — Quelques personnages parisiens. — Des révolutionnaires veulent se rapprocher
du roi. — Talleyrand aussi. — Conspiration Brottier
et Lavilheurnois. — Un ex-cordelier, colonel de
dragons, trompe un abbé. — Suite des évènemens.
— Le 18 fructidor. — Fautes commises. 132

Chap. XI. — Disgrace du duc de La Vauguyon. — Le
prince de C... la décide. — Une fille publique et un
ministre de la police. — Un traitre et un directeur.
— Le prince de C... provoque le 18 fructidor. —
L'abbé de Montesquiou, d'Avaray, Jaucourt et Flaschellanden accusent le duc de La Vauguyon. — Le
roi se résout à congédier ce dernier. — Il lui écrit.
— Il charge l'ami d'Avaray de lui signifier ses intentions. — Détails. — Le duc de La Vauguyon se retire
à Hambourg. — Sa justification qui ne justifie rien.
— Le roi appelle à sa place le maréchal de Castries
et le comte de Saint-Priest. — Il s'unit plus intimement avec la Russie. — Formes obligeantes de Paul
Ier. — Le roi adresse aux Français une nouvelle
proclamation. 147

Chap. XII. — Caractères opposés des ducs d'Angoulême
et de Berry. — Le premier fait une chute de cheval.
— On craint pour la sûreté du roi ses promenades
au Ty. — Sa réponse. — Nouvelle tentative d'assas-

sinat sur sa personne. — Mort du baron de Flaschellanden.—Chute de Venise.—Paix de Campo-Formio. — Préliminaires rompus entre la France et l'Angleterre.—Buonaparte à Rastadt. —Le roi veut traiter avec lui.—Qui il lui envoie.—Propos de Marmont. —Assassinat de Duphot. — Le roi appelle près de lui l'abbé de Firmont. — Sa lettre à ce digne prêtre.—Récit qu'il fait au roi des derniers momens de Louis XVI. — Réflexions. 161

Chap. XIII. — Inquiétudes du roi sur le sort futur de l'armée de Condé. — Il la recommande à Paul Ier.— M. Alopéus vient annoncer le succès de cette demande.—Le prince Gorschakoff.—Avantages et conditions que fait le czar aux émigrés.—Adieux du duc de Berry à la noblesse. — Le prince de Condé à Blanckembourg. — Le czar accorde au roi un asile dans ses états. — Ses prévenances. — Nécessité de quitter l'Allemagne.—Cléry à Blanckembourg.— Le roi se justifie de ses torts prétendus à son égard. — Détails de la réception qu'il lui fait. — Scène du cachet de Louis XVI. — Comment le roi donne à Cléry la croix de Saint-Louis. — Bon accueil fait au prince de Condé à Pétersbourg. — Ce que le roi lui mande relativement à la Suisse. — Il quitte Blanckembourg. — Politique de la Russie. — Faiblesse de la Saxe. — Le roi voyage lentement.—Citation. — Réception du roi à Mittau. 175

Chap. XIV. — Description de Mittau et du palais des ducs de Courlande. — Les deux Biren. — Conduite de Paul Ier envers le roi. — Lésinerie russe. — L'empereur croyait toujours voir l'ombre de son père. — La cour du roi. — Pie VI chassé de Rome. — Le drapeau tricolore à Vienne.—Buonaparte en Égypte. — Débarquement des Français en Irlande. — Le général Mack. — Fuite de la famille royale de Naples en Sicile. — Le roi de Piémont chassé de ses états. — Cause des malheurs de Pichegru. — Faiblesse du comte d'Entraigues. — Fauche-Borel cherche à gagner Barras à la cause du roi. — Le marquis de La Maisonfort. — David Monnier agent de Barras. — Querelle. — Le duc de Fleury. — Il brouille les affaires. — Monnier écrit au roi. . . 189

Chap. XV. — Un Russe et un Anglais. — Mémoires de David Monnier. — Conditions de Barras. — Le roi reçoit Fauche-Borel et le marquis de La Maisonfort. — Rupture et raccommodement. — Fauche-Borel écrit à Barras. — M. Eyriez. — Suite de la négociation. — M. Tropès de Guérin. — Sa lettre de créance. — Le 18 brumaire détruit cet espoir. — Autre voie de négociation avec Barras. — L'abbé de Montesquiou en est l'intermédiaire. — Lettre du roi au directeur. — Réponse. — Fouché va trouver Buonaparte. — Récit de cette intrigue. — Fausse politique de l'abbé de Montesquiou. — Il est des menées que le roi ne dévoile pas. — Le pape Pie VI et le cardinal Maury. — Le roi écrit au Saint-Père. — Pourquoi il écrirait au Mufty. — Mort de Frédéric-Guillaume. . . . 202

Chap. XVI. — État politique de l'Europe à la fin de 1798. — Pourquoi la Prusse et l'Autriche ne déclaraient pas la guerre à la république française. — Réflexions du roi. — Paul Ier, grand-maître de Malte. — Une seconde coalition se forme. — Quand le czar cessera-t-il de bouder le roi ? — Son caprice cesse. — Fragmens d'une de ses lettres. — Il traite bien M. d'Avaray. — Le roi envoie à Paul Ier le cordon de Saint-Lazare. — Il profite de la nouvelle bienveillance du czar. — Il le prie de réclamer à Vienne le départ de Madame Royale. — Réponse laconique de Paul Ier. — Il force l'Autriche à rendre la princesse au roi son oncle. — Arrivée de la reine. — Récit de l'entrevue du roi avec Madame Royale. — Ce qu'elle dit à l'abbé de Firmont. 215

Chap. XVII.— Quelques détails de famille. — Mariage du duc d'Angoulême avec Madame Royale. — Mariage du comte de Damas avec mademoiselle de Serrent. — Le roi récompense toujours de ses bonnes intentions. — Le cardinal Maury à Mittau. — Son portrait. — Son histoire depuis l'émigration. — Le roi cause avec lui. — Les Vénitiens. — Il veut convertir les Russes. — Un clou et un chapeau d'ambassadeur. — Le cardinal Maury voudrait rentrer en France. — Ce qu'il dit au roi de Buonaparte. — Sot propos d'un homme d'esprit. — Le roi finit par être sa dupe. 227

Chap. XVIII. — Sort du duc d'Orléans Égalité. — Ses enfans. — Le duc de Chartres veut rentrer dans les bonnes graces du roi. — Sa mère sollicite en son nom. — Le roi cède. — Le duc de Chartres à Mittau. — Son voyage. — Surprise du duc de Villequier. — Le roi admet en sa présence le jeune prince. — Particularités de l'audience qu'il lui accorde. — Son repentir. — Ce que lui dit le roi. — Ses réponses. — Le roi lui rend le titre de duc d'Orléans. — Engagemens sacrés qu'il prend envers Sa Majesté et envers la branche aînée. — Le roi ne lui permet pas de voir Madame duchesse d'Angoulême. — Le duc de Chartres quitte Mittau. — La cour du roi est intriguée. — La comtesse de Marsan. — Madame duchesse d'Angoulême. — Le roi écrit à Paul Ier et au duc d'Harcourt. 242

Chap. XIX. Illusions. — Conseils funestes donnés au roi. — Sa Charte d'alors. — Suvarow. — Sa visite à Louis XVIII. — Sa manière de vivre. — Le roi envoie au czar, par l'abbé de Firmont, l'ordre du Saint-Esprit. — Conversation de l'empereur et de l'abbé. — Pronostics de Paul Ier. — Il prête au roi le château de Wistehaw. — La duchesse d'Angoulême ne peut voir les hommes dont sa famille a à se plaindre.

— L'abbé Georgel. — Le roi appelle Dumouriez près de lui. — Il en prévient Madame. — Récit de l'arrivée de Dumouriez. — Il va à Saint-Pétersbourg, — voit l'empereur. — Il revient à Mittau. — Le roi décide sa nièce à se trouver avec lui.—Scène touchante à sa table. 256

Chap. XX. — Tableau de l'Europe en 1799.—Situation des Français en Italie et en Allemagne. — Défaite de Jourdan. — Caricature. — Suvarow en Italie. — Moreau lui est opposé. — Bataille de Cassano, — de Bassignano. — Moreau recule. — Les Russes s'emparent de l'Italie. — Bataille de Novi; mort de Joubert. — Masséna résiste à la coalition. — Il refuse de servir le roi. — Suite de la guerre. — Victoires de Masséna à Zurich.—Il arrête les alliés.—Insurrection royaliste dans la Haute-Garonne. — Général Rougé et comte de Paulo.—Conduite avide des Autrichiens. — Ils se brouillent avec les Russes. — Paul Ier rappelle son armée. — Réponse de Suvarow à un aide-de-camp du prince Charles. — Il reçoit le duc de Berry et le prince de Condé. — Son costume. — Comment il assiste à la messe. 271

Chap. XXI. Comment l'Autriche a peur du roi dans cette circonstance. — 18 brumaire. — Les royalistes mettent leur espoir en Buonaparte. — Il les trompe. — Il pacifie la Vendée, — donne une bonne administration à la France, — forme une armée, — passe les Alpes, — triomphe à Marengo. — Paix de Lunéville. — Récit du départ du roi de Mittau. — Le comte de Caraman est renvoyé de Saint-Pétersbourg. — M. de Fersen signifie au roi l'ordre de son renvoi.—Réponse du monarque.—Madame la duchesse d'Angoulême veut le suivre. — Le roi écrit à ses gardes-du-corps. — Détails de finance. — Note à ce sujet.—Itinéraire du voyage.—Incident et accident jusqu'à la sortie du roi de l'empire russe. . . . 283

Chap. XXII. Détails. — Lettre de Louis XVIII au roi de Prusse. — Arrivée à Mémel. Incognito. — Conduite parfaite de MM. de Thumen et de Lork.—Paul Ier chasse les gardes-du-corps du roi.—Ils viennent rejoindre ce prince.—Ce qu'il leur dit.—Il les envoie à Hambourg.—Le denier de la veuve.—La duchesse d'Angoulême vend ses diamans.—Le roi part pour Varsovie.—La voiture versée.—Accueil que le roi reçoit à Varsovie. — Mort tragique de Paul Ier. — Tendresse de l'impératrice.—Le roi disculpe les Anglais.—Il va à la campagne. — Maladie de M. d'Avaray. — Soins que lui donne le roi. — Il part pour l'Italie.—Instructions du roi à M. d'Hardouineau qui l'accompagne. 295

FIN DE LA TABLE DU TOME SEPTIÈME.

www.ingramcontent.com/pod-product-compliance
Lightning Source LLC
Chambersburg PA
CBHW071255160426
43196CB00009B/1304